集人文社科之思　刊专业学术之声

集 刊 名：应用法学评论

主办单位：西南政法大学最高人民法院应用法学研究基地
　　　　　智能司法研究重庆市 2011 协同创新中心
　　　　　北京德恒（重庆）律师事务所

主　　编：张光君

副 主 编：朱福勇　吕　辉

APPLIED LAW REVIEW

2019年第1辑（总第3辑）

集刊序列号：PIJ-2018-352

中国集刊网：www.jikan.com.cn

集刊投约稿平台：www.iedol.cn

2019 年第 1 辑·总第 3 辑

应用法学评论

APPLIED LAW REVIEW

主　编　张光君
副主编　朱福勇　吕　辉

社会科学文献出版社
SOCIAL SCIENCES ACADEMIC PRESS (CHINA)

001　名家特稿

003　时代发展、学科交叉和法学领域拓展

　　　——以卫生法学为例／王晨光

020　审思法律人工智能在中国的运用／左卫民

039　专题策划：营商环境法治化研究（有奖征文）

041　司法审判视域下营商环境法治化的实现路径／谢仕成

062　内陆自贸试验区检察服务保障工作探索与思考

　　　——以S省C市"自贸检察"工作为例／钱小军　陈　成

080　"一带一路"倡议中重庆产业发展的法律保障研究／王　筝

097　智能司法

099　审判权智能化运行的理论解析与优化路径／朱福勇　黄　锐

112　"互联网＋"时代移动微法院的运行现状与完善路径／洪　婧

125　理论争鸣

127　美国长臂管辖能动司法的合规启示

　　　——从跨国制裁到合规计划／张　坤

141　民事庭审优质化视域下自认制度的完善／吕　辉

154　从约束到引导：功能视角下我国民事证明标准分级制度

　　　探索／王娱瑷

168　海峡两岸检察法律文书签发制度比较研究／段明学

180　我国卫生事业发展进程中患者权利立法评析／周　林　程雪莲　张　霖

201　实务前沿

203　新时代司法队伍建设的目标与路径/高一飞　王美懿

225　检察机关提起民事公益诉讼的现实困境及完善

　　　路径/李成成　张　淼

237　刑事拘留检察监督的实践探索与理论

　　　思考/杨堰宁　秦　敏　周建新　陈珍建

250　小体量法院专业法官会议"简约化"建构研究/漆华一

269　案外人执行异议之诉实证反思

　　　——基于审理范围及判决主文表述的思考/牛玉洲　任　丽

282　共犯证据累进审查实证研究

　　　——以廖某信用卡诈骗案为例/奚根宝　王玫玲

293　约稿函

名 家 特 稿

时代发展、学科交叉和法学领域拓展

——以卫生法学为例

王晨光*

（清华大学法学院；北京，100084）

摘　要：我们的时代正面临百年不遇之大变局。这种变局时代对于法学和法治的发展也提出了新的要求，即推动交叉学科和新领域法学的发展。我国全面推进法治国家建设的战略也要求法学进入所有重大的社会领域。法学应自觉地克服其自身具有的守成性，积极参与这一进程，或拓展研究领域，进行交叉学科研究，或推陈出新，开创领域法学。如何进入新的社会领域，进行深入的交叉学科研究？本文以卫生法学和卫生法实践为例，分析了一些卫生法学理论和实践的案例，试图从中提炼出交叉学科研究的路径。

关键词：时代变革；法治国家；交叉学科；领域法学；卫生法学

一　引言：激荡变迁的时代与故步自封的法学

冷战已成过去，霸权格局也日暮途穷，但区域性战争从来就没有停息；全球化趋势不可逆转，而单边主义、极端民族主义和恐怖主义则暗潮涌动；高科技和大数据正在急剧改变着人类的生活形态，新业态不断刷新传统的市场分工和运行模式，而新的伦理和法律难题又令人困惑甚至迷茫；财富呈几何级增长，而贫困依然困扰众多民众，分配体制的改革依然任重道远。从国际到国内，大变动带来大变革已然是当代无可回避的趋势。

社会的变革必然带来制度的变革，而制度的变革需要法律变革和法律体制创新的支撑，更需要法学观念的变革与创新。面对社会的急剧变化，

---

*　王晨光（1951~　），清华大学法学院教授，清华大学法学院卫生法研究中心主任，中国卫生法学会副会长。

制度尤其是法律制度的变革与创新却相对滞后，法学理念和体系结构的变革更显陈旧。法律具有天然的规范性、制约性和稳定性，因而也具有"守成性"。社会的变动性与法律的守成性构成一对现实存在的矛盾。法律是人类文明的结晶，法律有其自身的术语、原理和逻辑体系，但这并不等于法律可以脱离社会。是削足适履，还是改履适足？这是法律人面对急剧变化的社会不能不回应的问题。

法律并非凭空产生或在真空中运行。当代法学的繁荣和法律体系的完善容易使人产生某种错觉，以为法律可以脱离社会，甚至如魔法般塑造所有社会现象。法律源于社会实践，法律规范是社会生活规范、社会运行规律和模式在法律层面上的反映和提炼。德国法律社会学家尤金·埃利希认为："离开'活法'（living law）的社会规范，就无法理解实在法。""'活法'是'联合体的内在秩序'，即与有国家实施的法律相对的有社会实践列入法律命题之中……'现在以及任何别的时候，法律发展的重心既不在于立法，也不在于法律科学和司法判决，而在于社会本身'。"① 另一位德国法律社会学家鲁道夫·冯耶林认为：由日常生活中成千上万相互独立甚至行为各异的参与者构成了"社会机制"（social mechanics），社会机制会形成其超越个人意志的社会目的，并排除各种干扰，推动社会车轮向新的秩序发展。② 马克思主义法学则更为明确地指出：社会存在和社会实践是基础，法律是上层建筑的重要组成部分，同时在其生成之时便具有规范、指引社会实践的反作用。

这就带来两个问题。一是法律能否正确提炼社会实践规律和时代精神的问题。由于立法者水平、立法程序和立法手段不同，对待科学立法和民主立法的态度不同，无法保证每一部法律都能准确地抓住社会实践规律和符合时代精神。因此现行法律会出现所谓"良法"与"恶法"之分，同一部法律之中也会出现某些"不合时宜的条款"。虽然在正常情况下，这种"恶法"或"不合时宜的法律条款"不会占据多数或主导地位，但是那种把存在的都视为理所当然的，把现行法律都视为不可修改的认识，显然有违社会规律和法律实践。二是现行法律适用中的裁量问题。法律规范应当得到严格实施，这是首先必须坚持的基本原则。但是法律规范在实施中有必要根据社会现实环境，依据法定程序和权限对那些不合时宜的法律

① 〔美〕E. 博登海默：《法理学：法律哲学与法律方法》，邓正来译，中国政法大学出版社，1999，第142页。

② Rudolf von Ihering, *Law As A Means To An End*, The Boston Book Company, 1913, pp. 71 – 73.

或法律规范进行必要的法律解读，尤其是要根据社会情境的变迁和发展的需要，及时依法对不适应时代发展的法律和法律规范进行必要的能动性解读甚至修订。

正是由于法律生成和法律适用都可能会产生与社会实践和社会发展相脱节的情况，尤其是在社会发生大变化的时代，法律规范乃至体系的变化也是题中应有之义。正如罗斯科·庞德所说："法律必须稳定，但又不能静止不变。""人们必须根据法律应予调整的实际生活的各种变化，不断地对法律进行检查和修正。"① 从国际法规范和体系，到国内各个部门法领域，这种法律改革的呼声日益高涨。法学再也不能置身世外，固守已有的辉煌和既定的体系。时代，尤其是中国的社会实践和发展需求，呼唤传统法学和法律体系的变革，同时为法学和法律体系的改革和创新提供了丰富的资源。

二　法治体系与重大社会领域法治

建设社会主义法治国家是中国改革开放的重要内容和国家战略。从党的十一届三中全会提出的"有法可依，有法必依，执法必严，违法必究"② 的老十六字方针到十八届四中全会提出的"科学立法、严格执法、公正司法、全民守法"的新十六字方针，中国正在从"法制国家"迈向"法治国家"。

上述新十六字方针是对现阶段法治发展提出的要求，也是应当实现的法治目标。不难看出，这是从法治运行维度对法治全过程——立法、执法、司法和守法有机串联的各个环节的分析和要求。尽管如此，法治，作为一种依法而治的社会治理状态，如同一块经过切割加工的宝石，具有多重棱面并折射出多彩光泽。上述法治运行维度可谓法治的第一维度。此外，法治还包括其他维度。

第二个维度是法治展现其魅力和功能的重大社会领域维度。也就是说，法治应当存在于所有重大社会领域；任何重大社会领域都要有完善的法律框架，相应的立法、执法和纠纷解决的机构和机制，都要建立良好的法治生态。就这一维度而言，我们还有很艰巨的任务。扪心自问，在一些

---

① 〔美〕罗斯科·庞德：《法制史解释》，邓正来译，中国法制出版社，2003，第 1 页。
② 《邓小平文选》（第二卷），人民出版社，1994，第 147 页。

重大社会领域，尤其是新出现的重大社会领域，治理手段还主要是以政策或行政决策为主，法治的基础和氛围还很薄弱。不可否认，我国法治状况自改革开放以来确实取得了翻天覆地的变化；在一些传统领域，尽管仍然有各种不足，但就整体而言，法治得到较为广泛的关注和全面的推动，如依法行政、社会治安和惩治犯罪、市场商品交换、环境治理等领域。但是，在另外一些重大领域，比如金融、高新科技、医疗卫生、社会治理等领域，法治并未受到应有的重视，缺乏完善的法律体系，法律也尚未成为主要的治理手段和方略，因此也难以真正形成法治生态。如果在一些重大社会领域中，法治仍然薄弱甚至缺失，法治国家又从何而谈呢？

此外法治还有第三个维度，即法治地域维度。它是指法治在不同的行政区划或地域内的发展。我国各个省、自治区、直辖市提出的地方法治，如法治北京、法治广州、法治江苏等，就是在这一维度上提出的法治发展目标。党的十九大提出要"打造共建共治共享的社会治理格局"，"加强社区治理体系建设，推动社会治理重心向基层下移，发挥社会组织作用，实现政府治理和社会调节、居民自治良性互动"①。这也可以被视作为地域法治提出的要求。地方法治发展是整体法治体系建构的基础，基础不稳，地动山摇。如果各个地方法治都发展了，法治中国的战略蓝图才能够真正实现。

法治运行维度关注法治运行过程的各个环节，重大社会领域维度关注具体社会行业和领域的法治状态，法治地域维度聚焦行政和地理区域范围内的法治状态。在任何一个维度上，如果法治不能充分发展，全面推进法治、建成社会主义法治国家的总目标都不可能实现。

就法治的第二维度，即重大社会领域维度而言，社会的急剧变化与发展对法学和法律部门的变革与创新产生了极大的影响。改革开放以来，我国传统部门法，如刑法、民法、程序法、行政法等，得到了极大的发展；随着市场经济和全球化的发展，一些市场经济所必需的法律部门，如商法、金融法、涉外贸易与投资法、税法等，也快速跟进，不断得以发展和充实；近年来，高新科技异军突起，知识经济和新型业态发展迅速，人类生存环境和世界格局面临新的挑战，法学和法律部门也在不断推陈出新，丰富变换。例如，知识产权法从传统财产法中分离，形成了一个独特的、

---

① 《决胜全面建成小康社会　夺取新时代中国特色社会主义伟大胜利——在中国共产党第十九次全国代表大会上的报告》，2017 年 10 月 18 日。

依托知识经济而兴起的新部门法，知识产权的保护成为国内和国际经济交往中重要的法律部门。再如，为了应对工业化和城市化带来的生态危机，推动我国的生态文明，环境保护法从行政法中脱颖而出，成为新的相对独立的部门法。当前大数据和信息社会的发展，也为信息法学或大数据法学提供了发展的机遇和空间。同样，在医疗卫生领域，医疗卫生实践也不断呼吁建构相应的卫生法或健康法体系，推动卫生法治发展。

由于我国学科是由有关教育主管部门通过行政手段划分的，一些新兴的学科很难被纳入既定的学科划分范围内。这些学科，如卫生法学，是否能够被认可为独立的"部门法"并不重要，那不过是行政决策的纸面结果，而非法学发展的客观规律。真正重要的是这些学科是否具有独特的社会调整领域和系统地回应社会重大问题的能力，而这种社会领域应具有举足轻重和基础性的地位，这种能力则体现其理论体系是否具有体系性和理论深度。例如，经济法与改革开放以来以经济建设为中心的转变和市场经济的发展紧密相连；知识产权法与高科技和知识经济密切相连；环境保护法与保护和人类生存息息相关的生态环境密切相连；卫生法则与保障公民的健康密切相连。因此可以将这些新兴的法律体系称为"领域法"[①]。这种观点不仅突破了传统法学僵硬的部门法学划分的窠臼，而且溯本求源，把法学置于变动不居的社会之中进行与时俱进的建构，具有很强的理论性和实践意义。如博登海默所言："一个法律制度，如果跟不上时代的需要或要求，而是死死地抱住上个时代的只具有短暂意义的观念不放，那么显然是不可取的。"[②]

三　迈入重大社会领域　推动新法学领域形成

随着改革开放的发展，健康成为我国广大民众高度关注的社会问题。"因病致贫"和"因病返贫"成为迈向小康的拦路虎；没有健康就没有小康，已成为全民的共识。基于这种共识，2015年党的十八届五中全会公

① 刘剑文：《论领域法学：一种立足新兴交叉领域的法学研究范式》，《政法论坛》2016年第5期；侯卓：《领域法思维与国家治理的路径拓补》，《法学论坛》2018年第4期；杨文德：《领域法学崛起因应新兴学科挑战》，《中国社会科学报》2018年11月21日，载中国社会科学网，http://www.cssn.cn/zx/bwyc/201811/t20181121_4778914.shtml，最后访问日期：2019年5月15日。

② 〔美〕E. 博登海默：《法理学：法律哲学与法律方法》，邓正来译，中国政法大学出版社，1999，第326页。

报首次提出"推进健康中国建设",把"健康中国"上升为国家战略。①
2016 年 8 月 26 日,中共中央政治局召开会议,审议通过"健康中国
2030"规划纲要;2017 年党的十九大报告进一步强调指出:"实施健康中
国战略。人民健康是民族昌盛和国家富强的重要标志。"② 医疗卫生领域
的重要性得以充分彰显。

但是,这一重大社会领域的法治状况堪忧。虽然截至 2017 年 5 月,
我国医疗卫生领域已经有 12 件法律,40 多件行政法规,180 余件部门规
章及规范性文件③,但是这些法律法规较为分散,缺乏内在的逻辑体系和
统一的框架体系,医疗卫生领域也远未形成完善的法治生态环境。长期以
来,即便是 2009 年开始至今的新一轮医改进程中,政策和行政决策仍然
是医药卫生体制改革的主要推动力和依据,与"实现立法和改革决策相衔
接,做到重大改革于法有据、立法主动适应改革和经济社会发展需要"④
的法治要求相去甚远。法学和法律界对于医疗卫生领域的法治建构也关注
甚少。

医学、法学和哲学(宗教)是人类历史上最古老的三个学科。医学防
治人肌体的疾病,法学防治社会疾病,哲学则提升人的认知和思辨能力。
但是医学与法学却鸡犬之声相闻,老死不相往来,鲜有深入的沟通和
交叉。

从法学视角观察,法学界往往把涉及医药卫生领域的法律,如医师
法、传染病防治法、药品管理法、献血法、医疗保险法等,划入行政法的
范畴;把与医疗服务有关的法律法规(医事法),尤其是涉及医疗服务中
的医患关系、医疗损害赔偿等,划入民事合同法或侵权责任法的范畴。按
照传统的法律分类理论,这种划分似乎天经地义,无可厚非。但是,当医
药领域在社会中的重要性不断提升,医患关系成为突出的社会焦点问题的
情况下,把这些医药领域的法律法规拆分到不同法律部门的传统做法,已
经无法应对社会的变化,无法建构具有内在逻辑的、统一的法律框架,也

---

① 《中国共产党第十八届中央委员会第五次全体会议公报》,2015 年 10 月 29 日中国共产党
第十八届中央委员会第五次全体会议通过。
② 《决胜全面建成小康社会 夺取新时代中国特色社会主义伟大胜利——在中国共产党第
十九次全国代表大会上的报告》,2017 年 10 月 18 日。
③ 国家卫生计生委法制司:《新编常用卫生与计划生育法规汇编》,法律出版社,2017,编
辑说明。
④ 《中共中央关于全面推进依法治国若干重大问题的决定》,2014 年 10 月 23 日中国共产党
第十八届中央委员会第四次全体会议通过。

难以在这一重大领域中打造出良好的卫生法治生态。凌乱无序的医药法律法规，与日益增长的人民群众对健康的需求，与不断扩展的医药卫生事业，与健康中国的战略蓝图极不匹配。

那么，卫生领域的法律法规能够独立门户，成为我国法律体系中的一个新兴部门法吗？当下的回答以否定为多。卫生法学似乎很难进入传统法学的法眼。但如前所述，社会的发展和需求是法律和法学发展的驱动力和导向仪，传统法学和法律体系不应胶柱调瑟，故步自封，而应当顺应时代和社会的发展，改弦更张，与时俱进。

法学界公认，一个独立法律部门的成立应当具备四个条件，即该部门法调整的特定对象（即社会关系）、调整手段、相应领域的社会重要性和相应法律规范的数量。[①] 如果用这四个标准进行衡量，满足后两个条件已经不是问题。首先，医药卫生领域的社会重要性已经凸显，并被政府、社会和民众广为接受。其次，医药卫生领域的法律规范也已经数量庞大。除了前文列举的法律法规以外，还存在大量的部门规章、地方性法规和各种规范性文件。仅以应对艾滋病的国内法律规范而言，其数量就不下数百件之多。[②] 此外还有很多我国参加的国际医药卫生法条约和规范性文件，例如《世界卫生组织组织法》《经济、社会及文化权利国际公约》《烟草控制框架公约》《阿拉木图宣言》等。

但是卫生法能够满足法律部门划分的前两个条件吗？否定意见往往以医药卫生领域的法律规范已经归于行政法、民法、商法、经济法、刑法等不同部门为由，否认卫生法存在的必要性。但既定的并非就具有当然甚至是永恒的合理性。

首先，从调整的法律关系的独特性进行分析。医药卫生领域的法律规范虽然被分散于各种不同部门法之中，但就其调整的社会关系的特殊性而言，即调整的对象（社会关系）具有区别于其他部门的共同性，即调整围绕健康权而形成的法律关系，包括维护个体或公众健康和消除疾病危害的医疗服务法律关系，确保健康产品（药品、医疗器械和食品）安全、有效和质量可控的监管法律关系，规范医疗费用筹集和支付的医疗保险法律关

---

① 沈宗灵：《法理学》，高等教育出版社，1994，第 326~327 页；张文显：《法理学》，高等教育出版社、北京大学出版社，2000，第 80~81 页。

② 根据本文作者 2015 年 12 月 1 日对"北大法宝"法律数据库的查询，在标题中包含"艾滋病"关键词的行政法规有 12 件、部门规章有 133 件、地方性法规有 21 件、地方政府规章有 16 件、地方规范性文件有 902 件。这些法规、规章和文件中有不少已经废止或失效。即便如此，其数量之多也出人意料。

系等。尽管卫生领域中的法律关系多种多样，既有平等主体间的横向法律关系，也有监管与被监管方之间的纵向法律关系；既有药品和器械生产领域中的经济法律关系，又有流通领域中的商事法律关系；既有涉及医疗融资和保险方面的财政和保险法律关系，又有涉及医疗机构组织和专业资格准入方面的行政和组织法律关系，但是它们都围绕健康权展开。

健康权在我国法律体系中是否存在呢？我国宪法文本中并没有"健康权"三个字。由于这一原因，有些国外学者把我国划入宪法没有健康权规范的类别。[①] 但是如果对我国宪法进行体系性解读，就会发现其中有一系列保障人权、促进卫生健康事业发展的条文。

第 33 条第 3 款：国家尊重和保障人权。

第 21 条：国家发展医疗卫生事业，发展现代医药和我国传统医药，鼓励和支持农村集体经济组织、国家企业事业组织和街道组织举办各种医疗卫生设施，开展群众性的卫生活动，保护人民健康。国家发展体育事业，开展群众性的体育活动，增强人民体质。

第 26 条第 1 款：国家保护和改善生活环境和生态环境，防治污染和其他公害。

第 36 条第 3 款：国家保护正常的宗教活动。任何人不得利用宗教进行破坏社会秩序、损害公民身体健康、妨碍国家教育制度的活动。

第 45 条第 1 款：中华人民共和国公民在年老、疾病或者丧失劳动能力的情况下，有从国家和社会获得物质帮助的权利。国家发展为公民享受这些权利所需要的社会保险、社会救济和医疗卫生事业。

把上述我国宪法条文综合在一起进行体系性解释，就不难发现："这些规定成为健康权在我国宪法上的依据及其规范内涵：第一，公民健康不受侵犯（第 33 条第 3 款，第 36 条第 3 款）；第二，公民在患病时有权从国家和社会获得医疗照护、物质给付和其他服务（第 33 条第 3 款，第 45

[①] Hiroaki Matsuura, *The Effect of a Constitutional Right to Health on Population Health in 157 Countries*, 1970 – 2007: *The Role of Democratic Governance*, Working Paper No. 106, Program on the Global Demography of Aging, July 2013, at https://cdn1. sph. harvard. edu/wp-content/uploads/sites/1288/2013/10/PGDA_WP_106. pdf. Gunilla Backman, Paul Hunt Rajat Khosla, et al. , "Health Systems and the Right to Health: An Assessment of 194 Countries", *The Lancet*, Vol. 372, Dec. 13, 2008, p. 2059.

条第 1 款）；第三，国家应发展医疗卫生事业、体育事业、保护生活和生态环境，从而保护和促进公民健康（宪法第 21 条、第 26 条第 1 款）。"①

上述三方面的内容包含了健康权的特色丰富的内涵。首先，包括传统人权中不受侵犯和干预的自由权（freedom），即掌握自己身体、健康及其相关信息的自由、未经同意不受强行治疗和试验的自由、决定自身保健或治疗方案的处分权；其主要表现形式为民法意义上"自然人享有的生命权、身体权、健康权"②。其次，包括积极人权概念中的资格赋予权或享有权（entitlement），即平等和及时获得与社会经济发展水平相适应的基本医疗服务和医疗保障、享有保持最高水平健康的机会、防治和控制疾病、获得基本药物、保障孕妇和儿童健康、获得有关健康教育和信息、参与国家和社区有关健康决策等权利；其主要表现形式为社会法和人权法意义上获得医疗、健康和公共卫生服务的权利。最后，包括政府为了保障积极人权所承担的发展医疗健康事业、提供人人享有的基本医疗服务和公共卫生服务、监管医疗卫生质量、筹措支付医疗费用等职责（duty）；其主要表现形式为宪法和行政法意义上政府发展和管理医疗健康事业、提供相应公共服务的责任和权限。可见，"健康权"作为我国法律确立和保障的公民基本权利，不仅包括公民基于民法所享有的身体完整和健康不受侵犯的内容，也包括基于社会法和公法所享有的获得相应医疗服务等权利，此外还包括政府基于宪法和行政法而承担的职责。因此，仅仅把健康权归结为"获得物质帮助权"，既无法体现健康权内在的丰富内涵，也与宪法的精神和相关条文的原意不符。

健康权与其他权利相比较，具有明显的重要性，在许多场合优位于其他权利。而健康权作为卫生法的核心权利，一旦进入传统的法律关系中，就会带来原来法律关系的变异。比如，提供医疗服务往往被界定为合同关系，而合同关系最明显的特征包括等价有偿、自愿和地位平等。但是医疗服务的范围不可能仅仅依据等价原则来提供。不论挂号费是多少，医生向患者提供医疗服务的范围和质量都不能仅仅以挂号费的价值来限定。对于具有显著公益性的医疗紧急救助、基本医疗服务和公共卫生服务等医药卫生服务而言，更不会以等价有偿为基本原则。如果完全按照等价有偿原则来引导医疗服务，就只能造成医生和医疗机构以追逐市场利润为导向，加

---

① 焦洪昌：《论作为基本权利的健康权》，《中国政法大学学报》2010 年第 1 期。

② 《中华人民共和国民法总则》第 110 条。

剧医患关系恶化的局面。再如，医药服务具有其独特的性质，即具有专业性、侵入性、探索性、风险性，加上医学、药学的不完善，医药服务在一定程度上还依赖医患双方的共同努力，而每个患者都有其个体的差异性，凡此种种，都使得医药服务的结果带有不确定性。如果不考虑医药服务的这些特殊性，简单地适用侵权责任法的规定，就会导致医患双方的戒心和不信任，导致医生为自保而选择无害也无效的"保守治疗"或"过度治疗"的乱象。

医疗服务在一定意义上是公共产品，公共产品分配的均等化是我国医药卫生体制改革的一个重大理论和实践问题。尽管不能否定医疗服务的市场运作，但也不能简单地用市场中商业或民事合同来界定医疗服务。此外，医疗服务的当事人也并非纯粹地位平等的当事人。不仅医疗服务提供方具有专业医学知识和医疗技术，从而造成双方信息完全不对等，而且在一定程度上，公民有权获得基本医疗服务和公共卫生服务，国家和社会有责任提供这些服务。大病医保、对艾滋病毒携带者提供"四免一关怀"等服务都不能简单地用民事或商事合同来解释。这些服务是权利人和义务人之间根据法律规定应当享有和提供的服务，而非简单的市场上平等主体间的自愿合同服务。

就医疗关系恶化的主要导火索——医疗责任和医疗事故而言，也不能简单地用侵权责任法来处理。俗话说，"是药三分毒"。不论药物治疗还是侵入式治疗，都会对人身造成一定的损害。医疗服务是以小害防治大害，而这其中的界限不可能截然划清。那么毒性或侵入多大程度才没有造成侵权呢？加上医药学本身是一个不断深化和拓展的学科和领域，其发展往往要应对挑战甚至有一定代价，例如药品的临床试验或超出常规的新的治疗手段就是医学和药学发展中必须要付出代价的典型事例。因此，法律必须要给医药科学发展留有充足的空间，鼓励医药科学的发展，满足民众对健康的期待。这些因素和考量也给侵权责任法在医药卫生领域的适用提出了颠覆性挑战，使我们重新考虑是否用简单的侵权法规范来处理医疗责任和事故纠纷。而卫生法调整的对象也并非传统的地位不平等的行政法律关系。因此在医疗服务中要强调"生命和健康至上"、"以患者为中心"和"知情同意"等基本原则。

其次，从法律调整手段进行分析。就第二项标准即法律调整手段而言，卫生法涉及众多主体，即国家有关主管部门、患者、医药服务提供者、医药企业、保险公司等第三方，其调整手段必然包括民事、行政甚至刑事等调整手段。按照传统民事和行政法律关系的划分，卫生领域的立法、执法和司法不可能仅仅适用某一单项的法律调整手段，而是要综合民事、行政、商事和刑事的多元调整手段。这也为卫生法作为独特的法律领域提供了有力的支撑。运用多种手段进行调整并非卫生法的独特现象，环境保护法和知识产权法也都包括了多元化的调整手段。由于在这些领域中，所涉及的利益是多元的，既有个体的利益，又有群体的利益，既要发挥市场的作用，又要充分认识到政府作为义务主体和公权力行使者的地位。多元化而非单一的法律调整手段实际上成为新兴法律领域的普遍现象，基于上述分析，作为一个单独领域或部门的卫生法已经呼之欲出。我国立法部门正在着手起草的《基本医疗卫生与健康促进法》和正在修订的《药品管理法》将会成为医药卫生法体系的基本法律。以这些卫生基本法为主干，建构和完善卫生法体系已成为我国立法的一项重大工程。而我国宪法规定的健康权为这一体系的建立和完善提供了牢固的基石。

概括而言，卫生法体系应包括以下三个相对独立的领域，即医事法、公共卫生法、健康产品法（包括食品、药品、化妆品、医疗器械和保健用品等）。此外，生命医学伦理也应成为与卫生法体系相关并与其他学科交叉的有机组成部分。医事法或医疗服务法调整医疗服务提供者与个体患者之间的医疗服务法律关系；公共卫生法调整政府有关机构、公共卫生提供者与公众之间为预防和控制疾病及促进健康形成的法律关系；健康产品法则调整政府主管部门、研发机构、企业、流通者和使用者及患者之间围绕健康产品的研发、生产和使用而形成的关系。它们调整的对象、法律关系以及调整手段有所不同，它们应成为构成卫生法体系的子部门。

四　学科交叉的难题与出路

法律进入重大社会领域是全面推动法治国家建设的必然趋势，从而推动新领域法学的发展。而新领域法学的发展又必然带来不同学科（包括法学与其他学科，也包括法学内部不同学科的交叉）。学科交叉打破了原本画地为牢的学科格局，回应了社会发展的内在规律。当下，各种"学科交叉"并不少见，各个法学院校已成立不少交叉型研究机构或交叉学科研究项目。但是需要警惕的是，交叉并不意味着不同学科的简单"拼盘"，而意味着在分析不同学科内在规律的基础上，抓住它们深度融合和交叉的切合点，从而形成有机建构的新型法学领域。那种泥沙俱下的简单拼盘式的交叉实际上扰乱甚至阻碍了学科的深度和有机交叉，难以形成新的学科领域，也难以适应重大的社会需求。因此如何交叉成为新法学领域必须严肃对待的问题。本文以卫生法学如何实现法学与医学、药学的交叉为例，提出以下建议。

（一）学科交叉需要具备或了解相关学科的基本知识

学科交叉的首要条件是具备和了解相关学科的基本知识。从法学角度而言，了解新的科学技术领域确实有一些难度；这些科技知识的不足在一定程度上抑制了法律人进入新领域的兴趣，制约了他们的深度参与。这似乎成为阻碍交叉的第一个障碍。其实这个障碍并非不可逾越的高山，因为法律人需要了解的不过是相关学科的基本知识，只要"知其然"而非"所以然"就行了。如果连"知其然"都达不到，那法学的深度介入就无法实现，交叉的深度融合也无从谈起。

如参加《疫苗管理法》的制定，法律人必须首先了解疫苗在控制和消灭传染病方面的不可或缺的重要性，知道疫苗是生物制品，即灭活或减活病毒及基因工程疫苗，理解其增强人体抵抗力的工作原理，认识当前医学、药学和免疫预防学的局限（科学的不完善），这样才能够知道疫苗接种必然出现的极少数的"异常反应"及其伤害后果。其次在这一基础上，结合法学中法律责任认定中"无过错责任"的原理，规定对于疫苗"异常反应"造成的伤害后果适用"无过错责任"，同时还要考虑如何在法律上区别"不良反应"、"耦合性事件"与"异常反应"，从而明确"无过错责任"的适用范围。如果进一步了解疫苗接种是公共卫生的重要内容，而公共卫生又是国家财政全额负担的公共产品，那么疫苗"异常反应"的补偿就应当由国家财政承担。我国对疫苗实行"免疫规划内"和"免疫规划外"的划分，"免疫规划内"疫苗是适龄者必须接种并由国家财政负担的疫苗，而"免疫规划外"疫苗是个人选择并由个人付费的疫苗，因此国家财政负担的应当是"免疫规划内"疫苗造成的"异常反应"伤害的补偿。法律人得出的"无过错责任"和国家财政负担的结论，离不开对疫苗基本知识的认识，否则不可能凭空得出适用何种法律规则原则的结论。如果不了解这些基本知识，凭空拍脑袋作出的建议很可能是毫无根据或错误的。

如果要进一步了解"异常反应"发生的概率和补偿的数额，可通过卫生经济学的分析，估算出每年大约需要多少资金作为"异常反应"补偿的费用，并运用医学方法制定各种疫苗"异常反应"的伤害表，统一规定鉴定各种疫苗"异常反应"的医学标准，计算各种伤害的补偿数额。

可以看到，了解相关学科（不仅是一个，有时是多个）的基本知识是法学进入不熟悉的新领域的第一步，但这种对新领域知识的了解不是指系统的科班知识，而仅是对于法律规制和适用所必需的基本知识。

相关学科的知识浩如烟海，即便是基本知识也范围广泛，令外行人无从下手。因此就需要：（1）以问题为导向，明确法学要回答的问题。法律的作用无非是定性、规范、归责、制定标准和程序等。在问题确定后，进一步明确法律在解决上述问题时需要发挥的作用，从而找准法学的切入点。（2）在切入点明确的基础上，确定要了解的相关学科基本知识的范围和深度。（3）在了解基本知识的基础上，抓住相关领域的基本规律，形成深度和有机的学科交叉。

（二）学科交叉需要抓住相关学科的规律

学科交叉在于抓住不同学科的规律。如果仅仅是学到一些术语和表层知识，但不了解其深层规律，那也无法形成深度和有机学科交叉。再以上述疫苗法制定为例。如果仅仅知道有"不良反应""异常反应""心因性反应""耦合性反应"的概念，并不能帮助法律人形成相应的法律对策和建议，还需要了解这些概念背后造成反应的药学和医学的原理，即这些不同反应形成的一般规律。如"不良反应"是在生产、流通或使用中因过错而产生的伤害后果，那么相应的法律规则原则就应当是"过错原则"；而"异常反应"是没有任何过错而产生且现代医学无法解决的现象，因此应当适用"无过错原则"；进而考虑到免疫规划内疫苗的公益性和政府责任，国家财政承担其伤害补偿也就是题中应有之义；而非免疫规划内疫苗具有自愿性且自费承担，由企业、个人或社会通过各种保险来承担就成为合理的选择。

再如，在解决"细胞和基因疗法"是诊疗方法还是药物的法律问题时，不论结论是什么，都必须要首先了解细胞和基因疗法的基本知识，尤其要了解其运行规律，才能提出有见地的建议。细胞和基因疗法所依赖的细胞和基因都源自提供者（患者或其他人），然后经过一定的培植、修饰后再注入患者（自体或异体）体内，起到治疗或控制疾病的作用。我国卫生主管部门管理医院和医疗服务，药品监管部门负责管理药品的研发和生产。对于细胞和基因疗法的不同界定，直接影响到部门的管辖权的划分，以及是否能够确保其安全性、有效性和治疗可控性的问题。在向医药界专家学习的基础上，了解到细胞和基因疗法可以在同一台手术的临床中实施，也可以把提取的细胞和基因送到实验室和企业进行培植后再注入患者体内。抓住细胞和基因技术的基本流程规律，就可以清楚地看到大多数细胞和基因的培植需要脱离临床的规模化培植，而这种培植并非由临床医生实施的。如果了解细胞和基因需要独立培植的程序，了解试验室和企业必然介入的规律，是否由药品监管部门负责的问题就自然清楚了。再考虑到卫生主管部门与药品监管部门监管的侧重点和专业性不同，考虑到细胞和基因疗法的申请方，除了少数是医生发起外，多数是研发机构和企业发起的，哪个机构能够进行有效监管也就更清楚了。抓住相关领域的规律，才能提出有见地的法律对策建议。

（三）学科交叉需要建立在实证研究的基础上

传统的法学研究和法律实践往往依赖"定性"研究路径，而轻视"定量"或"实证"研究路径。当法学进入一个新领域时，法律人也有必要进入这一领域，至少要获取些感性知识，或获取一定的数据，从而进行实证或量化分析研究。

比如，远程医疗服务是网络和数字技术应用到医疗领域的新生事物，也是国家主管部门力推的、解决看病难的措施。[①] 为此，国家投入了大量经费，购买了很多设备，充实到基层卫生院所。但是，在实践中，这一措施并未发挥出应有的效能[②]，存在缺乏顶层设计、信息规范不统一无法互通、基层医疗机构缺少技术人员无法维修、个人信息和隐私保护不力、无法纳入医保、大医院专家的时间保证和费用无法保证、互联网医疗中的法律责任分配等一系列现实问题。如果没有经过实地考察，坐在研究室里就不会了解这些实际发生的问题，也就无法提出对于互联网医疗中种种问题的法律规制与对策设计。

再如，健康权的可诉性是广为争议的法律问题。如果仅仅从法律层面上对其进行分析，研究还是局限在"定性"分析的范围内；但是如果进行

---

① 《国务院办公厅关于促进"互联网＋医疗健康"发展的意见》（国办发〔2018〕26号），2018年4月28日。

② 高庆：《我国远程医疗存在的问题》，https://www.66law.cn/laws/276171.aspx，最后访问日期：2019年5月16日。罗宗阳：《清水铺镇远程医疗存在的问题和困难》，http://www.bjqixingguan.gov.cn/zwgk/xzxxgkml/qspz/gzdt_71357/201902/t20190225_3400592.html，最后访问日期：2019年5月16日。

实证研究和定量分析，健康权可诉性则具有更为坚实的社会基础。以健康权诉讼流行的巴西为例，从 20 世纪 90 年代末开始，健康权诉讼急剧增加，并影响到其他国家（主要是拉美国家）。根据巴西联邦卫生部发布的信息，"在 2003 年至 2009 年间，联邦政府是 5323 件诉讼案件的被告，为此花费了 159303 万雷亚尔（8000 万美元）。""从 2009 年至 2012 年间，案件数量（全国）增加了 25%（10498 至 13051 件）。""国家司法会议（Conselho Macional de Justica）发现，巴西所有法院和裁判所在 2015 年共有 854506 件与健康有关的诉讼案件，其中 470000（略少于 50%）件是针对国家健康体系的诉讼，其他是针对私人机构的诉讼。针对国家健康系统的案件中，有 42% 是仅要求获得药品的诉讼，32% 是要求得到住院治疗和药品的诉讼，12% 是仅要求住院治疗的诉讼，16% 是一般健康服务的诉讼。"[①] 巴西健康权诉讼案件的绝大多数是由个人提起的诉讼，原告的胜诉率也极高，从而形成了所谓的"巴西模式"[②]。

对于这种健康权诉讼激增的现象，越来越多的学者提出了质疑。基于大量的数据分析，这些意见认为：诉讼并没有推动健康服务的均等化和公平化。因为数据表明："大多数州一级的案件集中在少数几个南部和东南部富裕州"，南里奥格兰德、米纳斯吉拉斯、里约热内卢和圣保罗"四个州的（健康权）诉讼加在一起占全国诉讼量的 82%。"[③] 因此，"巴西的健康权诉讼并没有使穷人受益。从整体而言，能够受益的是有能力雇佣律师和运用法院的少数人，他们可以迫使政府提供昂贵的治疗，而这些治疗是依照任何可能对宪法健康权进行解释都无法从公共卫生体系内获取的。"[④]

这一实证研究通过数据说明健康权诉讼的实际效果是有利于富人而非穷人。据此，还可以进一步分析并得出以下结论：（1）健康权诉讼使得司法机构不仅审查立法机构和行政机构运行的合法性，而且僭越了立法机构和行政机构的财政决策和实施权力，通过法官关注的个案正义，取代了应由立法和行政关注的群体正义。（2）健康权诉讼增加了额外支出。健康权

017

---

① Octavio Luiz Motta Ferraz, *The Right to Health in the Courts of Brazil 10 Years on: Still Worsening Health Inequities?* (draft, 25.6.2017), May 2, 2018 downloaded from tap://www. globaljusticeacademy. ed. ac. uk/_ data/assets/pdf_file/0009/233847/Ferraz2017The_ Right_ to_ Health_ in_ the_ Courts_ of_ Brazil_ 10_ years_ on_ Onati. pdf. （原文数据如此。）

② Ibid. （该文作者认为没有系统和完整的统计数字。）

③ Ibid.

④ Octavio Luiz Motta Ferraz, "Harming the Poor Through Social Rights Litigation: Lessons from Brazil", *Texas Law Review*, Vol. 89, 2011, p. 1667.

诉讼的诉讼成本侵占了更多卫生支出；胜诉判决或和解只是使少数人获益；政府为执行判决需要提供健康服务项目外的药物（项目内一般为仿制药，而项目外则为更贵的原研药）和治疗手段；为少数人的大额支付造成了其他为更多公众服务的项目经费的减少。（3）健康权诉讼混淆了健康权中的积极人权和消极人权的区别。健康权中的积极权利需要国家和社会为其提供服务，而其消极权利则不需要国家和他人干预。因此积极权利受到侵犯时的司法救济则是要求提供健康服务，判决有关机构积极作为。而法院判令行政机构进行给付，就会产生医疗资源的重新分配，并不会产生普惠大众的良性结果。

五　未结语：期许与重托

随着法学和法律实践进入越来越多的新领域，法学必须和其他相关学科和社会领域深入交融，法律人或是积极进取，了解相关学科的基本知识，或是参与实证研究，真正抓住新的社会领域的运行规律及其相应的法律关系，充分发挥法学鞭辟入里的分析魅力和法律规制、引导、评价和强制的社会功能。其中，如何避免简单拼盘式的形式结合，形成实质性的有机融合，是法学发展和法治天下的关键。但这仍然不过是一种临阵磨枪式的应对；从长远来看，还需要培养既懂法学又懂其他学科和领域的复合型法律人才，以不辜负时代的期许与重托。

Contemporary Transformation, Interdisciplinary Research and Development of Legal Sciences

—Analysis from Health Law Perspective

Wang Chenguang

(Tsinghua University School of Law；Beijing，100084)

Abstract：The contemporary era faces the unprecedented structural changes never encountered in the past century. The great transformation presents new requirements for further development of legal theory and the rule of law practice, which mainly focus on promotion of interdisciplinary research and creation of new fields of law. China's national strategy of building a rule of law state on an all fronts also requires law to enter into all major social fields. Legal doctrinal structure should consciously overcome its own inertia and actively participate in this process, either by expanding its research scope and carrying out interdisciplinary research, or by reforming the old structure and creating new fields of law. How to enter into the new social field and conduct in-depth interdisciplinary research? This paper takes the development of health law and its practice as a showcase, analyze some cases of health law practice, and then try to produce some suggestions of new pathways of meaningful and feasible interdisciplinary researches.

Keywords: Changing Era; Rule of Law State; Interdisciplinary Research; Field of Law; Health Law

审思法律人工智能在中国的运用

左卫民[*]

（四川大学法学院；成都，636250）

时　　间：2019 年 3 月 28 日（星期四）19：00
地　　点：西南政法大学毓才楼一楼学术报告厅
主讲人：四川大学法学院院长、教授、博士生导师 左卫民

主持人孙长永教授：

各位同学、各位老师，大家晚上好！今天我们非常荣幸邀请到四川大学法学院院长、西南政法大学 1981 级杰出校友左卫民教授来母校作讲座，大家欢迎！今天讲座的主题：审思法律人工智能在中国的运用。这是左老师近几年关注的研究领域，已有一系列的成果。

左老师的情况大部分同学应该非常熟悉，他是教育部长江学者特聘教授，也是国家"万人计划"的领军人才，四川省社会科学重点研究基地、四川大学实证法律研究所所长，四川大学法学院大数据与人工智能法律研究中心主任。大家要特别注意法律实证研究所所长这个头衔。左老师还兼任中国法学会理事、四川省法学会副会长、最高人民检察院专家咨询委员，四川省政法委、四川省委、四川省政府法律顾问等。左老师的研究成果遍布于三大刊以及各类核心期刊，在各种专业期刊发表的学术论文 100 多篇，其中有 50 篇在《新华文摘》《中国社会科学文摘》等转载。他的研究成果不仅数量多，质量也很高，这是非常不容易的。

今天参加讲座的还有几位嘉宾，分别是人工智能法学院副院长张光君研究员，人工智能法学院朱福勇教授，行政法学院智能司法研究重庆 2011 协同创新中心特聘研究员魏斌博士，还有一位来自法律实务界的重要嘉宾，他是德恒（重庆）律师事务所高级合伙人杨蕤律师。下面把时间留给

---

[*]　本文为西南政法大学德恒应用法学大讲坛（第一期）演讲实录稿，左卫民教授本人已审核。

左老师，让我们的同学听听你最新的研究成果，大家欢迎！

主讲人左卫民教授开讲：

首先，非常感谢我的老同学，也是中国著名的法学家孙教授热情洋溢的介绍和抽出宝贵时间来做的主持，因为他今天下午刚给本科生上了一下午的课，我都非常过意不去。当然，我也非常感谢西南政法大学人工智能法学院的邀请，让我能够给在座的同学和老师，尤其是也在从事人工智能法律研究的各位专家作这样一个学术上的交流，甚至可以说是一个汇报。

为什么选择这样一个题目呢？没有其他原因，就是这个题目太"火"了，而且讲这么"火"题目的人也没太多。相较之下，在法律人之中，我觉得研究这个主题的学者也不多。

我今天讲的主题是"审思法律人工智能在中国的运用"，为什么要审思呢？重要的原因，或者说关键的原因，就在于中国法律人工智能虽然现在很"火"，但是我认为在它的发展过程中已经显现出一些隐忧，这些隐忧值得我们深刻的思考。尤其是在人工智能还是方兴未艾的背景下，我们针对已经显现出来的隐忧需要近距离审视。

我主要讲四个大的方面。一是全景概况：法律人工智能的"热"与"冷"；二是具体阐释：人工智能在司法活动中的运用；三是问题反思：法律人工智能的现实困境；四是前景展望：中国应该如何运用法律人工智能。

一 全景概况：法律人工智能的"热"与"冷"

（一）话语与实践的"冷""热"对比

从官方层面来说，我们可以发现法律人工智能在话语层面很"热"，而在实践层面，相对来说却比较"冷"。什么叫话语层面比较"热"呢？官方在谈到法律人工智能时，说得响当当的。李克强总理在政府工作报告中这么说，中央政法委也这么说，要"拥抱大数据人工智能的新时代"，要"深化智能化建设"。同时 2018 年、2019 年"两高"向全国人大所作的工作报告都提出要深化智能化建设。所以，从话语层面来说，不管是中国的政府还是中国司法的高层，都在说要立足人工智能。

再来看中国的实践，应该也不算太"冷"，也在如火如荼的建设。比如，"两高"正在推动国家层面的 AI 建设；科技部拿大笔的钱来设定人工

审思法律人工智能在中国的运用

智能科研项目，西南政法大学岳彩申副校长就成功主持申请到一个3000万元的重大科研项目。为什么要花那么多钱呢？我记得去年到北京评审政法界的人工智能项目，我只是二十多个评委之一。法学教授只有我一人，除我之外，其他全部都是有关科技领域的顶级专家和部、委的相关领导。我旁边坐的是评审组组长，他是一位院士，一天评审20多亿元的项目，最小的一个项目都是3000万元。在投了钱以后，每个地方都在做项目。比如，上海在做"206工程"项目，一个大厅坐了几十人在那儿打标签，给数据打标签，这个应该怎么标注，标注以后怎么把数据清洗然后进行分析。总之，对法律人工智能的研究，投入的经费很多，实践中，大家也在紧锣密鼓地推进。

在话语层面，我们做了一个统计：以关键词"法律"和"人工智能"在中国知网中搜寻，关于人工智能的论文在2016年之前是10篇，2018年就是700多篇，而且每年都呈几何数量级的增长。可见，人工智能已成为最"火"的一个时代主题。母校的应用法学院马上更名为人工智能法学院，一下子就"高大上"起来了。

在被实务部门运用时，人工智能好像只起到了检索的作用，而这种检索技术十几年前我们就已经有了。我到一个法律人工智能发展非常迅猛的地方去调研，问他们用不用人工智能？他们回答说，搞了裁判的预测和监督，就是说，通过人工智能系统抽取案件中的关键要素，形成一个具备若干关键要素就应该作出什么样裁判的模型，然后，再用这个模型去分析现在法官正在处理的案件，从而预测应该怎么判。如法官的量刑结果与机器预测模型的预测结果有差异，且差异超出可接受范围时，预测系统就会报警，审判管理办公室人员会就具体情况询问主审法官，主审法官需要给出答复。如果法官的答复不具解释力，不能说服大家，可能就得重新作出裁判结果。这听上去似乎是一个管用且有实效的系统。于是，我就与实务部门的同学、学生交流，但他们说不知道这个系统。由此可见，媒体宣传的东西不一定落在实处，尤其是在司法实践中普遍运用的。

目前，我认为，上海"206工程"做得比较好。几个月前，我去了上海高院，他们信息处的几位同志带我们看了"206工程"。"206工程"是上海高院与科大讯飞合作研发的，据说是烧了多少亿进去。下面举个例子予以说明：在该系统的界面中，输入"×××打了张院长，张院长作为受害人说×××打了他一巴掌，还有孙老师说见证了这件事"，所有相关信息就显示出来了。这真是超级"高大上"，且很接地气。因为我们案件很多，都要去做阅卷笔录，那是很麻烦的事情。现在，就用一个检索或者科大讯飞的语音识别技术，马上就可以识别成文字，所有相关联的内容都会显示出来，这样就能极大地提高司法效果。于是，我就问他们到底有没有用？他们没有正面回答我。我便追问有否普遍用？更是没有答案。我感到奇怪的是，花若干亿做出来的系统为什么没用呢？系统给我们展示出来是最理想、最美好的一面，但实践中真正要用，可能操作就会出现问题。比如证据的电子化、固定化，一个被告人必须要由两个人审讯，如果没有这个就生成不了笔录，或者移送不过去，或者移送过去就会报警，报警的电子卷就会标识出来审讯笔录存在问题，瑕疵就是本来是两个人审讯，现只有一个人审讯。简单来说，中国的人工智能不是所有人都愿意运用。有一部分在外部看来非常有亮点的东西，在司法实践中并没有被真正普遍运用。所以我们就面临实践应用效果的"冷"的状况。

所以，第一个就是话语与实践的"冷"与"热"，官方"热"、学术"热"，而司法实践尤其是一线实践相对较"冷"。

(二) 域内与域外的"冷""热"对比

从整体上来说，人工智能包括大数据在内，中国做得相当的好，甚至是最好的。比如，在川大校园里的共享单车。川大的校区比较广阔、路也比较平，居住区和教学区距离较远，我专门做过调查，学生一般都会用共享单车，付费用月卡，大概是 5~6 元钱。这反过来说明我们的 App 和相关的人工智能，以及与人工智能相关的大数据产业发展是全世界最好的。正因为此，人工智能在中国整体上比域外"热"的多。

坦率地说，人工智能在实践层面上并不"热"，甚至是偏"冷"。真正实践层面上偏"热"的是域外，尤其是在美国。美国的法律人工智能在司法实践中的运用是超过中国的。四川大学这次请了一个知名学者，他给我们开了一门课就是法律的人工智能。他在课堂上讲，美国的人工智能在司法层面上成规模的运用远远超过中国。比如，威斯康星州、加利福尼亚州等已有规模地将法律人工智能技术运用于审前保释或判后假释的风险评估以及法庭量刑中。当然，这种做法引起了争议，由此还产生了著名的威斯康星州诉卢米斯一案。同时，在警务活动中也有运用。比如，加州圣克鲁斯大数据创新企业 Predpol 研发的犯罪预测软件，通过对犯罪历史数据的分析，计算出哪些区域最可能发生犯罪活动。从理论上说，警方只需要经常在这些区域进行巡逻，就可以提前阻止犯罪。此外，法律人工智能技术在商业合同文本审查中也得到运用。美国法律人工智能平台 LawGeex 与斯坦福大学、杜克大学法学院和南加州大学的法学院教授开展合作，让法律人工智能程序用 4 小时审查 5 项保密协议，与 20 名有经验的律师展开竞争，主要考察仲裁、关系保密和赔偿的准确界定问题。在准确性方面，LawGeex 以 95% 的准确率完胜律师（律师准确率为 85%）。在时间方面，法律人工智能完成任务仅需 26 秒，而人类律师则需要 92 分钟。

法官在决定保释时可能会出现错误，也就是说，采取直觉裁判会导致过多的拒绝保释，多关 20% ~ 30% 应当保释的人。我曾经到洛杉矶某县的一个看守所，看到一个房间里住了 100 多名犯罪嫌疑人。美国看守所的条件也不怎么样，不管什么人都可以先把你关进去。这种过度关押使国家的司法成本增加。从新奥尔良的裁判中可以发现，用机器学习的算法做一个预测要优于法官，这样就可以把美国监禁人口减少 25%，或者在不改变监禁率的情况下，使犯罪率减少 20%。这是大数据和人工智能真正第一次在法律上的运用，或者有意义地用于法律运用。这也是一种空前的方式。我个人感觉，国内的大数据人工智能，至少在法律中的专业技术，诸如科大讯飞的语音识别、海康威视的人脸识别等基本上是通用技术、算法与数据，从专有的法律分析角度来看，基本上没有展开。

我在来西南政法大学的路上，认真翻阅市面上已有的法律人工智能的专业书籍，发现我国不少法律 AI 公司一个最突出特点就是讲知识图谱，而在美国实证法律研究会上，基本没有一个人用知识图谱来做实证研究。我们的法律人工智能就是知识图谱，基本上都是专家知识，基本都是传统的专家系统。比如，以刑法为例的犯罪构成要件，把这些规则的点抓出来，然后再去看判决书中哪些涉及自首，或者自首有多少种非结构化，至少可以做结构化的表述，这个结构化的表述中有多少非结构化的具体体现。法律人工智能怎么把非结构化的规则用一种结构化的方式表现出来，我们基本是做这样一个分析。在找寻自然语言处理（NLP）如何跟法律规则相契合，然后做一些东西。这些东西要不要有？当然要有。但是，如果要靠这些东西找出中国法官真实的裁判模型绝对不可能，它只是找出了这个规则在自然语言中以一种什么样的方式表现出来，或者说在判决书中出现了多少次，并不意味着找出了中国法官怎么作判决的模型。这就是为什么我们不能够出现真正高级的强人工智能，甚至我们的弱人工智能都很难作出的主要原因。

当然，更深奥的我也是不懂的。可能魏研究员懂的多一点，因为他是学数学的。我在四川大学专门招了一个本科阶段学数学，硕士、博士阶段学统计学的毕业生，然后到川大法学院教书，就教我们法律统计学，这是全中国主流法学院第一个统计学博士。当然，中国人民大学法学院已经有计算机博士了。这种人是非常少见的，他和我们法学院的基因是不一样的。但是，从整体上来说，我们基本还是做不到懂技术。我个人认为，我国现在做得没有国外那么好。就算是入门级的法律人工智能基本上都还没有开始，目前还没有人有把握地说我可以作出高度契合的裁判模型，说我们的判决就按照这个模型进行裁判。

我们现在发现一个最大的问题：实证研究与大数据人工智能有相关性，实证研究就是一个数据研究，而且数据研究是用统计学方法，现象和现象之间有没有相关性？有什么样的相关性？基于统计的实证研究是法律人工智能的根本性基础。比如，对酒驾的量刑问题，湖南大学一位教授写过这方面的文章，她可以算出酒驾会判多少刑。一是基于数据研究，二是运用统计学的基本算法。酒驾的数据基本上没有做任何遮掩，有充分的大数据和边界清楚的规则，所以她用统计学的方法基本可以算出。影响酒驾量刑的各种因素，包括各种因素的权重她可以确定。这样一个裁判模型能够较好地预测未来的判刑。

法律人工智能在英美法系国家，尤其是美国运用得较多，但事实上也存在争议。比如，威斯康星州诉卢米斯一案中，被告埃里克·卢米斯因偷窃枪击者抛弃的汽车而被警察误当作枪击者予以逮捕。鉴于其存在偷盗和拒捕行为，卢米斯最终被判有罪并服刑 6 年。COMPAS 系统通过对卢米斯回答的一系列问题进行测算，将其危险等级认定为"高风险"。卢米斯提起上诉，威斯康星州最高法院支持了下级法院的裁决，认为 COMPAS 系统的算法具有中立型和客观性。2017 年 6 月，美国联邦最高法院拒绝受理卢米斯的申诉要求。

二 具体阐释：人工智能在司法活动中的运用

简单来说，人工智能在司法中的运用可以归为两类：人工智能可以做机器人法官，还能做一些司法辅助性的工作。

（一）机器人法官 VS 人类法官

人类法官是否以及应该被机器法官所取代，以消除法律的不确定性？

这一命题于20世纪70年代提出，至少现在机器人法官没有出现。当然，刚才说到有一点人工智能的运用，也只是在较少的领域，且主要是因为这些领域的数据相对丰富、相对公开，而且边界比较清楚。而大部分司法性的决策、根本性的裁判活动没有用人工智能作这样一种裁判。所以我们现在判断，机器人法官不能代替人类法官。原因何在？一是社会可能难以接受"机器人法官"，二是人类法官优秀经验的归纳尚待时日，更不要说被超越了。

就整体而言，目前没有充分成熟的算法与相对成功的机器裁判与预测模式。尚处于萌芽阶段的法律人工智能是一个长期且极为耗费资源、需要更多既懂法律又懂人工智能的双面人才加入的领域与行业。目前，市场上的绝大多数甚至可以说几乎所有人工智能产品的开发者都未能很好地解决如何表示法律、总结法律、阐释法律的难题。在裁判文书水平尚属参差不齐的今天，我们还无法自信地说机器学习的裁判文书都是优秀的文书，我们也无法期待在此基础上形成的裁判模型必然会得出准确的结论。优秀的法官始终只会是人类法官，也许有一天机器人法官做得到平庸，甚至在特定的领域还可以，但很难超越人类法官。

（二）司法辅助工作的运用

大数据人工智能的兴起下，传统的由初级律师干的一些工作，比如搬搬文件、查查合同、看看文件等这些工作都不用做了。为什么？大规模格式合同基本都可以由人工智能替代，甚至难度比较高的合同也开始由机器做了。尽管在关键性的角色里我们还没有看到机器人法官的出现，但是作为司法辅助角色，事实上已经出现了。它有很多种形式，这是中国在世界上说得最多的，就是信息的电子化、数据化。最高人民法院要把1949年新中国成立以来所有的卷宗电子化，全国都在做。从这个意义上，可以看到中国纸制卷宗的电子化、数据化在全世界都是非常独特的，现在找不到第二个国家有中国做得这么好。2008年，我去美国第七巡回法庭。我有一个朋友在那里给波斯纳当助手，当时想去看看波斯纳，结果没看到，只看到他桌上有一米厚的一叠书，全部是法律之外的书。我就问这位朋友，你们有没有网站，网站上有什么内容？他说网站上的内容非常少。可见，美国卷宗的电子化、数据化实际上没有中国做得好。最高人民法院提出电子化可识别率80%的目标，不管是手写的还是PDF版，这是一个硬性的指标。电子化以后，再加上可以转换的格式，我们的数据化已构成了中国法院迈向大数据 AI 时代的基础性工作。从严格意义上来说，这是法律人工智能吗？还很难说。我估计 5 年左右，除了中国极少数的地方，新中国成立以后的卷宗基本都可以电子化、数据化。

我国现在所有的裁判文书：第一，裁判都要有纸制文书；第二，原则上要上传到内网；第三，除了特殊情况，大概 50% 的文件是公示的。可见，制作文书是非常广泛的，而且是强烈的需求。然而，我们又出现了案多人少的现象。举个例子，四川省成都市高新区法院，平均一个法官一年要办理 500~600 件案子，最多的两个法官一年办理 1200~1500 件案件。当然，这其中有属于集团诉讼案件。我曾经对这两个法官进行过个别访谈，如果去除周末和节假日，有效工作日大概 200 多天，平均一天要撰写 3 份裁判文书。当然，有法官助理的，法官助理也得写。由此可见，在诉讼文书制作方面，技术手段的建立加上有强烈的需求，使得人工智能在我们的法院尤其是中基层法官广泛展开。当然，展开的程度是不一样的，有的复杂，有的简单，有的制作得多一点，有的制作得少一点，这是法律人工智能吗？有一点点算是但不太多，但运用得还是比较普遍。

再有是实体裁判的预测与监督。这就是真正的人工智能了，因为你要从已有的裁判文书中挑选影响案件处理的关键性特征，而且要算出它对案件的影响程度，也就是它的权重。并且需要构建一个裁判模型，根据这个裁判模型去套未来具备哪些因素的案件、该怎么裁判，而且这个裁判还要得到法官的认可。一句话这是高级人工智能，实际上是一种偏强的人工智能。这个做得怎么样呢？我刚才说了某地的法院在尝试着做，基本做的方法都没有找到，有算法吗？我都不知道什么是算法，我只看到知识图谱。知识图谱不是一个算法，怎么能根据知识图谱就知道这个案件怎么处理呢？所有的公司都没有展示出一个算法，简单地说，实体裁判的预测与监督是做得最不好的。

还有一个是证据标准电子化、统一化问题。我们有冤假错案怎么办？一个案件中的证据需要什么样的要件，怎么避免冤假错案？我们总结成一个标准，这个标准规定在软件里，只有具备这些标准才能形成证据、才能移送，如果不具备这些形式要件和实质要件就会报警，然后就移送不了。马上下一道关口不用看，软件就给你说了。这个 206 系统做得怎么样？坦率地说，做得还不错。上海市高级人民法院是中国最现代化、最优秀的团队，他们花了多少亿与科大讯飞合作，然后他们去做，多少专家去说刑事案件中这个是关键，杀人案那个又是关键。所以它的确在某种程度上把我们的生活经验电子化、数据化了。但是，它是不是一种人工智能？这是最主要的问题。我觉得它不是人工智能，只是把经验变成标准，甚至叫电子立法化了。

关于类案推送的问题。类案推送是法院特别强调的。去年法院还推出一个类案智能推送系统，覆盖了全部 1330 个案由，通过机器自动学习构建超过 10 万个纬度的特征体系。我国法院保障司法公正的内部控制体系、决策体系正在发生革命性变化。过去我们怎么保证案件质量，避免审判出问题呢？一个审判委员会，审判委员会下设院庭长，还有一个是法官会议。我们现在新的控制体系没有形成。今年对最高人民法院工作报告的满意率低于最高人民检察院的工作报告。简单地说，当把权力下放后缺乏一种新的可替代的更加有效的控制体系。为什么要类案推送，甚至为什么明确说处理案件时一定要进行类案检索，当不采用类案的时候要给予说明？最高人民法院就是要通过类案推送、类案检索、类案采用与否的说明，构建一种新的、技术性的控制技术。去年我在《中国法律评论》上发表了一篇文章，专门谈了这个问题，后来被推送给了有关领导。我的基本意见是类案虽然好，但在实践中做得并不好。我到成都等一些地方调研，了解在法院内网中如何进行类案推送的，发现同类案件在河南有 100 件、在山东有 200 多件，有的地方多，有的地区少，有的年份多，有的年份少，这样的类案具有什么样的价值意义？类案推送不能合理地说明代表性，范围往往过窄、来源不清、层级不明，而且一种类案的指导性也有问题，再加上检索技术的问题，真正选出来的类案没有一种精准匹配的技术，实际上类似于百度的关键字搜索。法院的类案推送不知道数据库有多少数据，再加上搜索技术不精准，所以搜出来以后往往法官不能用，结果是法官基本不看类案推送。这就形成了一个悖论，高层的"热"与低层的"冷"。实际上，我对类案推送是比较悲观的。中国法院应当更多地通过司法解释、规范性法律文件的方式，同时辅以指导性案例、法院内部的法官会议以及极少数案件的审判委员会讨论的方式，解决类案类判的功能性障碍。

关于司法辅助角色的运用问题。智能语音现在是一个风口，是飞在风中的猪，用得很多。我曾经召开一个会议，决定用科大讯飞的语音系统，人家说那你得买，要多少钱？至少几十万元。你说一个法学院买一个科大讯飞的语音系统值吗？肯定不值。最后，我向成都中院求援，他们团队成员就把科大讯飞系统用上，一边说一边就通过屏幕把文字展示出来，大家一下子就觉得高大上了，我们都开 AI 会议了。但实际效果跟我们想的有一点落差，经常出现错别字。当然，因为我们讲话有川普、广普等，造成的结果是不断句、不分行。后来就发现根据机器转化语音形成的稿件还不如听人录音。当然，语音识别也在不断进步，我在开会时别人给我发语音我就用语音识别成文字，大致能明白什么意思。

语音识别在法院中广泛运用，最乐观的情况会消灭法院的书记员，但现在到底做到什么程度了？现在的模式是既有的速记员与文稿修改，智能语音已经是现在最好的一个方面。智能语音是一种通用技术，通用技术就是说科技公司基于广泛用途而开发，有广泛的用途，又能基于广阔的商业性前景，投入大量的资金进行开发的技术。法庭应用有一定的特殊性，但特殊性并不是特别强，所以它由通用技术变成专门技术的背景难度是不大的。就是这样，我现在也没有看到在最高人民法院力推的情况下被普遍运用。简单地说，智能语音的运用有前途，但还没有马上变成现实生活中的运用。

关于法律问答机器人的问题。某地法院法官自主研发了诉讼服务类机器人，涵盖常见多发的婚姻家事、劳动争议、道交事故、民间借贷、物业合同、买卖合同六大类案件。采用触屏式人机界面技术，具备语音识别、语义理解的功能，通过与用户进行语音交互问答，自动生成诉讼风险评估报告，现在已经推广到中院去了。现在，我们基本上打电话搞服务热线，未来趋势都是 AI 化，为什么呢？很多人去打服务热线问的都是相同的类似的问题，基本上都可以采取录音方式、按键方式解决问题，和过去相比我觉得技术性有根本性突破。但是，另外一点太复杂了，我与其输入 1、2、3，还不如直接问法官，这样更干脆。就像前一段失事的波音 737MAX 飞机，就是过于复杂，本来是人机协同，结果它只有机没有人了，导致机器跟人做斗争，机器把人控制了，结果飞机就掉下去了。当然跟这个还有所差异，机器不一定是最好的方式，机器可能繁琐。我要说的是常识性的问题基本采取一种 AI 的方式解读，就跟我们今天已经习惯使用百度或者谷歌、微博一样。

关于警务活动辅助角色的运用问题，这里以人脸识别技术为例加以说明。最经典的例子，大家知道张学友无数次立功，在张学友演唱会上抓了很多人，神奇吗？其实，你搞懂了原理就不神奇了。我到成都机场，那儿用的都是商汤科技的技术，现在从双流机场进去以后有一个新的玩意儿，到了机场以后，你把人脸对着某一个地方，马上就显示你坐的哪班飞机、在哪个登机口。当你在某一个场合下，比如你走在解放碑下想搞一个什么事，高清摄像头抓拍，马上给你识别出来，报告警方说重点嫌疑对象已经到解放碑，有可能做什么坏事，马上现场警力就出动把你控制起来了。这个技术我们现在已经具备了，人脸识别目前来看是最通用化的东西，根本不需要在你正常的司法范围内做任何转化。另外，数据已经够大，有全中国的身份证、护照作为一个基本数据，加之公安的天网雪亮工程的骨干网。在此背景之下，人脸识别无可逃避。

总之，法律人工智能在实践中呈现以辅助法律人决策为主的应用，这既由人类对法律职业的认知所决定，也由人工智能自身的不足所决定。目前，在通用技术相当成熟的领域，如人脸识别、语音转换方面比较成功。在技术要求不特别高、已有适当投入并且成功克服难题的领域，智慧司法也比较成功。但在裁判问题上，我们仍看不到未来。

三 问题反思：法律人工智能的现实困境

法律人工智能的问题既有数据层面，也有算法和人才层面。我写了两篇文章，是对中国人工智能法律的基本看法。在数据层面，尽管有裁判文书、庭审直播，但数据还不充分，数据客观性、真实性不足，算法运用的实际效果怎么样，缺乏基本的认证。最近几年我经常跟中国、国外研究大数据的顶尖高手在一起开会，美国、欧洲、亚洲的实证法律研究年会每年我都参加。大家的共识是，在数据的收集、使用、运用统计方面，域外远远超过中国。在算法方面，美国实证法研究最近几年运用机器学习的方法，我记得5年前第一次参加是在加州大学伯克利分校，那时还没有研究机器学习，去年在康奈尔大学的年会上，机器学习的文章就有好几篇了。我个人感觉，中国在使用大数据方面，还没有充分、真正展开最基础的实证研究。当然，还有人才问题，尤其是优秀的人才非常重要，这方面我不展开说了。

四 前景展望：中国应该如何运用法律人工智能

（一）法律人工智能在中国运用的长期性与艰巨性

法律人工智能在中国有价值，但在中短期内不要高估它的实际价值。关于人工智能，我们投入的钱够多了，但我们是在没有效率地烧钱，或者低价值地烧钱。热闹的现象并不表明中国已进入了法律人工智能时代，更不意味着市场已经有了成熟的法律人工智能产品。恰恰相反，法律人工智能在中国的运用将是一个长期的过程，并将面临艰巨的挑战。中国需要优秀的法律人工智能，其需要时间、资本、人力，尤其是优秀的，既擅长人工智能技术又精通法律知识的双栖人才的长时间、专注的投入与坚持，这绝非一朝一夕可成。现在，人工智能既投入过多又投入不够，投入不够是因为要完成一个真正的人工智能需要投入更多。

（二）明确法律人工智能可以运用的领域与条件

法律人工智能应定位于做辅助法律人决策的助手与"参谋"角色。主要用于私人性、非裁判性的一些东西，而且是客观化程度很高、信息资源很充分的领域。我曾经举过例子，阿尔法狗可以把古力打败、把柯洁打败，但它可能打不赢原来我们中国象棋的国手，为什么？象棋只有残局，它就不能分析客观的东西，或者说规则很模糊，各种确定因素很多的，可变性很强的可能就不行。司法很多时候是一种意识形态，当法律某种程度上是一种意识形态的时候，要用科学来裁判意识形态的东西，我觉得还做不到。当然，什么时候能实现呢？法学家变成科学家，科学家变成法学家，法律科技家的世界就会到来。谢谢！

五　互动环节

主持人：大家感到新鲜吗？左老师由浅入深地讲了四个问题。后面由于时间关系，关于反思的问题、运用的前景问题讲得稍微少一些。他特别提到了语音识别，因为我也参加了一些会议，用过语音识别，我问他为什么有地方口音呢？凡是有口音的地方都识别不准。但是我们每个人哪怕是北京人都很难说你的普通话很标准，所以最后左老师的结论我很赞成。我到一个检察院调研，发现类案推送有三种结果，这个案件把情节输入进去，全国法院一般判刑多少，我们省内平均判刑多少，因为我起诉某一个案件是在某一个区的，渝北区法院给这个案件判多少，我肯定是按照当地判的标准来建议。但被告人愿意吗？被告人说你为什么建议9个月不是建议6个月呢？我要看看全国其他地方法院怎么判的。

有些地方做得比较好，比如，广东有一个区法院。左老师刚才说的，人工智能作为决策和辅助有一定的运用，但我们的运用还是比较表面化的。刚才左老师提到的卢米斯案件，他只是把再犯的可能性作为一个因素，主要是因为这个算法是他的商业秘密不能公开，在美国的审判系统当中，凡是用于不利被告的证据以及可能对控方证据进行弹劾的证据，都要向被告人公开，所以被告人不服。当然，最后最高法院还是维持了这个判决。这样的例子说明在美国的司法实践中，关于法律人工智能的运用已经产生了法律问题，已经威胁到公众日常的权利，包括宪法的权利。我们现在投资太多了，因为我们是政府决定资源，不是市场化的资源，这样的决策模式必然是低效率的，因为不是一线需求的，而是相当于父母给子女安排。左老师给我们提供了一个非常好的思考。

下面请各位专家点评。

点评1　张光君副院长：非常感谢尊敬的左卫民教授能够莅临德恒应用法学大讲坛。这个大讲坛我们筹备了很久，又得到了重庆德恒律师事务所的大力支持，我多年的一个梦想也终于得以实现。我们这个讲坛能够真正开展起来，而且第一讲就能够请到我国著名的、杰出的法学家，我们杰出的校友左卫民老师莅临，在此，我提议所有的同学、老师对左老师的莅临表示衷心的感谢。

左老师的讲座具有国际视野，又体察国情，对人工智能在司法中的运用作了全景式的准确表述，我基本赞同他的观点。当然，从整个发展趋势来看，我总体上还是抱有一种更为积极乐观的态度。这同时对我们人工智能法学教育，尤其是对西南政法大学这样一个传统政法院校法律人才的培养提出了更高要求。为什么在我国的司法实务中法律人工智能的运用还不够热，没有真正热起来？这里面的原因是多方面的。可能是人工智能这项通用性的技术、颠覆性的技术，它的通用性和颠覆性可能没有像某些刊物、网络上宣扬的那样快速发展，但实际上这种发展速度我们还是不能够完全把握，有可能很快就出现奇点，也有可能很缓慢，但是无论如何我们都应该为此做更为积极的准备。从另外一个角度来说，用得少、用得不够，这可能是因为法律人工智能在发展过程中还需要进一步实验、摸索、完善。技术的迭代需要多用，越用越聪明，在实际上对法学教育提出了更高的要求。其实，我更希望同学们在听左老师讲座的时候，能够从现有的不足，从左老师指出的现在中国司法之中应用法律人工智能的不足中，为学习、努力、研究方向找到很多好的切入点，为法科学生找到一些好的创业的突破口。学法律的人一般都不好意思说以后要去创业，很多学法律的人觉得我要创业就只能开个网店。就像左老师所谈到的，人才匮乏是一个很重要的方面，人才培养是需要关注的。既然左老师指出了很多运用中的不足，我们当然应该去努力弥补这些不足，从而把法律人工智能推向一个新的阶段。

在国外，有很多法律科技企业，他们拥有很多创新产品。从这一点上看，我们对教育的投入，最终是会体现在同学们身上的。如果我们在座的同学里以后能够出几个，哪怕是出一个法律人工智能产品研发公司的创始人，那么我们应用法学的教育、人工智能法律教育就可以说取得了一个小小的成就。因此，我觉得这堂讲座对于人工智能法学院的法学教育来说也是深刻的启迪。谢谢。

点评 2　朱福勇教授：尊敬的左老师、各位同学，晚上好！刚才左老师从四个方面介绍了人工智能在司法中的运用，客观地说，近年来，尤其是在司法改革的背景下，最高人民法院力图通过人工智能来解决司法实践中出现的痛点和难点问题。

所谓的痛点，就是大家熟知的案多人少，这是众所周知的事情。所谓的难点就是新型、重大疑难案件问题。如何解决这两个问题呢？这也是近段时间来我一直思考的问题。就我所研究的情况而言，从实际出发，我主张把案件予以类型化处理。具体地说，我们可以将案件类型化为常规型案件和新型、重疑难型案件。其中，常规型案件占到基层人民法院所审理案件 80% 以上，对此类型案件通过法律人工智能予以解决，即通过对案件要素的提取，再经过机器的深度学习，通过法律推荐，自动生成裁判结果，为法官裁判案件提供有力支撑，从而使法官从繁重的、重复的审判工作中解脱出来，这是通过法律人工智能技术可以实现的。目前，很多科技公司与法院联手研发、探索，已取得初步成效，将在不远的将来全面铺开。对于新型、重疑难型案件，虽然在基层法院占比较少，但对基层法院来说极具挑战性。我主张对新型、重疑难型案件再细化为规则模糊型、规则缺漏型、规则填补型和规则悖反型四种类型。基于上述案件的复杂性，我们可以运用法律人工智能分别为上述四种类型案件推荐一个具体的裁判路径，为类案同判奠定一个良好基础。

既然谈到法律人工智能，无论常规型案件还是新型、重疑难型案件都会涉及另一个问题，就是中国裁判文书网上的裁判文书。从现有裁判文书梳理情况来看，我与左老师分析的较为一致，即数据不充分、不客观、不真实的问题。由于数据不客观、不真实、不充分，会导致机器学习时出现问题，对于裁判模型的形成产生重大影响。所以，这也是我们目前亟须解决的关键问题。为了解决这一个问题，我们也跟中国司法大数据研究院联系，除了从中国裁判文书网上获取相关裁判文书以外，我们还需要从它们那边获取一些裁判文书。

我的结论是机器不能代替法官，但法律人工智能能够有效地缓解案多人少的困境。谢谢大家！

点评3 魏斌博士：尊敬的左老师、同学们，大家好！今天非常荣幸能受邀作为嘉宾来参加这个讲座，左老师的讲座给我启发很大，以前就久仰左老师的大名，他的报告与我原来思考的很多东西有交集，左老师讲得更清楚、更透彻，特别是能从司法实践，尤其是从法律实证的角度来解析。我是不敢点评的，我只敢附议。

首先，先向大家作一个汇报，左老师刚刚也提到了，我今天从最高人民法院刚刚回来，作为第四批法律研修学者，我研究的课题就是人工智能在司法领域的深入应用研究。昨天早上，周强院长给我们开了一个座谈会，他用三个例子来解释了法学理论指导司法实践、司法实践如何创新法学理论。第一个是胚胎案；第二个是小猪佩奇案，也就是跨区域的互联网审判；第三个是网络查封，三年基本解决执行难的问题。在周院长讲的三个例子中，有两个与智慧法院建设紧密相关。近几年，最高人民法院工作的重点也是以突出智慧法院的建设来推动司法改革。

实际上，智慧法院的推进包含四个方面。一是诉讼服务。比如说，网上立案调解、证据交换等，这是面向当事人和律师的。二是诉讼公开。包括裁判文书、审判流程公开、执行公开以及庭审公开。三是审判管理。这是面向法官的，比如说，办案系统，类案推荐，文书的生成，庭审语音转换。四是今年的一个亮点，就是网络执行、各种查封系统。这些是面向执行的。另外，周院长也讲到一个很重要的转变，就是从PC端向移动端的转变，比如，现在正在推动做移动微法院，移动微法院可能以后会成为审判智能化的方向。

刚刚左老师详细解读类案推送，基于目前的技术和实际的应用效果并不理想。比类案推送更加值得关注的是基于类案的推理，通过类案来实现实体裁判的预测和监督，是跟类案的推理相关的。类案推理应当是要实现比如参考先例的裁判结果，根据先例和当前案件的相似度来预测当前案件的裁判结果，只有实现这个才能是智能化。目前来讲，可能仅限于一个学术上的探讨，要实现还是比较困难。美国这块做得比较好，因为它们是判例法，它们有专门从事智能研究的学者，而且成果是一系列的，还是很丰富的。

关于黑箱算法在法律人工智能当中引发的问题。目前一个好的迹象是，像杭州互联网法院已经实现了区块链存证，并且对存证进行认可。现在有一种技术可以对电子证据进行修复，比如，原来一张照片上有马赛克，现在可以通过技术把马赛克去掉，可以还原它本来的面目。这样的技术当然很好，尤其是在侦查的时候，但能不能作为证据呢？目前来讲，作为证据很困难，就是因为去掉马赛克的算法是不可解释的。这个问题怎么办呢？我的观点是，像黑箱算法除了在法律人工智能之外，其实在其他专业的人工智能运用领域也有这个问题，这个问题应该由人工智能学家去解决。目前，黑箱算法怎么解决已成为人工智能本身的研究热点。

最后谈一点与左老师相似的看法。目前法律人工智能运用虽然不理想，道路也很艰巨，但我们还是要坚持，后面的研究应当以使用者的需求和体验来作为导向进行设计，这样可以避免资源的盲目投入。我的附议就到这里。

点评4 杨蕤律师：各位老师们、同学们，大家晚上好！左老师晚上好！今天我作为一名律师，作为一个学长跟大家作一个分享。左老师今天所讲的内容我也学习了很多，获益匪浅。作为一个西南政法大学94级的学生，今天能够回到这里跟大家一起交流，我更愿意从律师实务的角度，结合左老师给大家介绍的最新情况，作一些我们对于这个板块的认识。

首先，学法律的人天然骨子里会有一种规则感，所以我们很希望所有的工作都建立一种标准，它的名字叫法律。在人工智能通过算法、通过大数据在强化这个关联的时候，其实我们也在强化作为一个法律人对规则和标准的意识，以及这种自豪。举个例子，本月19号，我在最高人民法院开庭，这个案子在之前已经进行了相关的准备。我们做了大数据分析，例如，建筑施工案件最高人民法院的二审会有大量数据出来，会有检索，2017年、2018年有多少案件，承办人分别是谁，他们主要的观点是什么、他们写了哪些文章。传票一旦出来就会确定承办法官，这个数据就可以抓出承办法官的学术论著、判决文书，还有视频资料。3月19号，开庭审理时，我的助理调出了这个法官在2018年的5个开庭视频。通过这个视频提醒我们很多没有关注到的问题，比如在最初庭审工作时没有关注如何去算账，通过5个视频逐一分析，这个法官在庭审中一定会问怎么算账，所以我们仔仔细细让客户给我们算了一笔账，你这个账是怎么来的，司法鉴定数据分析是怎么来的。这就是数据的分析。从其他辅助系统来讲，最高人民法院开庭时还有录音，但那个录音没有办法形成文字的记录，所以一边在录音、同步视频，一边速记员还是用传统的键盘记录方式。而同步视频达到一个什么样的效果？在北京开庭时我的客户在重庆，客户就可以在会议室打开直播看这场庭审，当下他们就会给出一个判断和评价。所以大数据在越来越多地支撑我们的同时，也在越来越多地提出挑战。

比较巧合的是3月26日，我在台湾地区"高级法院"听了一次开庭，他们同样在开始同步录音和录像，但同样是通过视频在操作。他们有一个好的地方就是，二审的案卷已提前在系统中录入了，所以双方当事人可以直接说我会要求看哪个材料，然后法庭就会投影出来，唯一就是这点区别。我认为在大数据和辅助系统当中其他都是有相似性的。

如果从事律师这个职业，我想提醒你们的是，你们面对的竞争越来越激烈。举个例子，从法院系统来讲，今年年初我们到深圳考察了一家立案系统公司的推介会，该公司不断地向各个法院推荐它们的立案系统。其中有一个跟我们所涉及的问题相关，那就是常规的一些诉讼案件，比如，劳动争议、工伤、借贷纠纷、一般的买卖合同纠纷等。作为当事人的客户即使只具备高中学历，也可以通过不断点击就可以完成模板。作为一名青年律师，在工作中如果不能接到一般的工伤纠纷、借贷纠纷、买卖纠纷案件，其实是没有机会的。

再比如说，系统。我们在用的有一个辅助系统，同时我们还有一个α系统，一旦你输入一个公司，马上就会自动收集这个公司的工商档案情况、股东情况、法律情况，如果我们写模板，有合同的模板，如果写诉状也有诉状的模板，直接点击生成，生成之后编辑，加入数据。对整个行业来讲，一方面，方便每一个人；另一方面，也在推动我们。当我们走进职场，我们的竞争对手越到后面越不是人。人工智能一方面在发展的同时，另一方面又给我们施加了压力。所以我们要把视野打开，多听像左老师这样大咖的讲座，让我们知道天有多高，地有多厚。

主持人： 下面有请左老师最后做简要回应，欢迎。

左卫民教授： 几位点评人，包括主持人都说得非常好。主持人对卢米斯案件了解的比我还多，我刚才还在和他切磋，向他学习。

第一，张院长提的问题，他说区块链和法律AI怎么融合，坦率地说，我对这个问题了解得不多。区块链是跟AI有所区别的事情，但是对区块链本身我的看法是要更谨慎一点。这是一个高度有争议性的问题，包括现在跟区块链相关的数字货币陡涨陡跌，都跟区块链的争议相关。至于在法律实践中怎么运用，谨慎使用吧，因为一些初级运用还没有做得很好，怎么把区块链更好地融合呢？目前我还不太清楚，当然也有可能是因为我才疏学浅。

第二，朱教授对于 AI 法律怎么在实践中运用，他作了一个叙述，要对案件类型化，要让大家集中精力去做复杂案件的裁判。这是中国现在司法领域推人工智能非常重要的方面，我觉得也有一定的道理。就像我刚才说酒驾边界非常清楚，这样一些案件在技术上可以做到。但是，中国很难有很多案件是属于这样类型的案件，包括一些简单的案件都具有灵活性。所以到底能运用到什么样的程度不敢说，关键是大家要有信任，这是一个社会学的问题，是一个公信力的问题。对这个问题我还是谈谈我的看法。

后面两位老师，包括魏老师和德恒所的杨律师提的问题都很好。比如，杨律师给我们提出的是律师界怎么接地气地用这样一个方法，实际上他提出的问题是刚才我想说但还没有直截了当地说的问题，即 AI 的运用对在座各位未来意味着什么？坦率地说，这个问题具有不确定性。中国现在的法考通过率会提高，未来若干年都会提高，这一方面是我们在增加人才；另一方面，我们必须注意随着 AI 的应用，一些初级律师很有可能就会被替代，所以这一定会减少司法劳动力的供给。实际上，美国大律师事务所就有这样的现象。这会使法律服务市场发生什么现象？我最期待的是，如果真有那一天到来，我们可以干的事不多的时候，就把一周工作日改为一周四天或者三天，这样可能是一种皆大欢喜的结果。但是，不管怎么样，最好的回答就是人工智能法学院是大有前途的。因为你们是研究怎么提高效率、怎么减少法律市场的供给，所有的人都失去工作的时候，你们是最后一个失去工作的，因为你们研究的是怎么让别人失去工作。等别人失去工作的时候才轮到你们，那也许是 50 年甚至 100 年以后的事，大家该干什么就干什么吧，谢谢。

主持人：今天晚上的讲座我觉得有几个特点：一是选题非常前沿；二是内容非常专业。左老师通俗易懂地给我们作了解说，从入门级到专业级，我觉得这对同学们理解人工智能跟法律的问题非常有帮助。今天我们的点评嘉宾除了学校的老师以外，还有德恒重庆所直接应用法律人工智能技术的实操人员，这非常好。老师当中既有研究法律的，也有专门研究人工智能的，点评的内容也很充实。

最后，再次感谢左老师，我们希望左老师常来，谢谢大家，也谢谢参与点评的老师。

专 题 策 划

营商环境法治化研究
（有奖征文）

司法审判视域下营商环境法治化的实现路径

谢仕成[*]

（贵州省修文县人民法院；贵阳，502200）

摘　要：营商环境法治化在我国有着现实必然性和紧迫性，已经成为必然趋势。从司法实践的视角观察，行政权错位和司法权错位已经成为我国营商环境法治化的重要瓶颈。本文主要在此基础上探讨，如何运用司法审判的方式探索营商环境法治化的路径，包括以民事审判规范市场主体营商行为，以刑事审判矫正破坏营商失范行为和以行政审判引导监督政商交往行为。

关键词：审判；营商环境；法治；司法功能

一　引言

法律与经济之间的互动关系早已被无数文献资料予以论证，并已经形成普遍性观点：法律是社会生产生活经验的总结和积累，是社会经济发展的必要记载和反映，其正当性来源于经济基础，同时反作用于经济发展。在中国特有的历史传统、法治文化、经济模式、政治因素等综合作用下，长期以来重视公法而忽视私法，强调司法审判被动性而忽视司法服务能动性，侧重法律刚性制裁作用而忽视法律柔性指引功能。虽然在弱化私有产权、淡化法律实施、推行行政主导等特殊历史阶段，中国经济依然取得了良好成绩，但从经济长远发展来看，法律作为一项重要的社会规范，具有其他规范无与伦比的优越性，经济发展与法治进步必然相辅相成。

营商环境是一项系统性工程，法治化是营商环境的核心因素之一，从实践来看，全国各地区都在如火如荼进行系列改革举措，不断探索营商环

---

* 谢仕成（1988~　），就职于贵州省修文县人民法院，主要研究方向为民事法律适用及司法审判，电子邮箱：xieshicheng1988@126.com。

境法治化新出路，但遇到不少新问题。诸多文献资料也重在从政府职能角度、国家发展战略角度及国际视野角度阐述营商环境法治化的基础理论、实践运行、现实困惑及地方经验等，鲜有文献从司法审判角度论述司法权视阈中营商环境的运行。司法权作为社会矛盾纠纷的最后一道防线，司法裁判直接引导社会活动主体的行为，以及修复业已受损的社会关系，对营商环境建设具有重大意义。

二　营商环境法治化趋势剖析

多年来，我国采取了系列经济改革举措，经济结构予以调整优化，发展方式得以转变升级，从强调经济发展速度转向重视经济发展质量，与此同时，法律运行从"被动"维护市场秩序转向"主动"服务市场主体，"法律与中国经济发展之间存在一种互动关系，即法治是中国经济发展的结果，同时也是促进中国经济发展、深化改革的工具，由此产生法律与经济发展的'互为因果关系'或曰法律与经济发展的'双向互动'作用"。[1]正如有观点云："国家经济发展战略的有效实施离不开法律制度的保障，打造法治化营商环境已经成为我国经济发展的重点和难点问题。"[2] 可见，法治化已成营商环境发展的必然趋势和历史选择。

（一）营商环境法治化的必然性

营商环境是市场主体在经营活动中受社会、经济、文化、法律等综合作用的结果，直接体现在企业经营各个环节的人力、财力、时间、机会等具体成本之上，与经济发展紧密相连，且"优化营商环境的根本目的在于降低企业外部环境的不确定性和制度性交易成本"[3]。一方面，良好的营商环境可以吸引更多优质要素，促进人才、资金、技术等流向政务服务高效便捷、社会治理公正稳定及市场交易低风险且可预期的地区，有利于激发市场主体潜能，培育创新创业"基因"，营造公平有序的良性竞争氛围。另一方面，经济的长远发展离不开制度保障，我国社会与经济发展经历了

---

[1] 周林彬、王睿：《法律与经济发展"中国经验"的再思考》，《中山大学学报》（社会科学版）2018 年第 6 期。

[2] 袁莉：《新时代营商环境法治化建设研究：现状评估与优化路径》，《学习与探讨》2018年第 11 期。

[3] 张国勇、楼成武：《基于嵌入性的营商环境优化研究——以辽宁省为例》，《东北大学学报》2018 年第 3 期。

"社会管控到社会管理再到社会治理"的转变，市场法律体系从债权到物权再到产权的过程，法律制度逐渐完善。经济的发展正回归到重视产权保护、尊重契约自由、鼓励诚信交易、弱化行政干预的环境格局中来。因此，营商环境法治化是经济发展的必然趋势，也是经济发展的题中之意，经济发展为制度制定提供必要的社会基础，法律完善能更好地保障和服务经济发展。

（二）营商环境法治化的紧迫性

社会主义市场经济其本质上就是法治经济。"中国经济增长方式正由要素驱动的粗放型增长向创新驱动的内涵型增长转变，技术创新已成为推动经济高质量发展的新动力。"① 良好的营商环境可以为创新创业提供平台支撑，纵观我国当前营商环境，尚有较大潜力可以挖掘。从国际营商环境水平来看，世界银行发布的《2019 年营商环境报告》可知，中国在世界排名中处于第 46 位，较上年大幅提升，然而，欲实现我国营商环境法治化、国际化可谓任重而道远；从国内营商环境整体来看，区域差异明显，东部普遍优于西部，自贸区优于一般行政辖区，省会地区优于其他地区。因此，加快营商环境法治化进程，积极营造高效便捷、稳定有序、公平合理的氛围，维护市场交易公开、公平，保障市场主体诚实、信用，激发市场创新、创业，促进经济高质量、高速度并重发展，进一步提升国家综合国力及缩小地区经济差异，是经济发展的历史选择。

三 营商环境法治化之瓶颈

法治化仅是营商环境中重要子环境之一，纵然我国营商环境法治化取得了可喜成绩，但其法治化进程中仍然存在不可忽视的瓶颈，并直接制约经济的长远发展。本文拟从行政权角度简单梳理营商环境法治化现状，从司法审判视阈重点阐述三大诉讼框架下营商环境法治化的艰难与困惑。

（一）营商环境法治化进程中行政权错位

"市场经济，本身是规则意识和契约精神的体现，而营商环境的构成

---

① 张美莎、徐浩、冯涛：《营商环境、关系型借贷与中小企业技术创新》，《山西财经大学学报》2019 年第 2 期。

要素必然离不开这两个方面。"①在强调依法治国及法治社会的背景下，厘清政府与市场的关系尤其重要，构建"大市场小政府"抑或"小市场大政府"取决于社会治理理念，表现为营商环境优劣，手段在于行政权尺度。从实践来看，营商环境建设仍然是政府主导逐步推进，进程中行政权错位现象依然存在，政府与市场争利，"有法不依"吞噬了法律的社会信任基础，侵蚀了法律的稳定性及权威性。

从政府角度来看，"是否具有法治化的营商环境，对一个地区未来的发展起着决定性的作用"②。而在当前以政府主导的营商环境法治化进程中，政府通过一系列举措对企业进行规范、鼓励、引导、支持、管理，使营商环境大幅转好，但是与经济发展的要求尚存差距。一是职能转变不彻底。政府部门职能定位模糊，权责交叉普遍，政务环境需进一步改善，有利一拥而上，无利彼此推诿，在社会治理过程中错位、越位或缺位现象仍然存在。二是行政干预增加企业制度性交易成本。强权思想浓厚，契约意识淡薄。比如招商引资，以各种考核不合理指标将招商引资纳入行政考核、业绩考核，轰轰烈烈的招商工作变成辖区内的"全民运动"，在招商过程中，为了实现"引进来"，必然会出现不切实际的承诺，缺乏政商合作共赢的契约意识，在后期监管中"强权本性"暴露，承诺不能兑现，政务效能不高，不作为与慢作为，不能给企业解决困难，使得新入企业陷入"是走是留"的尴尬境地，直接掣肘了营商环境的优化。三是"放管服"落实的有限性与落实后出现空白期。从 2015 年全国推进深化行政体制改革以来，通过"简政放权、放管结合、优化服务"三管齐下，充分发挥了市场配置作用，极大程度地降低了市场主体制度性交易成本，但自身缺陷仍未彻底改善。一方面，由于传统"官本位"思想遗存和大局意识缺乏，以及庞大的行政系统天然的固化属性，致使简政不彻底、放权有保留、重视事前审批、忽略事后监管、强调管理、弱化服务。另一方面，由于社会发展较快，社会因素流变过快，当前"放管服"政策落实出现空白期，相应配套举措尚未完善，在某些领域，政府退让后市场并未充分发挥配置作用，衔接断层导致政府不能干预，市场不能调节的两难境地。

从市场角度来看，市场是资源配置中的隐性之手，其与政府宏观调控构成决定经济发展的两大支柱。在优化营商环境大工程中，企业是最大的

---

① 孟霁雨、王明睿：《黑龙江省法治化营商环境建设面临的问题与对策》，《黑龙江省政法管理干部学院学报》2018 年第 6 期。

② 王光：《东北振兴中的营商环境困局及其治理》，《行政与法》2018 年第 6 期。

体验者、参与者，然而纵观当前企业尤其是中小企业、民营企业，并未担当起应有的实践者角色。一是观念陈旧。由于市场的激烈竞争，权衡自身的抗风险能力后，大多数企业选择稳中求进，创新创业动力不足，也囿于政府干预过多，扶持过少，不愿投入成本创新创业。二是制度落后。中小企业普遍属于家族式产业，其发展与家族血缘关系紧密相连，内部规章制度设计较为简单，缺乏规范性，致使企业结构混乱，与现代公司制度尚有较大差距。企业的规章制度未与法律相关制度相衔接，法务无专人专岗甚至无法律顾问，企业运行中的法律风险不能及时规避，涉及法律纠纷显得比较被动，不利于保护自身合法权益。三是诚信缺失。市场活动中，各市场主体之间的交易行为以契约自由为前提，以诚实信用为基础，以规则制度为保障。即使国家债法、物权法、社会法等制度相对较为完善，但在违法成本与利益权衡之下，有被动的无奈违法，也有主动的知法犯法。企业间债务拖欠本属正常，但在缺乏信用的情形下，债务久拖不还直接损害债权人利益，债权人的维权成本将计入企业生产总成本之中，必然形成"互害模式"，每个企业都可能成为受害者。

（二）营商环境法治化进程中的司法权缺位

司法作为解决社会讼争的路径之一，较其他解纷途径而言，具有中立性、终局性和强制性。本文所讨论的司法权仅限于狭义上，人民法院专司职权，系法官遵循司法规律，通过诉讼程序，运用法律技能，从客观事实中提取法律事实，依照法律规定就当事人各自的主张、事实及理由进行甄别和判断，并独立作出裁决的行为活动。在营商环境法治化建设中，人民法院应发挥审判职能作用，回应市场司法需求，改善投资招商环境，营造稳定可靠、公平合理、流程透明、具备预期的营商环境。但是，囿于司法天然的被动性，不可能像行政权可以提前介入或灵活行权，再者缘于"不告不理""法院不得拒绝裁判"等原则，司法权在营商环境法治化建设中并未充分发挥应有职能，甚至显得"失语"或"缺位"。

1. 民事审判维度

近年来，法院"案多人少"现象已备受社会关注，尤其是民商事案件数量的上升更为突出，其中既有立案登记制改革带来的政策红利，使得更多群众选择以诉讼方式解决争议，也有因经济社会发展，社会关系更加复杂导致的利益交织，使越来越多的案件涌入司法渠道。纵然法院面对艰巨的任务，在民商事审判领域取得了良好成绩，但当前正逢国家各项改革进人攻坚期，矛盾纠纷多元化、社会关系复杂化，民商事审判并未充分发挥司法审判职能作用，与优化营商环境的客观要求尚有一定距离，主要存在如下几个方面问题。

（1）机械适法依然存在

法律的生命在于实施，任何法律制度只有经过适法过程才能服务于社会，才能实现从社会中来到实践中去。即使经过多年的法律职业化发展和法官专业化努力，机械适法、就案办案依然存在，主要表现为处理意思自治与契约自由不到位。在市场交易过程中，市场主体为保证企业经营的长期性、稳定性，相互间签署相应的书面合同以供合同各方遵照执行，但因国家政策调控、涉及征收补偿等因素，有的合同相对方突破契约禁区，肆无忌惮"撕毁"约定。一旦诉诸司法，违约方往往费尽心思钻法律漏洞，有的利用"诉讼技巧"争取法官内心确认，实现司法轻易否定合同效力，随意调整违约约定。例如招商引资入驻某地的企业，承包集体或村民土地用于生产多年，且依约签订相关承包合同，办理齐全手续，并支付足额租金，生产正如火如荼进行着，但由于该地区要进行城镇化建设，拆迁补偿相关政策等客观因素致使房屋、土地涨价，或因基层组织或群众自治性组织人事变动、"新官不理旧账"等主观因素影响，便以"合同未经民主议定程序""合同未经发包人同意"等各种理由，主张合同无效。简单就个案而言，也许上述合同确实不够规范，欠缺相关要素，但在签订合同的特定时期，具有特殊的时间和空间背景，殊不知深度信任下简单的契约隐藏了巨大的法律风险。处理类似案件应更加谨慎，多角度考量合约形成背景、双方意愿、履行情况等因素，机械适用法律可能酿成"国家鼓励失信，司法放纵违约"的后果，为营商环境法治化人为制造障碍。

（2）ADR机制尚未形成

ADR机制也即"替代性纠纷解决机制""非诉讼纠纷解决机制"，它是游离于诉讼与仲裁之外的各种自力救济方式，是解决社会矛盾纠纷的有效途径，经过多年的发展，现已在司法制度上占据重要席位，形成现行有效的"多元化纠纷解决机制"，与诉讼、仲裁共同构成民事解纷的治理框架。较诉讼和仲裁而言，多元化纠纷解决机制参与主体更广、涉案范围更宽、投入成本更低、更加高效简便，可以减少涉案各方当事人的情绪对抗，可以实现矛盾纠纷的有效分流，可以及时修复业已破坏的社会关系。但囿于先天缺乏终局性、既判力和强制执行力，其运行效果与立法预期尚存差距。

一是"承诺空白"导致当事人不愿选择自行和解。随着社会的进步，信用上升为法律因素，成为民商事立法的基本原则之一，并渗透到相应制度之中。由于诚实信用原则内容的模糊性、抽象性，在司法实践中对于违背诚实信用原则的现实行为，往往无法直接惩处。① 审视司法实践，社会诚信缺失、诚信体系断层已是当今不可回避的话题，民商事理论中的"诚信原则"受到严重挑战，协商和解过程中当事人往往信誓旦旦、诚意十足，可是真正经相对方作出让步并达成协议以后，他们又将调解中的诺言抛之九霄云外，当事人的合法权益并不能因一句承诺得到保障，相反可能因让步使得主张权益变得更加被动。权利人考量和解协议与诉讼成本，担忧相对方的"二次失信"，因此更愿意选择诉讼方式以国家强制力保障自己的合法权益。

二是"利益缺失"导致社会主体不愿参与斡旋调解。"调解是指争端当事人在中立的调解人的帮助下，试图就他们争议的问题达成彼此能够接受的解决办法的任何调和性的、非强制性的过程"②，"调解协议的正当性并非来源于它符合法律中的某项具体规定，而是来源于当事人对协议内容的认同"。③ 社会主体参与矛盾纠纷化解主要有公益性的行业协会调解、商业性的商务调解、具备专业性的律师或法律工作者等个体调解。看似参与社会矛盾纠纷调处的主体不少，但发挥实质性作用的不多，缘于基础条件限制、综合配套不全等因素，在调处矛盾纠纷时凸显功利性、商业性，在"无利可图"的情况下，参与积极性不高，创新性不足，不能满足市场的客观需求。

三是"事务繁杂"导致基层组织彼此推诿。基于对行政权威依赖心理或对政府的信任，市场主体之间发生争议后，通过向政府表达诉求以期得到帮助是当事人维权的有效途径之一。政府"依托行政调解机制的有效运行，能够搭建回应行政的平台，制度化地回应社会公众对于行政权力的信赖，进一步激发政府纠纷解决功能，强化政府公信力，增强政府凝聚力，增强官民信任关系的维系与构建"④。但是，实际参与社会矛盾纠纷调处的往往是最基层的行政机构或群众自治组织，比如带有政治性的司法行政部门调解、带有自治性的村（居）民调解委员会调解，这些组织肩负了大

---

① 吴弘：《诚信价值观融入信用立法研究》，《东方法学》2018 年第 1 期。
② 〔美〕康利·奥巴尔：《法律、语言与权力》，程朝阳译，法律出版社，2007，第 38 页。
③ 柯贤兵：《法庭调解话语空间建构研究》，《湖北社会科学》2012 年第 2 期。
④ 徐晓明、沈定成：《行政调解制度能动性激发问题研究》，《法治研究》2016 年第 5 期。

量的基层事务，在"可为不可为"之间必然选择"不为"，调解过程中可能直接给出一个调解方案，若双方或某一方不同意，则建议通过诉讼程序解决，即视为调解完毕。

四是多元化纠纷解决机制尚停留于宣示层面。"一个良性的纠纷化解体系应当是民间组织、社会团体等私力化解机制与人民调解、行政调解、仲裁、诉讼等公力纠纷化解机制相互衔接的协调体系。"① 多元化纠纷解决机制在很大程度上可以缓解法院"案多人少"的紧张关系，但是多元化纠纷解决机制涉及面更广，实践操作具有一定的难度。就主体而言，有党政主导、司法推动、社会参与，但相关文件并未明确具体主导部门，致使该机制在第一环节都难以保证正常运行。司法推动预期将矛盾纠纷从社会层面予以分流，但司法的被动性致使其无力推动；而社会参与主体缺乏"正当性"，致使介入不能。因此，多元化纠纷解决机制尚停留于制度层面、具备更强的动员性、宣示性，并未充分发挥应有作用。

对每年法院以调解结案或经法官释法析理而撤诉结案的案件进行深度反思可知，除涉及身份关系等特殊案件不能通过诉讼外方式调处，绝大多数案件其实可以不必进入诉讼程序，但这些案件进入诉讼程序的最主要原因在于替代性纠纷解决机制尚未形成，诉讼与非诉讼程序相衔接不到位。

（3）服务意识有待提升

经济发展给法律制度带来空前挑战，法律制度的演变为经济发展构建有序平台。为创造稳定有序、公开透明及可预期的营商环境，提供优质司法服务，实现开放型经济共享共建，2017年8月，最高人民法院发布了《关于为改善营商环境提供司法保障的若干意见》，要求平等保护各类市场主体合法权益，注重民商事审判与商事制度改革相衔接，加大产权保护力度，尊重契约自由精神，鼓励诚信交易活动等，强化司法对经济发展的服务及保障功能，"基于调整交易关系、促进市场繁荣的使命，追求资源配置的效率成为商事审判的核心理念"②。但符合市场经济发展的裁判理念还需要相应的配置机制才能发挥良好效能。从司法实践来看，民商事审判"二重性"在营商环境法治化进程中仍需进一步改善，才能满足市场主体的司法需求。

一方面，司法被动性过强，重视制裁惩罚功能。司法权是社会矛盾纠

---

① 王学辉：《多元化纠纷解决机制研究》，《行政法学研究》2012年第1期。
② 詹巍：《论商事裁判的法律经济学分析路径》，《东方法学》2016年第4期。

纷的最后一道防线，肩负着维护社会秩序稳定、平衡社会价值的历史重任。虽然"不告不理"原则未直接规定在我国三大诉讼框架制度中，但该制度在程序启动上已被普遍认同，除非利害关系人依据相关的事实、理由及证据向人民法院提起诉讼，否则人民法院不能提前介入，程序启动后又不能拒绝裁判。就程序启动而言，法院只能被动启动程序；就司法任务而言，法官也"乐于"被动接受案件；就程序运用而言，机械适用举证规则。从制度设立看，《民事诉讼法》第 2 条已经明确民事诉讼法的任务之一即"制裁民事违法行为……维护社会秩序、经济秩序"，立法初衷即通过民事诉讼法的实施，以合法的程序制裁民事违法行为。实践也如此，诉讼中，法官主持调解，极力说服当事人积极磋商，其考虑的因素在于调解率、撤诉率、上诉率等考核因素，而不在于当事人关系是否恢复、协议是否履行、是否拯救病危企业、是否促进营商环境改善等。当无法达成调解意见且必须裁判时，裁判更侧重于"三段论式"探疑推理，机械适用法律规定，机械运用证据规则，"硬规则"裁判思维[1]在裁判中更加明显，有意无意地加强对违约或违法方的制裁惩处力度，不能有效平衡契约自由与契约正义之间的关系。

另一方面，司法主动性不足，忽视服务保障功能。国家治理必定建立在一定的物质基础之上，纵然司法具有被动性，不能直接启动诉讼程序，但并不代表司法对经济社会发展缺乏可为性，在营商环境法治化过程中，司法除以审判形式维护经济秩序和保障企业的合法权益外，还具有很大的施展空间，比如通过"法治进企业"宣传活动，帮助企业规范管理制度、理顺人事劳动关系、规避合同契约风险等。但是，受制于"案多人少"矛盾及激励措施有限等要素，对内尚未完全实现专业化审判组织架构重组，尤其是基层人民法院，民事审判庭大包大揽民商事案件，法官处于超负荷工作状态，无法兼顾推动案件诉前解决方案，对外释放法律红利不足。虽然司法公开已经取得良好成效，为市场主体提供了法律典型案例借鉴等，但尚未构建引导、鼓励市场主体自觉学法、巧妙用法、诚信守法的氛围，司法主动性不足，延伸尺度有限，在社会纠纷综合治理中所发挥作用有限。

2. 刑事审判维度

刑法的根本目的在于保障其他部门法的顺利实施，是在处理社会矛盾

---

[1] 庄绪龙：《司法裁判合理性构建的三种思维》，《人民司法（应用）》2017 年第 28 期。

纠纷迫不得已时才使用的最后手段，是其他部门法调整恢复业已破坏的秩序时才予以启动的法律手段。刑罚的启动意味着当事人失去财产或自由，即使是缓刑也是有条件的执行刑罚。刑法的实施应有严格的边界。"刑罚过度介入社会生活，人们的自由和创造精神就会受到影响，为了社会更有活力，更加和谐，刑法只需要维持社会基本秩序就够了，不应过分干涉人世生活。"[①] 刑事司法在近年来全力推进营商环境法治化建设进程中具有重要的作用，"扫黑除恶行动""雷霆行动"等系列举措打击了以企业名义行违法之举的黑恶势力、严惩了利用职务之便敛财并破坏营商环境的职务犯罪。但是，刑法在营商环境中的尺度有限，刑罚的威慑性并不因严厉性而增强，过度"注重刑法实用主义，导致刑法庸俗化，刑法成为随时都可以使用和适用的工具，工具主义思想泛滥，刑法威严扫地"[②]。刑罚的作用出现"针对性"，"对于具有规范意识的人而言，轻微的刑罚就足以使其犯罪产生反对动机；对于冲动犯罪或者侥幸心理犯罪的人而言，再重的刑罚也难以起到抑止作用"[③]。实践中，过分强调刑法的威慑作用，忽略道德规范、民事调整、行政管理等手段，将本应由其他规范调整的秩序推向刑事司法，使得刑法体系膨胀，刑罚启动随意，表现出明显的泛刑化现象。这种现状存在诸多弊端。

一方面，泛刑法化使得刑法体系膨胀，覆盖面逐步扩大。市场与政府关系、经济与法治关系构成营商环境法治化的两大核心关系，一味将市场风险或经济问题"推向"违法认定，甚至纳入刑事评价本就不妥。重大关系寄厚望于刑法调整本无可厚非，但不能为使某些行为符合完整逻辑性、合乎刑法正义性而进入刑事司法评价。在没有充分的理论依据和成熟的现实条件下，将一些本不属于刑法调整或可以通过其他方式调整的关系，通过司法解释等形式不断"合刑法化"，扩大刑法调整范畴，并以刑事司法评价代替其他规范，这可能加重刑法负担，忽视道德规范的积极作用，弱化行政管理和民商经济制裁功能，可能走向刑法万能主义误区，"客观而论，与时俱进地适当扩大犯罪化范围，符合有效保护法益的社会发展要求，也有利于打击和预防犯罪。但问题在于，如果将一般违法行为犯罪

---

① 童伟华：《法律与宽容》，法律出版社，2008，第7页。
② 王强军：《社会治理过度刑法化的隐忧》，《当代法学》2019年第2期。
③ 张明楷：《改变重刑观念，做到量刑合理》，《人民法院报（理论周刊）》2013年1月30日。

化，无疑会导致社会防卫与人权保障之间的利益失衡"①。

另一方面，泛刑罚化使得刑罚启动随意，权威性受到质疑。刑罚是法律制裁措施的一种，也是最为严厉的法律制裁措施，刑罚的尺度应该得到合理控制，但囿于我国传统的重刑主义思想，注重保护社会整体利益，忽略个体权益保护，使得刑罚形成一定程度的扩张。有学者曾提出："法治并不意味着一切琐细之事均由法律处理，更不意味着琐细之事由刑法处理……能够不使用刑罚，而以其他手段也能达到保护法益的目的时，则务必放弃刑罚手段。"② 从侦查程序来看，启动程序的随意性尚未彻底改善。近年来，对涉及营商环境的经济犯罪、知识产权犯罪、职务犯罪等行为的刑事立案标准越来越规范，对涉及企业家犯罪审查越来越严格，但在容错纠错机制尚未建立、服务创新创业理念尚未形成的社会大背景下，企业家的经济行为、一般违法行为可能被"曲解"为犯罪行为；从审判程序看，司法人员有罪推定的思想胜于无罪推定的理念，案件经过侦查阶段的甄别，公诉阶段的把关，审判阶段常常容易陷入"顺水推舟"思路，加之固有的重刑主义倾向，司法人员"无罪推定"的警觉性不高，容易形成"侦查机关整理材料—公诉机关送达材料—审判机关确认材料"的病态模式。除此之外，不科学的考核机制致使各阶段各机关彼此"包容"、相互"关照"，公诉机关对存疑案件可以依法退回侦查机关补充侦查，审判机关对存疑案件也在"变相"退回公诉机关处理或建议撤回公诉重新处理，若不能通过"退回""补充""撤诉"等方式处理，无罪案件巧妙成为有罪案件不是没有可能，最后只会在适用刑罚类型或量刑幅度上作出让步。

3. 行政审判维度

行政审判与民事审判及刑事审判对于营商环境建设的作用力有所不同。民事诉讼强调诉讼主体之间的平等对抗，是私权利之间的博弈；刑事诉讼侧重打击违法犯罪行为，是公权力对私权利的限制以保障社会秩序的正常运转；行政诉讼则是司法权参与社会管理的特殊手段，是人民法院参与社会建设的重要方式。它们各自从不同的角度保障营商环境的法治化进程。行政审判直接作用于社会管理活动，直接监督并推动行政机构的行权尺度，一方面，通过行政诉讼，以司法程序对合法合理的具体行政行为进行效力确认，为行政行为提供必要的法律支撑，促进行政权力的正常行

---

① 谢望原：《谨防刑法过分工具主义化》，《法学家》2019 年第 1 期。
② 张明楷：《刑法学》（第四版），法律出版社，2011，第 108 页。

使，保障社会管理各项举措落到实处，推动行政机关社会管理职能充分发挥；另一方面，通过行政审判，以司法程序对违法行政行为予以矫正，或撤销或变更抑或判定要求履行相应职责，纠正不当行政行为，促使行政机关依法履职，实现市场主导、政府推动、社会参与的共治共享格局。但就行政司法审判而言，在营商环境法治化进程中，仍有些许不足。

（1）自身定位不准致司法权与行政权分离

"社会管理的主旋律不再是管控，而是服务，现代行政的目的在于尊重、激励、促进各类社会主体和社会组织的自治与创新……这是社会发展规律，是行政法发展的国际性趋势。行政审判与行政管理必须顺应这一规律和趋势"①，法院以行政审判的方式参与社会管理，推动行政机关依法行使职权，并与行政权共同致力于社会管理、服务于市场发展。但行政审判实践却差强人意，表现出彼此分离、各自为政的实然状态。于法院而言，行政审判是对具体行政行为的审查，是对行政机关行使职权的监督，由于司法权天然的被动性，加之法院审判任务、司法功能等掣肘，法院也不愿提前介入或主动介入，司法权的行使仍停留于具体个案上。法院并未将其自身定位于社会治理大格局中，实际参与社会治理的尺度有限，仅仅依靠具体行政案件的审理无法达到制约行政权、补充行政权、支撑行政权等效果，更不能直接服务于营商环境。于法官而言，行政案件涉及的利益交织更加繁杂，案件背后隐藏的可能性因素太多，尤其涉及经济发展重大事项或可能涉及群体性利益的案件，一方当事人是直接行使国家权力的行政机关，该案件不仅仅是一起简单的行政案件，案件的审理必然要考虑甚至主要考虑社会效果，难免让法官产生"畏难"情绪，缺乏社会管理大格局思维，不愿意与当事人过多地沟通思想、交流意见，导致过于强调法律效果，忽视社会效果及政治效果，并未以行政审判的方式在营商环境法治化中发挥应有作用。

（2）外部环境所限致司法裁判与司法建议疲软

政治生态是营商环境的重要载体，营商环境是政治生态的现实反映②，在当前大力推进商事制度改革过程中，"涉及本部门核心利益的权利并没有真正放到位，大局意识不够"③，直接制约政商关系的互动，"亲""清"

---

① 江必新：《拓宽行政审判职能推动社会管理创新——行政审判在社会管理创新中的角色思考》，《法律适用》2011 年第 3 期。

② 孙礼：《社会治理视阈下政治生态修复与营商环境关系》，《河北省社会主义学院学报》2019 年第 1 期。

③ 孟令兵：《基于商事制度改革维度浅论优化营商环境的路径》，《中国市场监督研究》2018 年第 6 期。

型政商关系不仅需要内部的资源整合，更需要外部的有效监督，才能有效规制权力的不作为、慢作为、乱作为等现象。人民法院以行政诉讼参与社会治理、以行政裁判制约权力行使、以司法建议延伸司法职能，能动司法、公正司法，致力于建设"法治社会""法治政府"。纵然实践中有地方法院探索试行多元行政纠纷解决机制，与地方政府建立资源共享机制、工作交流机制，等等，但尚未完全达到预期效果。司法裁判创新性不够、主动性不足，甚至对协调机构（政法委）具有依赖性。行政裁判与司法建议本是共同运用于行政诉讼中合理行使自由裁量权，彼此补充，行政裁判显得刚性，司法建议反映柔性，但从优化营商环境角度看，行政裁判缺乏谦抑性，可能直接制约行政机关行权的主动性、灵活性，司法建议缺乏强制性，并被沟通机制、交流机制等变相替代。

四　营商环境法治化的司法审判路径

营商环境法治化建设是一项重大社会工程，关系人类文明的进步。当前政府采取简政放权、机构改革、职能转变等系列举措并取得优异成绩，理论界对此也开展了翔实的调查研究，积累了丰富的经验。[①] 最高人民法院《关于深化人民法院司法体制综合配套改革的意见——人民法院第五个五年改革纲要（2019—2023）》（以下简称《"五·五"改革纲要》）明确提出：立足人民法院司法职能，强化大局意识，为推动经济高质量发展提供优质司法服务，为优化营商环境、推动形成更高层次改革开放新格局营造良好的法治环境；并全面推进智慧法院建设，深化多元化纠纷解决机制改革，健全打造国际化、法治化、便民化营商环境司法服务和保障机制等系列举措，但法院仍应通过司法权的行使培育法治基因、激活法治潜力。

（一）以民事审判规范市场主体营商行为

随着经济社会发展，民事审判理念与时俱进并发生了系列变化，"裁判方面完成从以政策为依据向以法律为依据的转变，权利保护方面完成从

[①] 现有文献基于政府角度、国际视野等所做研究，区域性研究明显，国际化研究突出，比如王光：《东北振兴中的营商环境困局及其治理》，《行政与法》2018 年 10 月 20 日收稿；张月瀛：《高质量发展背景下河南省优化营商环境探析》，《中共郑州市委党校学报》2018 年第 6 期；许薇薇：《河北省法治化营商环境优化研究》，《合作经济与科技》2019 年第 1 期；孟霁雨、王明睿：《黑龙江省法治化营商环境建设面临的问题与对策》，《黑龙江省政法管理干部学院学报》2018 年第 6 期；等等。

区别对待到平等保护的转变，诉讼模式方面实现超职权主义向'职权主义'与'当事人主义'混合模式的转变，治理主体方面完成法院'独角戏'向社会'大舞台'的转变"①。总体而言，民事审判基本实现了从"被动司法"向"主动服务"的巨大转变，为经济社会发展奠定了良好法治基础，但为进一步健全普惠均等、高效便捷的诉讼服务体系，为改善营商环境提供有力司法保障，民事审判仍需有更大作为。

1. 强化民事审判，保护各类市场主体合法权益

"意思自治"与"契约自由"是市场主体参与市场活动的基本准则，"平等保护"与"公正司法"是民事审判的核心理念，囿于"法律价值的多元性和法益存在形式的多样复杂性，决定了司法裁判中的具体取舍应当重视综合平衡……司法裁判通常不是非黑即白、非此即彼的简单推演或取舍，而是需要拨开迷障、精细拿捏的利益平衡与价值实现艺术"②。只有能动性司法才能满足营商环境法治化要求，才能顺应市场发展趋势，也才能体现法律的价值。一是平等保护市场主体经营活动，营造良好的营商环境。加强合同类案件审判，严格执行法律法规规定，合理认定合同性质、效力、可撤销及解除等情形，通过诉讼活动实现法律地位平等、权利保护平等、发展机会平等，尊重意思自治、崇尚契约自由、鼓励诚信交易，形成稳定、透明、公平、可预期的良好环境。二是强化审判与"放管服"改革相衔接，正确处理裁判标准与裁判效果的关系。坚持"以事实为依据、以法律为准绳"的裁判标准，兼顾"法律效果、社会效果、政治效果"相统一的裁判效果。加强涉及自贸实验区、经济开发区民商事案件审判，积极配合辖区政府职能转变、招商引资服务、创新创业保障等，对审判中可能涉及辖区经济发展的重大决策，主动延伸司法职能，向有关部门提出司法建议，规制不正当竞争行为，为经济建设提供司法保障。三是积极推进专业化审判机制，提升司法审判专业水平。以服务经济发展为宗旨，以诉讼方式为支撑，依法推进知识产权、金融创新等新类型交易模式的专业化审判，慎重处理创新型交易模式下的权利义务关系，注重产权保护、规范合同行为，为法治化、便利化营商环境提供有力的司法保障。

---

① 王玲芳：《经济社会发展与民事审理理念变迁》，《人民法院报》2018年12月18日，第T37版。

② 黄祥青：《法官如何裁判才能防止机械司法》，http://www.cqlsw.net/business/theory/2019032231912.html，最后访问日期：2019年3月23日。

2. 强化诉讼体系构建，提升司法服务保障水平

司法水平在一定程度上代表着国家的法治化水平，司法能力与社会治理能力紧密相连，营商环境法治化建设离不开司法诉讼体系建设，甚至依赖诉讼体系建设。一是全面推进智慧法院建设，实现司法与大数据的深度融合。大数据已经在改变司法领域的工作方式，诉讼一方会通过数据的强相关性寻找证据[1]，作为中立的裁判方，竭尽全力提高司法效率，也更乐于接受司法智能化，"互联网、大数据、人工智能等技术的发展，为司法制度勾绘了智慧化的前景，为司法公正的实现提供了新的路径"[2]。有必要进一步扩大电子诉讼覆盖面，完善网上立案、电子送达、线上调解、远程开庭等诉讼活动，解决当事人时间与空间冲突问题，节约当事人诉讼成本及法院司法成本。二是重新定位法院内部机构职能，实现审判资源再次优化。人民法庭处在审判第一线，身处矛盾最前沿，肩负乡村振兴战略、优化营商环境等司法社会化治理功能，其运行从各个方面均能代表"法院缩影"。故在深化人民法院内设机构的改革进程中，应当充分重视人民法庭这一特殊单元，应健全完善人民法庭各项综合基础配套制度，优化协同机制，合理配置审判资源，解除法庭干警后顾之忧，使他们全身心投入审判及司法行政工作之中，以高效、公正回应社会司法需求。三是扩大审判公开范围，延伸司法服务尺度。司法公开已被社会广泛关注，也受到司法实务界的高度重视，从现有公开内容及范围来看，仅为了保障个案的程序合法与实体公正，仍然系"应对性"公开，即满足当事人或公众的要求而非市场主体的需求而公开。为了向社会传达行使权利的规则及违反相关义务的后果，有必要加大释法典型案例、指导案例的编写及宣传力度，强化市场主体的契约意识、规则意识。

3. 完善非讼纠纷解决机制，实现共建共治共享

《"五·五"改革纲要》明确提出："创新发展新时代'枫桥经验'，完善'诉源治理'机制，坚持把非诉讼纠纷解决机制挺在前面，推动从源头上减少诉讼增量。"[3] 虽然营商环境法治化建设是一项系统工程，司法权力运行并不能肩负全部职能使命，但法院在推进完善非诉纠纷解决机制

---

[1] 吴军：《智能时代：大数据与智能革命重新定义未来》，中信出版集团，2017，第310页。

[2] 冯姣、胡铭：《智慧司法：实现司法公正的新路径及其局限》，《浙江社会科学》2018年第6期。

[3] 详见最高人民法院《关于深化人民法院司法体制综合配套改革的意见——人民法院第五个五年改革纲要（2019—2023）》，"二、主要任务"部分。

上仍大有可为。一是指导与引导 ADR，促进 ADR 发挥应有的职能作用。人民法院可以依据《民事诉讼法》《人民调解法》《关于建立健全诉讼与非诉讼相衔接的矛盾纠纷解决机制的若干意见》等法律法规规定，主动对辖区内人民调解组织进行业务指导，提升人民调解员调解技能，规范人民调解组织调解程序，同时加强与行政机关调解部门沟通，引导行政调解规范化、实质化，及时固定调解成果并督促调解协议的积极履行，提升 ADR 公信力。二是完善诉前调解机制。对具备调解基础的案件，征询当事人意见、适时提出诉前调解建议，根据自愿、合法原则，积极引导先行调解、委托调解，尽可能将矛盾化解在源头、案件分流在诉讼外。三是构建法院附属 ADR 机制。随着社会发展，社会分工越来越细，有些矛盾纠纷往往涉及专业性、行业性问题，人民调解委员会在调解时可能由于专业知识的限制，对于双方发生的专业性纠纷问题不能较好解决①，加之 "司法万能主义" 传统思想根深蒂固，诉讼成为化解矛盾纠纷的首选方式。有观点提出："由法院进行引导，一方面可以由法院运用自己的专业性和权威性化解社会矛盾，另一方面也有利于调动社会其他力量共同参与社会治理。"② 鉴于此，可以在法院设立人民调解工作室、律师工作室、人民陪审员工作室等附属机构，在立案阶段进行立案登记后，根据案件情况，将案件转给附属机构进行调解、磋商，就地调解也便于法院进行调解指导，调解达成协议后由法院出具调解书，调解不能达成一致意见，限期及时转给审判业务部门处理。

总之，民事法律措施是优化营商环境的重要手段，无论以公力救济为主的诉讼与仲裁，还是以私力救济为主的非诉调解协商，均致力于市场主体在法律框架下实现意思自治、契约自由、盈亏自负、风险自担、诚信经营、合法交易，更好地维护市场秩序，激发市场活力，鼓励市场创新，营造公开、透明、可预期的营商环境。

（二）以刑事审判矫正破坏营商失范行为

司法权运行具有一定的边界，刑事司法系最严厉的法律制裁手段，其边界应更加严格，不得随意介入人们日常生活、不得随意介入企业生产活动。在营商环境法治化建设中，有必要以刑事手段打击犯罪，矫正市场失

---

① 周辉：《 "1 + 3 + 1" 模式下的多元化纠纷解决机制之完善》，《山东审判》2016 年第 2 期。

② 陈奎：《论多元化纠纷解决机制的引导机制》，《河北法学》2010 年第 9 期。

范行为，营造创新创业良好法治环境，使得企业家安心经营、放心投资，但应有严格的介入尺度。

1. 秉承刑法谦抑性，杜绝刑事手段干预经济纠纷

在市场主体自主经营过程中，经营程序不规范、合约行为不规范、交易行为不规范等现象客观存在，但这些可以通过行业规则、职业准则、民事制约、行政制裁等手段予以调整，严防刑事措施随意介入企业生产、利用刑事手段干预经济纠纷，非必要情况下不得动用刑罚措施。也即"刑法作为法治中最重要的一环，不介入社会生活难以构筑和谐社会；过度介入社会生活，也不利于和谐社会的构建，总体来讲，刑法的介入必须合理、适度"①。"对于某种危害社会的行为，国家只有在运用民事的、行政的法律手段和措施仍不足以抗制时，才能运用刑法的方法。"② 一方面，慎重处理"民刑交叉"案件，谨防民事纠纷转化为刑事案件。"坚决避免'办一个案子，垮了一个企业，跑了一批企业家'的事例上演，更不能有审判'主客场'现象。对涉及民营企业案件，要坚决防止将经济纠纷当作犯罪处理，坚决防止将民事责任变为刑事责任，让民营企业家专心创业、放心投资、安心经营。"③民事交易活动中涉及的合同签订、履行、违约等民事争议，在没有充分证据确定符合犯罪构成要件时，谨慎纳入刑事评价范畴，严格区分市场主体的违约行为、违法行为及经济过错行为等。另一方面，慎重适用刑事强制措施，减少司法程序对企业正常经营活动的影响。在商事制度改革后，企业注册登记数量明显增多，尤其是自然人独资、合资形式的有限责任公司，公司财产与个人财产混同、企业家个人财产与企业法人财产混同、企业财产与家庭财产混同等现象十分明显，为最大限度地减少司法程序对企业正常生产经营活动的影响，规避个人行为可能导致的企业"连带责任"，既要司法部门严格执行刑事法律和司法解释相关规定，杜绝刑事司法权力带来的负面后果，又要执法人员怀着"治病救人"的理念，为"病危企业"留下喘息之机。

2. 坚持罪刑法定原则，严格"入刑"标准与把准量刑尺度

作为现代刑事法治的铁则，所有的刑法活动都应当受到罪刑法定原则

---

① 熊永明：《论刑法谦抑性与和谐社会理论的契合》，《社会科学辑刊》2008年第4期。

② 韦玉成、潘晓琳：《宽严相济刑事政策视野下论刑法谦抑性》，《长春理工大学学报》2009年第1期。

③ 胡云超：《中央明确提出"法治是最好的营商环境"，传递出什么重要信号？》，http://www.sohu.com/a/298070015_120045122，最后访问日期：2019年3月1日。

的指导和制约。① 如果离开了严格依法定罪量刑，罪刑法定原则将是一句空话，也必然走向罪刑擅断。② 营商环境中的刑事司法，应严格规范刑事司法启动程序、严格谨慎刑事责任认定标准、严格适用刑事裁判量刑尺度，确实保护市场主体自主创新行为、诚信交易行为，宽容瑕疵经营行为等。一是严守"入刑"标准。"所有部门法所保护和调整的社会关系，都会同时借助刑法的保护与调整。刑法是其他部门法的保障法，刑法是其他部门法的后盾和保障。如果把其他部门法比作第一道防线，刑法则是第二道防线。"③ "刑民交叉案件中，人的行为一般经历了合法到违法再到犯罪的过程。与之相应，对行为的评价也应该是一个先由道德评价—前置法管控—刑法处罚的过程。"④ 市场主体不当商业行为或过错行为首先应纳入职业道德评价或一般民事法评价，如果已经构成违反民事、经济或社会保障等部门法律，应客观评价其违法性、社会危害性、法律后果等，当采用执业规范、民事制裁、行政手段足以平衡其利害关系，足以恢复业已破坏的秩序，应交由前置评价机制处理，只有其行为具有严重的社会危害性，符合刑事法规定的某一具体罪名构成要件时，不得已才启动刑法措施。二是把准量刑尺度。2016年五院部联合出台《关于推进以审判为中心的刑事诉讼制度改革的意见》，该意见强调："对量刑证据存疑的，应当作出有利于被告人的认定……对定罪量刑的证据，控辩双方存在争议的，应当单独质证。"2017年最高院出台《关于常见犯罪的量刑指导意见（二）（试行）》对常见罪名的量刑提供的明确标准，其中非法吸收公众存款罪、集资诈骗罪、合同诈骗罪等是民事主体经营活动中可能"闯入"的禁区，尤其是"2013年修订的《公司法》中，为促进市场主体发展，取消了大部分公司的注册资本限制，在降低公司市场准入门槛的同时，无形中也降低了单位犯罪的成本"⑤。对于已经"入刑"的案件，应当严格区分单位犯罪与自然人犯罪，杜绝企业负责人的自然人犯罪"连带"企业演化为共同犯罪。

（三）以行政审判引导监督政商交往行为

行政审判相较于民事或刑事审判，具有更强的技术性、政策性和时代

① 魏东、田维：《罪刑法定原则的解释规则与规范适用》，《人民检察》2018年第8期。
② 董长春：《罪刑法定：传统中国的立场与平衡》，《法治现代化研究》2018年第1期。
③ 高铭暄、马克昌主编《刑法学（第五版）》，北京大学出版社、高等教育出版社，2011，第8页。
④ 杨兴培、田然：《刑法介入刑民交叉案件的条件》，《人民检察》2015年第15期。
⑤ 聂文峰、周崇文：《单位与自然人共同犯罪的量刑标准研究》，《犯罪研究》2018年第1期。

性，它是人民法院通过审判参与社会管理的手段，与党委、政府密切联系、良性沟通，才能更好地服务经济大局和社会发展，才能实质化解决争议、杜绝程序空转，为营商环境营造良好的法治氛围。

一方面，依法审理各类行政案件，确保行政纠纷"二维调和"。行政审判更加强调法律效果、社会效果与政治效果的统一，更加重视司法智慧与政治智慧的融合。通过行政审判程序确认具体行政行为效力，为行政行为提供必要的法律支撑，促进行政权力的正常行使，保障"放管服"改革举措落到实处，推动行政机关社会管理职能充分发挥；抑或通过行政审判程序对违法行政行为予以矫正、撤销、变更、判定要求履行相应职责等，纠正不当行政行为，促使行政机关依法履职，实现市场主导、政府推动、社会参与的共治共享格局。在营商环境法治化建设中，人民法院通过行政审判程序适时向相关机关提出司法建议，积极回应司法权监督行政权的客观需求，也是人民法院能动司法、参与社会治理的题中之意。不同类型[①]的行政诉讼司法建议具有不同的作用与效力，但目的均在于规范行政行为，改善政务环境，激活市场机制，尊重市场发展规律，坚持政府合理引导，构建公平、公开、稳定、可预期的营商环境。

另一方面，延伸审判职能，助力行政机关依法行政。行政审判的首要目的在于监督行政权力，但是由于行政诉讼对于私权保护的忽视，其常常处于被动的事后监督状态。为改变"被动局面"，有必要建立与政府法制部门、行政执法机构的常规性工作联系机制，从"被动监督"转向"主动预防"。尤其在当前行政机构重组、行政机制改革、以"放管服"为主旋律行政权力改革背景下，人民法院行政司法应与时俱进，转变自身定位，从单纯的行政审判转向主动参与社会治理，积极探索行政诉讼与行政执法前置程序对接，以《行政白皮书》为载体，研判行政执法或政务服务态势，优化政务环境，提升政务水平，将矛盾纠纷根除在源头。通过开展业务培训，对行政案件中常见的执法不规范、不严谨或管理不严格产生的问题及导致的法律后果等进行分析、总结，预防类似错误再度发生，也可以通过业务培训平台与行政执法部门沟通交流执法过程中的难题及破解技巧；必要情况下可以每半年召开执法疑难问题研讨会，相互通报涉诉、涉法疑难案件，分析研讨突出难题，帮助行政机关提高行政执法水平及行政

---

① 行政诉讼司法建议类型包含权益保护型、程序补正型、完善政策与规范性文件型。详见李天熙《行政诉讼司法建议研究》，硕士学位论文，湘潭大学，2017。

应诉能力,从源头上预防和减少行政纠纷。

行政权天然的主动性与灵活性决定了其在营商环境建设中的重要地位,因此,建设法治政府是营商环境法治化的关键所在。司法权是社会矛盾纠纷的最后一道防线,必然对行政权力行使进行监督,不论"被动司法"也好,"主动服务"也罢,均是司法权积极参与社会治理的积极表现,都是平衡政府与市场之间的关系,都在努力创造良好的营商环境,促进经济社会全面发展。

五 结语

营商环境是经济运行的"晴雨表",直接反映出国家或某地区的经济运行状态,同时体现出该国或该地区的核心竞争力及综合实力。近年来,国家从上而下进行了一系列改革,不断深化体制改革,调整经济结构,激发市场活力,营造了公开、透明、稳定、可期的营商环境,但从经济高质量发展及社会法治化进程来看,现有的营商环境状态尚不能满足市场主体进一步发挥潜力的客观需求。营商环境法治化系构建营商环境的重要子环境因素,人民法院作为执掌法律实施的行权部门,在营商环境法治化建设过程中具有无可代替的重要作用。本文以法律逻辑思维为起点分析营商环境法治化的紧迫性与必然性,从政府及企业角度简述营商环境法治化现状,从司法审判视阈角度重点阐述司法权在构建营商环境过程中的先天不足与后天乏力,并以之为切入点,提出可行性建议,以期树立契约自由、意思自治、尊重规则、崇尚法律、诚信交易的法治氛围,为激发市场主体活力、鼓励市场主体创新,提供必要的法治保障。

Research on the Legal Protection of the Business Environment under the Vision of Trial

Xie Shicheng

(Xiuwen County People's Court; Guizhou Province, Guiyang, 502200)

Abstract: The legalization of the business environment has a certain inevitability and urgency in China, and has become an inevitable trend. From the perspective of judicial practice, the misplacement of administrative power and the misplacement of judicial power have become an important bottleneck for the rule of law in China's business environment. Based on this, this paper explores how to use the judicial trial to explore the path of legalization of the business environment, including regulating the business behavior of market entities by civil trials, correcting the misconduct of business by criminal trials, and supervising political and business with administrative trials. Communication behavior.

Keywords: Trial; Business Environment; Rule of Law; Judicial Function

内陆自贸试验区检察服务保障工作探索与思考

——以 S 省 C 市"自贸检察"工作为例

钱小军　陈　成[*]

（成都市人民检察院；成都，610041）

摘　要：服务保障自贸试验区建设，是检察机关"顾大局"和实现检察制度改革创新的重要抓手。C 市检察机关在开展"自贸检察"工作过程中，坚持以办案为中心，不断完善工作机制，深化协同联动试验，创新履行检察职能，助推营造法治化、国际化、便利化营商环境。从办理案件情况来看，呈现案件类型变化不明显、知识产权案件特点突出、民事行政检察案件数量较少等特点，提示需要持续关注自贸试验区金融领域、知识产权以及跨境电商、飞机融资租赁等领域违法犯罪预防和打击工作。为进一步完善自贸试验区法治环境，建议进一步深化法律适用问题的分析研究，强化安全防控体系建设，探索涉自贸案件专业化办理机制，加强人才队伍建设，持续健全工作协同机制。

关键词：自贸试验区；检察工作；案件特点；法治保障

一　引言

作为基本国策，改革开放是近代以来实现中华民族伟大复兴的三大里程碑之一[①]，更是当代中国发展进步的必由之路和实现中国梦的必由之路。[②] 建设自由贸易试验区，是党中央在新形势下统筹国内国际两个大局

---

[*] 钱小军（1970~ ），成都市人民检察院副检察长，主要研究方向为刑法学、刑事诉讼法学与司法制度。
　钱成（1988~ ），成都市人民检察院检察官助理，主要研究方向为刑事诉讼法学、证据法学与司法制度，电子邮箱：ccsculaw@163.com。

[①] 《在庆祝改革开放 40 周年大会上的讲话》，《人民日报》2018 年 12 月 19 日，第 02 版。
[②] 《二○一八年新年贺词》，《人民日报》2018 年 1 月 1 日，第 01 版。

作出的重大战略决策，对于新时期我国全面深化改革、扩大开放具有重要示范、引领和标志作用。2017 年 4 月 1 日，S 省自由贸易试验区正式挂牌，作为国家第三批自由贸易试验区之一，其目标任务主要是落实中央关于加大西部地区门户城市开放力度以及建设内陆开放战略支撑带的要求，打造内陆开放型经济高地，实现内陆与沿海沿边沿江协同开放。其中，C 市①自由贸易试验区实施范围 100 平方公里，涵盖 T 片区和 Q 片区，系 S 省自贸试验区的主体和核心。检察机关，作为我国宪法法律所规定的法律监督机关以及学理上所认为的"尚未完成的机关"②，如何为自贸试验区建设提供优质高效的法治保障，并在自贸试验区开放创新的环境中推动中国特色社会主义检察制度不断完善、更加成熟，成为贯彻落实"讲政治、顾大局、谋发展、重自强"新时代检察工作总要求必须回答的问题。一年来，C 市检察机关紧紧围绕国家重大战略部署，充分发挥"监督、服务、研判"检察职能，始终坚持以检察执法办案为中心，为 C 市自贸试验区建设提供法律服务和司法保障。本文在全面梳理 C 市检察机关服务保障工作主要做法的基础上，通过总结检察机关办理 C 市自贸试验区实施范围内案件的基本情况，深入分析案件所反映的特点以及值得关注的问题，提出法治保障工作相关对策建议等，以期对自贸试验区建设特别是内陆自贸试验区改革创新和培育法治化、国际化、便利化营商环境有所助益。③

二　C 市检察机关服务保障自贸试验区建设主要做法

（一）强化服务保障工作机制平台建设

1. 深刻领会自贸试验区建设重大战略意义，高位谋划"自贸检察"工作。S 省自由贸易试验区挂牌以后，C 市检察院随即成立以检察长为组长的服务保障自贸试验区建设领导小组，持续加大调研工作力度，先后 7 次召开"自贸检察"专题座谈会和工作推进会，切实找准检察机关服务保障自贸试验区建设的切入点与着力点。一方面，全市两级检察院

---

① S 省为西部地区一内陆省份，面积 48.6 万平方公里，常住人口 8000 余万人，2018 年 GDP 4.07 万亿元。C 市为一副省级城市，系 S 省省会，面积 1.46 万平方公里，常住人口 1600 余万人，2018 年 GDP 1.53 万亿元。

② 林钰雄：《刑事诉讼法》，中国人民大学出版社，2005，第 101~103 页。

③ 本文相关数据的统计时段均为 2017 年 4 月 1 日至 2018 年 3 月 31 日。

检察长带头深入自贸试验区各落地区域调查研究，掌握自贸试验区总体概况、各片区区块特色和主攻方向，广泛征求各方对检察机关服务保障工作的意见建议，收集市场主体法治需求特别是司法需求；另一方面，通过专题学习、组织培训和外出考察等方式，深入学习第一批和第二批自贸试验区检察服务保障工作先进经验和做法，形成《关于赴天津市滨海新区检察院考察学习的报告》《关于赴深圳市学习交流自贸区检察工作的报告》等多份重要调研成果，梳理编印10万余字的《C市检察机关自贸试验区检察工作资料汇编》，为顺利开展本市"自贸检察"工作奠定理论基础。

2. 科学构建检察服务保障机制，推动"自贸检察"工作全面落实。C市检察机关积极融入该市"1+4+8"自贸试验区建设推进体制①，进一步明确"自贸检察"职能定位。通过前期充分调研、科学论证，C市检察院在全国第三批7个自贸试验区落地区域检察机关中，以及该市政法单位中率先出台服务保障自贸试验区建设的"20条意见"，同时该市3个自贸试验区落地区域基层检察院制定相应的服务保障工作实施意见。"20条意见"从依法惩治经济犯罪、强化知识产权保护以及创新民事行政检察监督等10个方面明确了检察机关履职尽责的路径目标，着力构建检察机关服务保障自贸试验区建设领导统筹、执法办案定期通报反馈和自贸试验区法律风险分级管理等八项"自贸检察"工作机制。特别针对C市自贸试验区各片区区块布局分散、落地区域基层检察院工作基础差异较大等特殊情况，专门确立了加强市级检察院领导统筹与发挥基层检察院主体作用相结合的"自贸检察"工作思路（具体组织架构见图1），协调推进全市"自贸检察"工作。围绕"20条意见"落地落实，配套制定全国首个《自贸检察工作规程》，在明确全市两级检察院和相关内设机构工作职责的基础上，分别就监督、研判、服务三项工作明确相应的具体工作规程。

3. 探索"自贸检察"工作平台建设，提升服务保障工作实效。C市检察院充分研究检察服务保障自贸试验区建设的平台载体设置问题，结合该市自贸试验区落地区域基层检察院机构人员编制和区域特色等实际情况，探索建立服务保障自贸试验区建设的前沿阵地和专业机构。C市G区

① 即C市自贸试验区建设领导小组确立的领导小组牵头管总、管委会统筹协调、4个落地区为主体、8个功能组为支撑的自贸试验区建设工作推进体制。

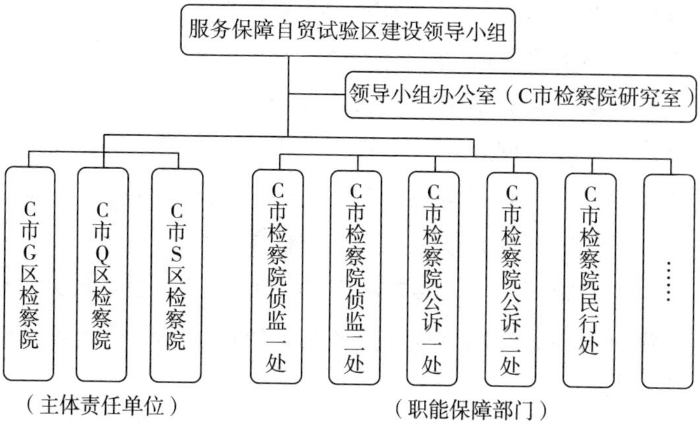

图1　C市检察机关自贸检察工作组织架构

人民检察院（以下简称G区检察院）以"三个小组"架构成立服务自贸建设专班，归口"自贸检察"事务性工作和办案工作，并在区内高新企业集聚、自主知识产权拥有量较大的腾讯众创空间设立知识产权检察官工作室，打造"企业门口的检察院"；C市Q区人民检察院（以下简称Q区检察院）挂牌成立C市首个派驻自贸试验区检察室，探索派驻检察室常态化履职与具体办案工作专业化归口相结合的工作机制；C市S区人民检察院（以下简称S区检察院）创新运用"互联网＋检务服务"，设立自贸试验区网上检察室，集成教育、警示、沟通、反馈等多项功能，提供案件程序性信息查询、辩护与代理预约申请、法律文书公开等12项在线服务，为市场主体办理相关检察业务提供便利化条件。与此同时，C市检察院深入分析研究深圳前海蛇口自贸区人民检察院、广东自由贸易区南沙片区人民检察院等自贸试验区专门检察院的设立方式及相关经验做法，推动"设立自贸试验区专门司法机构（检察院）"纳入C市自贸试验区建设试验任务。目前，C市自贸试验区检察院已获批设立，筹建工作正按程序有序推进。

（二）持续深化"检察＋"协同联动试验

1. 积极融入"1＋3＋7＋1"全国"自贸检察"协作机制。[①] 加强与上海、天津和广东等前两批自贸试验区落地区域检察机关的沟通衔接合作，积极借鉴推广前两批自贸试验区先进经验，作为唯一的第三批自贸试

---

①　即全国首批1个自贸试验区、第二批3个自贸试验区、第三批7个自贸试验区和第四批1个自贸试验区落地区域检察机关在"自贸检察"工作方面所建立的协作机制。

验区落地区域检察机关受邀参加全国"自贸检察"工作座谈会。主动邀请上海市浦东新区人民检察院代表参加全市检察机关服务保障自贸试验区建设工作推进会,深入交流两地检察服务保障工作,共同探讨"自贸检察"理论和实践热点、难点问题,并会签《关于建立自贸试验区检察工作对接合作机制的备忘录》,就工作信息交流、执法配合衔接和"自贸检察"典型案例联合发布等五项内容建立相应工作机制。深化与本省 L 市检察机关的协调联动。主办全国"1 + 3 + 7 + 1"自贸检察机关服务保障自贸试验区建设工作交流研讨会,推动形成优势互补、资源共享、协同发展的"自贸检察"工作新格局。

2. 全面构建"检察 + 部门"外部合作机制。自觉在全市乃至全省大局中谋划推进"自贸检察"工作,加强与该市"1 + 4 + 8"自贸试验区建设工作推进体制相关部门单位的沟通联系,全市两级检察院分别与所在地自贸试验区管委会(管理局)、政府法制部门等建立相应沟通衔接机制,与公安机关、海关等部门建立经常性联络机制和案件办理衔接机制,共同提高服务保障自贸试验区建设的能力和水平。不断探索"自贸检察"智库建设工作,与四川大学、西南财经大学等高校科研院所签署《关于建立服务保障自贸试验区建设工作合作机制的备忘录》,在自由贸易政策法律研究以及"自贸检察"实务工作等方面加强合作,进一步提升"自贸检察"服务能级,有效解决相关领域专业问题。持续加大"自贸检察"工作宣传力度,积极争取各级宣传部门支持,及时传递自贸试验区建设中的检察声音,被法制网、正义网和《检察日报》等国家级媒体先后 9 次报道"自贸检察"工作。

(三) 注重充分履职与创新履职相统一

从全球范围来看,法律、税收和开放被认为是自由贸易区成功的重要基石。[①] 世界银行相关研究表明,法治环境对于经济发展具有约 57% 的无形资本价值。[②] C 市检察机关坚持充分履职与创新履职,营造自贸试验区良好营商环境。

1. 充分履行刑事检察职能,依法惩治和预防自贸试验区内违法犯罪。

[①] 刘东、王川:《全球主要自贸区成功基石:开放、法制与税收》,《21 世纪经济报道》2014 年 11 月 10 日,第 2 版。

[②] See The World Bank, *Where is the wealth of nations? Measuring Capital for the 21st Century*, WB, 2006, p. 96.

从严打击妨害自贸试验区有序发展、改革创新的各类刑事犯罪，受理 C 市自贸试验区实施范围内审查逮捕和审查起诉案件 534 件 683 人。努力营造自贸试验区和谐稳定的社会治安环境，批准逮捕故意伤害、抢劫和盗窃等犯罪 84 人，起诉 95 人。切实维护自贸试验区经济秩序，批准逮捕骗取贷款、信用卡诈骗和非法吸收公众存款等破坏经济秩序犯罪 26 人，起诉 39 人。与此同时，努力营造自贸试验区宽严有序的法治环境，依法对 2 名涉嫌轻微刑事犯罪、确有悔罪表现的自贸试验区企业人员作出不起诉决定。多渠道强化自贸试验区犯罪预防，探索将行贿犯罪档案等数据接入征信平台，推动自贸试验区社会信用体系建设。组织开展"自贸大讲堂""法律进自贸""检力护智、创领发展"等系列活动，将前期梳理出的全国范围内 20 余件涉自由贸易典型案件在自贸试验区内重点企业进行宣讲，发放《知识产权保护宣传册》《服务自贸检察工作手册》等宣传资料，提示市场主体经营管理活动相关法律风险。

2. 积极开展民事行政检察工作，维护自贸试验区各类主体合法权益。依法对自贸试验区民事诉讼、行政诉讼活动等进行法律监督，办理自贸试验区实施范围内民事行政检察监督案件 5 件。与此同时，根据自贸试验区制度创新特点，不断强化民事行政检察履职创新。G 区检察院和 S 区检察院根据知识产权民事、刑事和行政案件的密切关联性，在知识产权保护机制中整合民事行政检察引导维权职能，探索建立从刑事案件的引导、审查到民事行政案件的引导维权的检察办案流程，为自贸试验区初创企业、小微企业等提供知识产权案件引导维权服务并开展相应的支持起诉工作。Q 区检察院着力加强自贸试验区市场主体工资支付检察保障机制建设，会同自贸试验区内相关单位和市场主体召开"基础设施及产业化在建项目清欠工作会"，及时处理自贸试验区相关劳动争议案件中的劳动者工资支付问题，通过支持起诉、提供法律援助、加强法律监督等方式依法支持劳动者合法诉求。

3. 着眼检察职能改革创新，积极参与自贸试验区制度创新试验。紧紧围绕制度创新这一核心任务，努力在自贸试验区开放创新的环境中探索既适应自贸试验区法治化、国际化、便利化要求，又符合司法规律、高效运行的检察工作新思路、新模式和新方法。C 市检察院通过前期调研论证所提出的"健全自贸试验区法律检察体系""发布自贸试验区检察服务保障工作白皮书""设立自贸试验区专门司法机构（检察院）"等改革试验任务均被纳入该市自贸试验区建设试验任务并顺利实施。G 区检察院针对司法实践中知识产权维权存在的"立案难""取证难"等突出问题①，积极探索知识产权保护新路径和新方式。当知识产权权利人合法权益受到侵害，在向公安机关进行刑事报案的同时，可以通过邮寄等方式向检察机关报送相关材料，检察机关将依法提前介入、引导取证，对公安机关进行刑事立案监督和侦查监督（具体办案流程见图2）。该机制相继获评 C 市自贸试验区首批"十大典型实践案例"和 S 省自贸试验区第二批可复制推广经验案例。

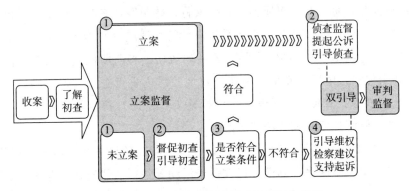

图 2　知识产权案件办案机制（双报制）流程

4. 积极延伸检察职能，主动为自贸试验区法治保障建言献策。紧紧围绕自贸试验区"法治化"定位，不断强化检察机关法治保障的使命意识和担当精神。C 市检察院通过系统梳理、总结国内前两批自贸试验区和域外自由贸易区（港）法治保障相关经验做法，及时报送《关于前两批自贸试验区及域外自贸区法治保障经验的分析报告》。该报告中所提出的建议均被该市自贸试验区落地区及相关部门单位纳入决策参考，并被纳入《C 市自贸试验区建设三年试验任务行动计划（2017—2019）》，推动建立了涉及全市 15 个市级单位的自贸试验区多元化纠纷解决、专业法律人才队伍培养、系统性金融风险防控、自贸试验区法治指数评估等 5 项创新工作机制。C 市检察院还编写发布了《C 市检察机关自贸检察工作白皮书》，切实增强市场主体法治信心，助推自贸试验区改革创新和营造稳定、透明、可预期的法治化营商环境。

---

① 董邦俊：《论侵犯知识产权犯罪案件侦查》，《中国人民公安大学学报》（社会科学版）2013 年第 6 期；陈卫东：《知识产权犯罪案件查处中的证据运用与审查判断》，《人民检察》2011 年第 11 期。

三 C市检察机关办理自贸试验区范围内案件情况

(一) 办理刑事案件基本情况①

C市自贸试验区挂牌成立一年来，C市两级检察院共受理自贸试验区实施范围内审查逮捕案件201件，涉案272人，审查起诉案件333件，涉案411人。其中，审查起诉案件涉及《刑法》分则危害公共安全罪，破坏社会主义市场经济秩序罪，侵犯公民人身权利、民主权利罪，侵犯财产罪，妨害社会管理秩序罪五章犯罪，包括危险驾驶罪、盗窃罪和诈骗罪等38项罪名。相关案件及数量分别为：危害公共安全罪97件（以危险驾驶罪为主），占29.1%；破坏社会主义市场经济秩序罪23件，占6.9%；侵犯公民人身权利、民主权利罪17件，占5.1%；侵犯财产罪93件（以盗窃罪为主），占27.9%；妨害社会管理秩序罪103件，占30.9%（见图3）。

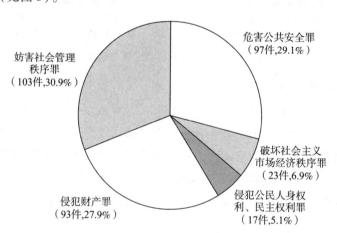

图3 2017统计年度C市自贸试验区审查起诉案件类型分布

对审查起诉案件涉案主体的具体情况进行分析发现，涉案人员在性别方面以男性为主，涉案男性共369人，占90%；女性42人，占10%。同时，外来人员犯罪的情况较为突出，涉案人员中外地户籍人员共291人，占71%，本地户籍人员120人，占29%。涉案人员年龄分布方面，以40

---

① 为进一步突出重点，本文中检察机关办理自贸试验区范围内案件情况主要介绍审查逮捕、审查起诉等刑事案件办理情况以及对法院生效裁判监督、执行活动监督和审判活动违法监督等民事行政案件办理情况。

岁以下的青壮年为主。其中，18～30岁的194人，占47%；31～40岁的127人，占31%；41～50岁的57人，占14%；51～60岁的33人，占8%。涉案人员知识学历层次方面，初中文化程度及以下的238人，占58%，初中文化程度以上的173人，占42%（见图4）。

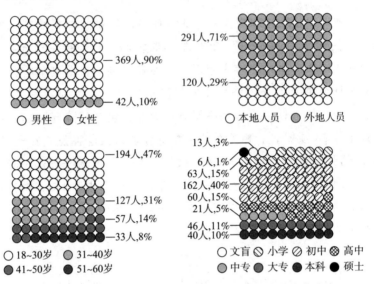

图4 2017统计年度C市自贸试验区审查起诉案件主体分布

办理刑事案件的具体地域分布方面，受理自贸试验区T片区G区块范围内审查逮捕案件92件，涉案124人，审查起诉案件161件，涉案203人；受理T片区S区块范围内审查逮捕案件98件，涉案126人，审查起诉案件151件，涉案181人；受理T片区T区块范围内审查逮捕案件8件，涉案12人，审查起诉案件17件，涉案23人；受理自贸试验区Q片区范围内审查逮捕案件3件，涉案10人，审查起诉案件4件，涉案4人。

（二）办理民事行政案件基本情况

2017统计年度，C市两级检察院共办理自贸试验区实施范围内民事行政检察监督案件5件。从监督的案件类型来看，对法院生效判决、裁定、调解监督案件4件，对法院执行活动监督案件1件，未受理对法院审判活动的申请监督案件。从原审案件的纠纷类型来看，原审案由金融借款合同纠纷1件，工程建设合同纠纷2件，房屋预售合同纠纷1件，民间借贷纠纷1件，未受理相关行政检察监督案件。办理案件的地域分布方面，办理自贸试验区T片区G区块范围内案件4件，T片区S区块范围内案件1

件，未受理自贸试验区 Q 片区和 T 片区 T 区块范围内民事行政检察监督案件。从相关案件的办理结果来看，不支持相关监督申请的案件 4 件，向同级法院提出检察建议的案件 1 件（见图 5）。

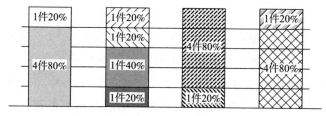

图 5　2017 统计年度 C 市自贸试验区民行检察监督案件分布

（三）C 市自贸试验区案件相关特点

1. 自贸试验区实施范围内刑事案件类型未发生明显变化，主要系既往传统型犯罪。统计数据显示，C 市自贸试验区范围内刑事案件主要集中于挂牌以前该区域中的传统型犯罪。与 2016 统计年度情况相同，相关案件类型以及数量等均未发生实质性变化。分析其原因：一方面，自 C 市自贸试验区挂牌以来，坚持聚焦政府职能转变、贸易便利化和金融开放创新等方面经验复制推广与自主创新，一系列推动营商环境更加规范、便利、国际化的政策措施相继落地，特别是市场监管制度等发生重大变化。然而，少数不法市场主体通过滥用自贸试验区特殊政策，特别是滥用宽松开放的市场监管制度实施犯罪在时间节点上具有延后性。换言之，经由"政策调整—滥用政策—实施犯罪"的犯罪实施路径需要一定时间逐渐显现。与此同时，对于自贸试验区中一些特定的新型业态、商业模式等是否具有社会危害性，合法性边界如何，检察机关等始终坚持宽容谦抑的原则予以慎重评价，坚持法无明文规定不为罪。[1] 另一方面，基于防控系统性风险及衍生影响的考虑，自贸试验区建设始终遵循"一线放开、二线安全高效管住"的监督监管原则，坚持制度创新风险总体可控，使得利用自贸试验区政策调整，钻其"漏洞"实施犯罪的空间总体有限。

071

---

[1]　刘艳红：《法定犯与罪刑法定原则的坚守》，《中国刑事法杂志》2018 年第 6 期。

2. 自贸试验区实施范围内侵犯知识产权刑事案件特点突出，新类型案件逐渐显现。从受理的自贸试验区实施范围内侵犯知识产权刑事案件来看，共受理审查逮捕案件9件，涉案14人；审查起诉案件9件，涉案15人，呈现案件类型集中、链条化趋势明显、共同犯罪突出等特点。案件类型除传统的假冒注册商标罪、销售假冒注册商标的商品罪以外，侵犯商业秘密以及著作权等新型知识产权刑事案件逐渐出现。从作案方式来看，由于知识产权所涉行业的特点决定了其多系社会化分工合作模式，产业链条化、侵权产品细分现象明显。在办理的一起销售高端汽车品牌商品案件中，其形成了批发、零售、运输、中间商代理等多个环节的产业化链条，犯罪嫌疑人从固定的上游渠道获取多种类型的假冒商品（其自称系"高仿货""A货""进口货"等），再根据市场内各汽车修理厂的需要将其进行分销，形成了制假售假"一条龙"。此外，侵犯知识产权刑事案件共同犯罪特点突出，不乏亲戚、熟人参与等团伙性质的作案方式。在一起假冒卷烟注册商标案中，四名犯罪嫌疑人采用更换包装等方式生产假冒卷烟，并分工负责房屋租赁、管理指导、具体操作等环节，共同实施犯罪。此外，随着C市自贸试验区内信息科技产业等的迅速发展，去年共吸引涉及信息传输、软件和信息技术等的22563家企业入驻，占新登记企业总数的90.8%，一些利用不法方式抄袭他人网络游戏等的新型知识产权刑事案件逐渐出现。在一起侵犯著作权刑事案件中，犯罪嫌疑人通过非法获取某网络游戏公司相关游戏源代码，再进行"换皮"及"加工"等相应的修改后以新游戏的名义上线运行，进而获取相关的非法利益。

3. 尚未受理与自贸试验区改革创新政策相关联的民事行政检察案件。前述5件自贸试验区实施范围内民事行政检察监督案件，均系诉讼主体为注册在C市自贸试验区内的企业或执行标的位于C市自贸试验区内，而尚无因"证照分离"改革、"负面清单"管理模式、国际贸易"单一窗口"等自贸试验区改革创新政策所引发纠纷的检察监督案件。分析其原因：一方面，随着C市自贸试验区建设深入推进，各类市场主体踊跃入驻，区内2017年新增登记各类企业24843户，增长54.95%，自贸试验区经济活动的活跃程度跃升至新的层级。根据经济活跃程度、纠纷数量和法院诉讼案件数量三者间的正相关关系，自贸试验区相关的法院诉讼案件数量特别是民商事诉讼案件数量将会相应增加。然而，因法院诉讼程序等本身拥有一套相对完善的审级制度和再审制度，能够较好地实现相关案件程序和实体方面的纠错功能①，绝大多数纠纷等都能在法院诉讼程序中得以解决。另一方面，法院诉讼程序等的推进具有一定的周期性，而相应的检察监督需要以法院的再审程序作为前置条件。因此，经由"纠纷发生—法院一审—法院二审—法院再审—检察监督"的民事行政检察监督案件成案流程需要相当长的一段时间。以上两方面的原因都使得目前涉及自贸试验区改革创新政策的民事和行政诉讼案件最终进入检察监督程序的案件数量相对较少。

（四）值得关注的问题

1. 持续关注自贸试验区金融领域违法犯罪打击和预防工作。2017 统计年度，C 市检察机关共受理自贸试验区实施范围内金融犯罪审查起诉案件 9 件，涉案 16 人，涉及骗取贷款罪、信用卡诈骗罪、妨害信用卡管理罪、集资诈骗罪、非法吸收公众存款罪 5 项罪名。作案惯用借新还旧的"庞氏骗局"以及类似传销的"金融传销"等方式。值得注意的是，C 市党代会已明确将建设具有国际影响力的西部金融中心纳入该市国家中心城市功能定位，2017 年全市实现金融业增加值 1604.3 亿元，自贸试验区内新增持牌金融机构 316 家，金融综合竞争力稳居中西部城市首位，发展势头强劲。与此同时，随着自贸试验区内各类金融新业态的涌现，需要进一步规范相关行业发展、进一步完善风控机制。要在依法对金融犯罪实施精准打击、提高金融违法成本、充分发挥法律威慑作用的同时，牢固树立防患未然的底线思维，通过司法办案提高预测、预警和预防能力，向金融工作部门、监管部门等提出对策建议，与它们建立长效协作机制，有效形成金融风险防控治理合力，促进行业健康发展。

2. 持续关注自贸试验区知识产权司法保护工作。营造对标国际一流法治化、国际化、便利化营商环境，完善的知识产权保护法律制度不可或缺。自贸试验区对外开放度高，税收政策优惠，监管相对宽松，很容易成为知识产权侵权行为的"避风港"。结合 C 市实际，自贸试验区挂牌一年来，区内新增企业专利授权量 69909 件，同比增长 18.4%，占全市总量的 38.9%，创新氛围浓厚，创新研发活跃度居同类城市首位。在此背景下，侵犯知识产权权利人合法权益的活动将逐渐显现。据了解，一年来区内相

---

① 傅郁林：《审级制度的建构原理——从民事程序视角的比较分析》，《中国社会科学》2002 年第 4 期。

应的知识产权民事侵权纠纷诉讼案件数量已经有了明显上升，且案件种类和复杂程度均有所增加。对此，要持续关注区内知识产权案件特点趋势，完善知识产权案件刑事、民事、行政"三合一"办案模式[①]，立足民事行政检察职能，做好引导维权、诉讼监督以及对相关行政部门的监督和建议工作；立足刑事检察职能，注意相关民事案件在涉案金额及行为方式方面达到严重危害社会秩序和国家利益程度可能存在的刑事法律风险，进一步加大知识产权检察保护力度。

3. 高度关注跨境电商、飞机融资租赁等新型贸易业态违法犯罪预防工作。按照工作推动要求，C 市自贸试验区将进一步加快推进贸易便利化，大力发展跨境电商、飞机融资租赁等业务。考虑跨境电商、飞机融资租赁等均系新型贸易业态，商业模式、技术支撑等与传统贸易形态有较大不同，需要未雨绸缪做好犯罪预防工作。跨境电商方面，其适用税率低，价格优势明显。同时，交易真实性判断较难，监管难度较大，一些不法分子往往可能以伪报、瞒报等方式实施走私等犯罪，甚至通过夹藏走私毒品、枪支弹药等引发其他的公共安全风险。此外，跨境电商资金流转快捷，若监管不力，或易引发跨国性质洗钱、逃汇等金融犯罪。[②] 飞机融资租赁方面，由于该行业资金流转及资金与资产间转换相当便利灵活，且交易结构和法律关系复杂[③]，而该领域一旦出现合同诈骗等违法犯罪，极有可能让包括国际租赁公司在内的市场主体对区内营商环境失去信心，造成其他企业正常融资困难，直接影响自贸试验区建设和发展。

四 自贸试验区法治保障工作相关思考

（一）持续深化自贸试验区案件法律适用问题分析研究工作

随着自贸试验区建设的不断推进，特别是改革创新力度的不断加大，各类新型业态、商业模式等不断涌现。与此同时，一些钻制度空子、滥用改革创新政策实施的违规违法甚至犯罪活动逐渐显现。基于相关业态、商业模式等的迅速变化以及法律规范的守成性等因素，在特定行为方式的判

---

① 易继明：《构建知识产权大司法体制》，《中外法学》2018 年第 5 期。
② 叶小琴、赵忠东：《跨境电子商务快速发展背景下走私罪的立法反思》，《海峡法学》2017 年第 2 期。
③ 黄薇：《我国综合保税区飞机融资租赁业务若干问题》，载陈晖主编《海关法评论》（第7卷），法律出版社，2017，第 102～117 页。

定方面可能出现法律政策界限不明、合法与非法不清等问题，造成法律适用困难。因而，建议相关行业主管、监管部门以及公安司法机关等办案部门以支持改革、鼓励创新和宽容失误的工作理念，进一步深化自贸试验区案件法律适用问题的分析研究工作。一方面，前瞻性预判相关业态、商业模式等在迭代更新过程中可能存在的法律风险；另一方面，在具体管理、监督工作以及案件办理过程中更加准确适用法律，例如在刑事案件办理中更加准确区分经济纠纷与经济犯罪的界限、改革探索出现偏差与钻改革空子实施犯罪的界限、合法经营收入与违法犯罪所得的界限、单位犯罪与个人犯罪的界限、不正当经济活动与违法犯罪的界限。具体方式上，可由相关行业主管、监管部门以及相关案件办理部门等（例如刑事案件办理中的公安司法机关）在立足自身职能的基础上，切实树立全局性思维，以多部门合作并协同高校科研院所力量进行联合课题攻关的形式，深化对前两批自贸试验区已经发生案件的法律适用研究，同时结合地区实际，深入调研自贸试验区重点行业和领域，分析研判自贸试验区建设过程中特别是相关业态和商业模式中可能存在的法律问题以及相关案件的法律适用问题。以此，更好地推动自贸试验区法治保障实践工作。

（二）进一步强化自贸试验区安全防控体系建设工作

习近平总书记多次强调，安全是发展的基石。没有安全，就谈不上发展。同理，安全稳定的社会环境是持续推进自贸试验区健康发展所需的重要前提。结合 C 市自贸试验区实际情况，笔者提出以下几条对策建议。一是持续巩固、完善自贸试验区公共安全防控体系建设。从前述检察机关办理案件情况来看，C 市自贸试验区内社会治安环境整体良好，但是，随着区域内人口、产业等的不断积聚，经济社会发展水平进一步提升，相应的犯罪风险点可能进一步增加，进而影响区域内社会治安环境。建议通过机制创新等进一步健全和完善自贸试验区社会公共安全防控体系。例如，探索自贸试验区公安司法机关与国内知名网络科技公司的合作机制[①]，创新自贸试验区警务、检务等工作模式，提高智慧警务、智慧检察等的建设水平，提升打击和预防违法犯罪活动的精准程度。二是切实做好自贸试验区其他安全风险防控工作。自贸试验区经济外向度高、体制机制创新活跃，

---

① 陈炜森：《海南省公安厅与阿里巴巴、华为等签署战略合作协议》，载中新网，http://www.hi.chinanews.com/hnnew/2018－07－14/467031.html，最后访问日期：2018 年 12 月 1 日。

各种因素交织或存在相关的衍生性风险，例如在部分涉毒犯罪、走私犯罪背后可能存在跨国洗钱、恐怖融资等潜在性风险。[①] 建议相关行业主管、监管部门以及公安司法机关等进一步加强合作，积极树立总体国家安全观和底线思维，善于借助大数据、云计算等现代科学技术，更好地完善风险防控。

（三）探索建立涉自贸改革创新政策相关案件专业化办理机制

经过与前两批自贸试验区落地区域检察机关的交流以及对自贸试验区改革创新政策的分析研究，C市检察院立足检察办案角度总结梳理出通过虚设市场主体、虚构国际贸易等方式实施的逃汇、骗购外汇、逃税等八大类"自贸特质案件"。这一部分案件虽然在司法办案实践中的整体数量不多，但多系重大疑难复杂案件，涉及的法律法规复杂，政策性强，专业性强，案件办理工作量和难度是一般案件的数倍。以金融刑事案件为例，司法实践中普遍存在取证难、认定难和特大规模集资案件释法说理难的问题。基于此，为进一步提高自贸试验区公安司法机关办理案件质量和效率，提升相关办案部门、办案人员专业化水平，建议探索建立涉自贸改革创新政策相关案件专业化办理机制。具体方式上，可综合考虑相关办案部门对于金融、贸易、知识产权案件办理的工作量和内设机构的数量限制、人员编制等具体情况，将办案组织设置与内设机构设置等有机结合起来，设立专门的专业化办案部门或办案小组，综合履行相关案件办理和关联工作。

（四）多渠道强化自贸试验区法治保障人才队伍建设工作

自贸试验区是我国新一轮改革开放的前沿阵地，需要一大批与自贸试验区法治化、国际化、便利化营商环境相适应的法治保障人才队伍。与上海、天津和广东等前两批自贸试验区相比，缺乏国际金融、国际贸易、互联网经济方面的高层次法律人才是C市等内陆自贸试验区建设特别是法治保障工作的短板之一。以检察机关为例，我市两级检察院，特别是自贸试验区落地区域基层检察院，具备国际金融、国际贸易、知识产权等专业知识的检察人员相对匮乏，成为制约内陆地区"自贸检察"工作发展的重要

---

① 曹力水：《斩断违法资金链条，保障金融双向开放》，《经济日报》2016年8月5日，第06版。

因素之一。为切实补齐法治保障人才队伍短板，建议通过培养、引进等多渠道方式进一步加强自贸试验区法治保障人力资源开发。一是切实"重自强"，以"盘活存量"的方式加强法治保障人才队伍专业化、职业化培养。建议积极树立开放思维，定期组织国际贸易、金融创新、知识产权等专业知识培训，常态化安排法治保障功能推进组各单位干部换岗锻炼，制度化选派干部到国内外高校科研院所等进行自贸试验区建设专题研修，到前两批自贸试验区法治保障相关单位挂职锻炼、跟班学习，切实"求真知、取真经"，努力让相关干部成为自由贸易专业知识的"行家里手"。二是"不拘一格、不唯地域"加大成熟专业人才的引进力度。一方面，通过柔性灵活的方式，从专业研究机构、国际仲裁机构中引进具有专业研究能力的成熟人才充实法治保障人才队伍；另一方面，法治保障功能推进组各单位在进行新进人员招录时，通过设置专业背景要求等，积极招录具有国际金融、国际贸易、知识产权等专业背景的人员。此外，在进一步明确全市法治保障功能推进组各单位需求的基础上，以开放、务实的原则，充分借脑借智，探索建立自贸试验区法治保障智库。

（五）积极探索建立全国自贸试验区法治保障工作协作机制

经过"由点到线、由线到面"的建设过程，我国的自贸试验区已经形成了横贯东西南北、联动各大区域的全新雁行式格局。为更好立足法治保障职能服务自贸试验区建设，建议积极探索建立全国四批自贸试验区以及海南自贸试验区法治保障工作协作机制，在更广的范围、更高的层次上加强法治保障工作协同。一方面，持续做好上海、天津和广东等前两批自贸试验区落地区域法治保障各单位先进经验做法的学习借鉴工作。按照中央要求，第三批自贸试验区等的主要任务之一就是学习借鉴前两批自贸试验区制度创新改革经验。2018 年，C 市自贸试验区建设法治保障功能推进组各单位成功学习借鉴了前两批自贸试验区关于"出台检察机关服务保障自贸试验区建设意见""成立知识产权执法协作互助中心"等经验做法。当前，应当持续深入推动经验复制推广工作，不断提高服务保障自贸试验区建设的水平。另一方面，在信息共享、研判会商、课题研究等方面全面加强合作。随着自贸试验区改革创新力度的不断加大，全国三批自贸试验区法治保障工作均不断深化，形成了一大批既有共性，又有与各地自贸试验区定位相适应的特色创新工作经验。对此，既要进一步强化各单位条线内的工作信息交流、执法协作等工作，又要强化不同地域总体法治保障工作合作交流，有效提高跨区域自贸试验区法治保障工作的内在协同性和工作合力，积极构建优势互补、资源共享的自贸试验区法治保障工作新格局。

五 结语

党的十九大报告提出，要推动形成全面开放新格局，赋予自由贸易试验区更大改革自主权。站在新的起点上，检察机关应当持续深入贯彻落实中央关于建设自贸试验区决策部署，进一步强化使命责任担当，深化服务保障体制机制创新，持续构筑和完善既符合检察权运行规律，又符合自贸试验区建设实际的检察服务保障体系，以检察工作的高质量保障自贸试验区建设的高质量，为自贸试验区构建新时代立体全面开放战略布局，深度融入"一带一路"建设，加快形成结构更优、质量更高、动力更强的高水平开放和高质量发展引领区提供更加优质高效的法律服务和司法保障。

Exploration & Thinking on Procuratorial Service Work in Inland Free Trade Zone

—Example of " FTZ Procuratorial Service " in C City, S Province

Qian Xiaojun   Chen Cheng

(People's Procuratorate of Chengdu; Chengdu, 610041)

Abstract: The work to serve for the construction of FTZ is an important starting point for the procuratorial organs to realize the reform and innovation of the procuratorial system. In this work, the C City's procuratorial organs centered on the case-handling, constantly improved the working mechanism, deepened the collaborative linkage test, and innovated the procuratorial function to promote legalization, internationalization and facilitation of business environment. From the perspective of handling cases, it shows three characteristics: the change of the type of case is not obvious, the characteristics of intellectual property cases are prominent, and the number of civil administrative prosecution cases is small, with the point that it is necessary to continuously pay attention to prevention and cracking of crimes in the fields of finance, intellectual property rights, cross-border e-commerce, and aircraft financing and leasing of FTZ. In order to further improve the rule of law environment in FTZ, it is recommended to further deepen the analysis and research regarding legal application issues, strengthen the construction of security prevention and control systems, explore the specialized handling mechanism for self-trafficking cases, enhance the construction of talent teams, and continuously improve the work coordination mechanism.

Keywords: FTZ; Procuratorial Work; Case Characteristics; Rule of Law Guarantee

"一带一路"倡议中重庆产业发展的法律保障研究[*]

王　筝[**]

（西南政法大学人工智能法学院；重庆，401120）

摘　要： 重庆作为目前西部唯一的直辖市，处于"一带一路"倡议和长江经济带的联结点上，在国家对外开放发展的蓝图中地位突出。从成为直辖市至今，重庆的产业结构一直在不断进行调整并尽力优化升级，既符合产业发展规律和国家顶层设计安排，同时也形成了例如园区经济等特色产业集群化模式，并设立了重庆自由贸易实验区。本文全方位论述重庆产业升级发展过程中，法律保障体系的逐步构建与完善。重庆不仅需要积极投入各类新型规则的制定过程，并逐步建立法律法规数据库与案例库，同时在对外经济交往中，应构建完善的风险防控体系，从风险预警到启用多层次多方面的保险机制。与此同时还应重视与其他国家或地区交往中形成的法律冲突并设立冲突解决机构，构建解决方案。除此之外，重庆还应积极面对并参与跨国民商事纠纷的解决，灵活运用替代性争端解决方式，争取设立专项争端解决机构或分支机构等。

关键词： 产业发展；法律保障；风险防控；法律冲突解决；争端解决

一　引言

2013 年 9 月和 10 月，习近平总书记在访问中亚、东盟期间，先后提出共建丝绸之路经济带和 21 世纪海上丝绸之路的合作倡议（以下简称"一带一路"倡议），第一时间获得沿线多个国家的积极响应与支持。十八届三中全会的《中共中央关于全面深化改革若干重大问题的决定》和

---

　*　重庆市社会科学规划项目（青年项目）："一带一路"倡议下重庆产业国际合作与法律保障研究阶段性成果，项目编号：2016QNFX48。

　**　王筝（1980～　），西南政法大学人工智能法学院讲师，西南政法大学国际法学博士生，西南政法大学最高人民法院应用法学研究基地研究员。

2014 年的《政府工作报告》都提到了"一带一路"倡议。2015 年 3 月 28 日，国家发展改革委、外交部、商务部共同发布的《推动共建丝绸之路经济带和 21 世纪海上丝绸之路的愿景与行动》（以下简称《愿景与行动》）阶段。"一带一路"倡议不仅收获了全球关注，也为国内众多地区带来激活生产力、产业创新、产能输出的巨大机遇。根据国家有关"一带一路"的顶层设计，中央对重庆市的开放定位有了更高要求。2016 年 1 月习近平总书记视察重庆时指出，重庆处在"一带一路"和长江经济带的联结点上，希望重庆发挥西部大开发重要战略的支点作用，积极融入"一带一路"建设和长江经济带发展，在国家区域发展和对外开放格局中发挥独特而重要的作用，尽快成为内陆开放型经济高地。由此可见，在机遇与挑战并存的时代背景下，处于丝绸之路经济带、21 世纪海上丝绸之路、长江经济带三大战略 Y 字形大通道联结点上的重庆，不可避免地要努力实现与"一带一路"的完美对接，积极响应中央赋予重庆的新战略部署，完成新时代新形势下成为国家对外开放前沿的华丽转变。

虽然重庆在成为我国第四大直辖市后①无论产业结构调整、GDP 总量和增速等都有了明显发展，但自身的一些经济结构缺陷仍然突出。第一产业庞大但基础薄弱，支柱产业的专业化发展不够顺利，且工业中的国有经济成分始终偏高，第三产业发展的活力明显不足且质量不高。为了不断调整发展短板、增强产业活力以匹配在国家发展的顶层设计中的定位，为重庆产业发展护航的其中重要一环应聚焦于法律保障。相较于发达国家以及我国多个高水平经济重镇，法律保障均与产业发展过程相辅相成，互相影响，互相促进，因此在城市的高速发展中，构建一个强有力的法律保障体系势在必行。

二 重庆在"一带一路"倡议中的全新定位

（一）重庆在"丝绸之路经济带"的定位

丝绸之路经济带，是在古丝绸之路概念基础上形成的一个新的经济发展区域。在我国版图内包括西北五省及自治区陕西、甘肃、青海、宁夏、新疆，西南四省市及自治区重庆、四川、云南、广西。该经济带覆盖的其

---

① 1997 年 3 月 14 日，八届全国人大五次会议批准设立重庆直辖市。1997 年 6 月 18 日，重庆直辖市政府机构正式挂牌。

他国家包括与我国陆路相通、边界相邻的中亚五国，以及能源经济相对发达的西亚部分国家，再连起高加索地区的部分国家，最后到达欧亚地理交接线及其邻近区域。丝绸之路经济带东起亚太经济圈，西连发达的欧洲经济圈，被认为是"世界上最长、最具有发展潜力的经济大走廊"。"一带一路"推进过程中，丝绸之路经济带以互联互通先行，以能源合作和经济贸易为两翼，开展金融合作等为重心的区域合作。

而重庆在丝绸之路经济带的蓝图上，如今已成为一枚重要的闪光点。从版图上看，重庆恰好处于丝绸之路经济带、21世纪海上丝绸之路与长江经济带Y字形大通道的重要联结点上，具有承启东西、连接南北的独特地理优势，不仅是丝绸之路经济带的重要战略支点，还是长江经济带的西部中心枢纽和海上丝绸之路的产业腹地。这使得"一带一路"的加速纵深推进，以及长江经济带的活跃升级都需要对重庆作出战略部署与安排。而重庆的发展也直接体现出区域经济的活跃程度。

在丝绸之路经济带上，重庆目前已成规模、颇具优势的是重庆水陆空综合交通方式齐全，向西有渝新欧铁路线，向东有以长江作为载体的水运路线，并着力打造"公路 + 铁路 + 航运"的综合交通互通枢纽。仅2017年重庆全市交通计划投资约820亿元，其中铁路投资285亿元，公路投资470亿元，水运投资35亿元，民航投资25亿元，邮政和信息化投资5亿元，已具备"一带一路"互联互通的硬件和软件要求。

其中"渝新欧"铁路可被视为重庆立体交通的发展主线。该条铁路是由重庆直通欧洲的一条重要的国际铁路通道，以重庆作为起点，途经陕西西安、甘肃兰州、新疆乌鲁木齐到达阿拉山口，紧接着进入中亚的哈萨克斯坦，再经过俄罗斯、白俄罗斯、波兰，最后到达德国的杜伊斯堡，全程共11179公里。渝新欧铁路线从2011年3月19日通车至今，运行状况良好，大大提高了从中国内陆向欧洲内陆进行陆上运输的速度。通过沿线六个国家的铁路部门和海关部门的通力合作，目前渝新欧铁路线除了提供传统的铁路运输，还积极向沿线国家的其他运输方式扩展延伸，争取纳入包括公路运输、水路运输等运输方式，实现了国际高水平的多式联运的运输目的。

（二）重庆在"21世纪海上丝绸之路"的定位

21世纪海上丝绸之路以上海、福建、广东、浙江、海南五省市为国内重点城市，并以泉州为起点，经过海口和北海到达越南，途经马来西亚、印尼、斯里兰卡，穿过非洲的肯尼亚最终到达欧洲的希腊、意大利。可以看到，海上丝绸之路沿线多为东盟①国家，与我国在多领域往来紧密但同时存在多起争端，因此海上丝绸之路着眼于更全面的区域一体化合作以及新型海洋伙伴关系的构建。

从地理位置来看，重庆处于 21 世纪海上丝绸之路辐射范围以内，与东盟多国联系紧密，而在贸易、投资、物流等领域和东盟多国一直保持良好的互动往来，目前形成中的成果包括正在不断打造升级的重庆东盟国际物流园等。其中尤其应该关注的是"中新（重庆）战略性互联互通示范项目"。2015 年 11 月 7 日，中国和新加坡共和国在新加坡发表《中华人民共和国和新加坡共和国关于建立与时俱进的全方位合作伙伴关系的联合声明》。双方在声明中同意在中国西部地区设立第三个政府间合作项目，选择重庆作为项目运营中心，将金融服务、航空、交通物流和信息通信技术作为重点合作领域。这一项目以"现代互联互通和现代服务经济"为主题，契合"一带一路"、"西部大开发"和"长江经济带"，被视为又一个高起点、高水平、创新型的示范性重点项目。2016 年 4 月 16 日，推进中新（重庆）战略性互联互通示范项目交流会在重庆举行，标志着中新双方将在金融、物流运输、航空、信息通信四大领域继续深化合作。2016 年 9 月，第十九届"渝洽会"首日，中新（重庆）战略性互联互通示范项目第二批 25 个重点项目正式签约，签约金额达到 65.8 亿美元。

重庆以"中新（重庆）战略性互联互通示范项目"为原点辐射东盟其他国家，在贸易、金融、文化交流、旅游服务等领域互相加深合作，增加沟通与往来，以体现内陆开放型经济高地的优势与作用。

三 重庆在"一带一路"倡议推进中的产业发展特点

（一）重庆的产业结构现状及特点

经济理论表明，产业的结构变化的作用对经济增长产生巨大的效果，即通过调整影响产业结构的决定因素的供给结构和需求结构，使得产业结构得到优化。产业结构的优化又可以分解为产业结构的高度化和产业结构的合理化。

---

① 东南亚国家联盟，以下简称东盟（ASEAN）。

重庆作为我国老牌工业基地，在国防、军工、机械制造、金属材料、医药、农业等方面具备良好基础，尤其在制造业方面的优势较为突出。但随着全球经济发展趋势的变化，以及国家经济产业机构的部署，重庆产业结构的调整一直处于进行时，并已初步取得成果，为符合"一带一路"推进的要求具备了必要基础。

成为直辖市后，重庆市根据"强化第一产业、优化第二产业、大力发展第三产业"的基调积极进行了产业结构的调整，并形成了汽车（摩托车）、化工（医药）、冶金三大主导产业部门"三足鼎立"的局面。针对主导产业，我们可使用区位商①来判断一个部门的专业化水平。根据《重庆统计年鉴》的数据显示，重庆市三大主导产业的区位商都处于大于1②的状态，即该产业专业化程度属于地区专业化部门，满足作为主导产业部门的条件。③ 从产业结构发展理论和世界各国经济发展的历史来看，在经济发展的起步阶段，第一产业在国民经济中占主导地位，但随着经济的发展，第二产业比重逐渐上升，当经济进入成熟阶段后，会形成以第三产业为主导、第二产业居中、第一产业增加值最低的格局。④ 在直辖初期，重庆市一、二、三产业的比重为 24.2∶40.0∶35.8。经历 10 年的调整和优化，2008 年重庆市一、二、三产业比重变化为 11.3∶47.7∶41.0，其中第一产业较原来下降了 12.9 个百分点，第二产业上升了 7.7 个百分点，第三产业上升了 5.2 个百分点。到了 2016 年，重庆市第一产业产值 1303.24亿元，占 7.42%；第二产业产值 7755.16 亿元，占 44.17%；第三产业产值 8500.36 亿元，占 48.41%。根据数据显示，重庆第一产业的比重已明显下降，而第二产业比重一直较为稳定，这也与重庆的发展基础与重点相吻合，同时可以惊喜地看到第三产业所占比重已接近 50% 的水平，接近发达地区的标准。总体上看，重庆的产业结构调整基本符合产业发展的规律，而重庆的经济发展速度与增长势头也与产业结构的不断调整有着密切

---

① 它是某地区工业产值占工业总产值的比重区域与全国之比。具体公式为：区位商（LQ）= X1/X。X1 代表某地区某部门产值与某地区该部门所属产业总产值的比值，X 代表全国某部门产值与全国该部门所属产业总产值的比值。

② 区位商越大意味着该地区该产业的专业化程度越高。区位商大于 1，表明该地区该产业具有优势，地方专业化程度很高。

③ 杨占锋、苏伟豪等：《重庆产业集群现状及发展对策研究》，《郑州航空工业管理学院学报》2009 年第 10 期。

④ 张弛：《基于供需结构视角下的重庆产业结构优化分析》，《现代物业》（中旬刊）2009年第 11 期。

关联。①

在重庆不断调整优化产业结构、加快经济发展速度的同时，全新开启的"一带一路"倡议对重庆提出升级要求，为重庆进行了全新定位。

（二）政策支撑平台的特点：日趋成熟的园区经济

实践表明，合理开发各种类型的园区可以积极引导产业集群化。全球多个国家以及我国一些相对发达城市的园区发展的实践证明，园区建设不仅可以通过集约利用土地、能源和基础设施，促进成本的节约和规模经济的形成，而且可以通过集聚效应，形成完整的产业链条。这对于重庆产业结构优化发展和实现经济又好又快的发展具有极其重要的意义。

园区建设除了应"高起点规划、高质量建设、高标准引项、高效率服务、高水平管理"，同时应注意园区设置的科学性与合理性，避免功能重复、层次不清，没有凸显园区间梯度。② 目前，重庆已形成了"三基地"（团结村集装箱中心站铁路物流基地、巴南区公路物流基地、江北国际机场航空物流基地）＋"四港区"（寸滩港港区、果园港港区、黄谦港港区、东港港区），拥有独具重庆特色的"三个三合一"的开放"大平台"，即三个功能齐备的交通枢纽（团结村铁路枢纽、寸滩水运枢纽、江北国际机场航空枢纽）、内陆地区唯一拥有"水、陆、空"三个国家一类口岸（铁路口岸、港口口岸、空港口岸）和三个保税区（西永综合保税区、寸滩保税港区、两路空港保税区）的有效结合，相互支撑。而于 2017 年 3 月 15 日获国务院正式批复同意设立、同年 4 月 1 日挂牌成立的中国（重庆）自由贸易试验区更是将重庆日渐成熟的园区建设推向新的高度。

重庆自贸试验区的实施范围达 119.98 平方公里，涵盖 3 个片区：两江片区 66.29 平方公里（含重庆两路寸滩保税港区 8.37 平方公里），西永片区 22.81 平方公里（含重庆西永综合保税区 8.8 平方公里、重庆铁路保税物流中心 0.15 平方公里），果园港片区 30.88 平方公里。其中，两江片区着力打造高端产业与高端要素集聚区，重点发展高端装备、电子核心部件、云计算、生物医药等新兴产业及总部贸易、服务贸易、电子商务、展示交易、仓储分拨、专业服务、融资租赁、研发设计等现代服务业，推进金融业开放创新，加快实施创新驱动发展战略，增强物流、技术、资本、

---

① 李伟：《重庆市产业结构调整及优化对策研究》，《商界论坛》2016 年第 4 期。

② 崔如波：《构建内陆开放经济产业结构新格局——重庆产业结构调整新思路》，《探索》2008 年第 6 期。

人才等要素资源的集聚辐射能力；西永片区着力打造加工贸易转型升级示范区，重点发展电子信息、智能装备等制造业及保税物流中转分拨等生产性服务业，优化加工贸易发展模式；果园港片区着力打造多式联运物流转运中心，重点发展国际中转、集拼分拨等服务业，探索先进制造业创新发展。三个片区功能区分明确、分布较为合理，被视为在"一带一路"中重庆的新的助推点。

重庆自贸区的核心功能包括提升利用外资水平，完善对外投资服务体系。首先促进加工贸易转型升级，探索"产业链+价值链+物流链"的内陆加工贸易发展新模式；大力发展服务贸易，鼓励跨国公司在自贸试验区设立地区性总部、研发中心、销售中心、维修中心、物流中心和结算中心，鼓励先进制造业延伸价值链，与现代服务业融合发展；加快发展新型贸易，支持自贸试验区内企业开展全球维修、国际分拨中转等业务。鼓励开展国内商品海外寄售代销业务，支持发展市场采购贸易，大力发展转口贸易，放宽海运货物直接运输判定标准；推进通关机制创新，推进海关通关一体化改革。鼓励企业参与"自主报税、自助通关、自动审放、重点稽核"等监管制度创新试点。依托电子口岸公共平台，完善国际贸易"单一窗口"的货物进出口、运输工具进出境、贸易协定实施等应用功能，进一步优化口岸监管执法流程和通关流程。其次在金融方面，重庆自贸区深化金融领域开放创新，优化跨境金融结算服务，探索跨境投融资便利化改革创新，完善金融风险防控体系。同时，重庆一直致力于构建多式联运国际物流体系，在自贸试验区内建立海关多式联运监管中心，以中新欧国际铁路联运通道为中枢，完善自贸试验区与"一带一路"沿线各国海关、检验检疫、标准认证部门和机构之间的通关合作机制，开展货物通关、贸易统计、"经认证的经营者"互认、检验检测认证等多方面合作，逐步实现信息互换、监管互认、执法互助。

四 法律保障机制之构建

法律保障机制是以调整某种特定的社会关系和稳定某种社会秩序而通过法律的形式设立的组织机构，以及一系列与之相关的原则、规范、规则所构成的一整套制度和这些制度所包含的具体规则的运行程序构成的一个有机联系体。由于法律具有规范性、确定性和约束力，因此法律成为秩序的象征，换言之，法律是建立和维护秩序的一种有效手段。法律机制使国际经济合作从一种松散无序的行为转变为一种在具体制度框架下有序进行的经济交往。[①]

重庆在积极参与"一带一路"以及长江经济带开放的浩大工程中，面临复杂的国内、国际环境，从地方到具体的各个企业都期待能在一个健康、有序的法律环境中发展经济、交流文化、互通有无，因此法律保障体系的构建是非常有必要的。

（一）积极构建法律保障体系

1. 积极参与规则的提出与制定

重庆应积极参与和推进国家与"一带一路"倡议区域内国家的一体化进程，才能为建立重庆和"一带一路"沿线国家之间产业合作发展的法律保障体系创造良好的国际法治环境。例如，积极参加国家及相关部委组织的"一带一路"论坛，中国—东盟"10＋3"[②]，中国—中南半岛国际经济走廊，孟中印缅经济走廊，中巴经济走廊联合工作组会议等各类多边、双边合作机制，扩大与外国政府、国际组织的交流合作，强化与"一带一路"沿线国家相关城市、重点产业的沟通与交往。

同时，重庆应以自身的基础产业、重点产业、特色园区的发展为基础，有针对性地积极促成和参与制造业、物流业、信息产业、金融业等行业技术规则的创制，争取在行业规则制定过程中赢得话语权。

2. 建立法律信息库

（1）推动建立法律条文数据库

"一带一路"目前所涉国家已达 60 余个，并且这个数字还会继续增长，而与重庆各领域有密切往来的丝绸之路经济带和 21 世纪海上丝绸之路国家，起码也有 10 余国之众。这些国家地理位置、历史传承、宗教信仰、经济现状、基本国情各异，各国立法状况差异较大。因此，首先应有侧重地将"目标"国家的基本立法，重点领域的法律、法规率先收入法律条文数据库中。同时，应将我国基本法律、法规，以及重庆市的重要地方法规入库并且不断更新、补充。这样便于重庆各行业乃至各企业在与战略沿线国家开展经济往来时迅速查找到我国及其他国家相对翔实的法律信息，增加预判力，尽可能减少法律争端，有利于后续工作的开展。

---

① 曹平、李冬青：《中国与东盟在"一带一路"建设合作中的法律保障机制研究——以广西与东盟共建海上丝绸之路为视角》，《改革与战略》2015 年第 12 期。

② 东盟"10＋3"是指东盟十国与中、日、韩三国。

战略覆盖区域内相关国家差异较大，因此在国际实践中这些国家签署的国际条约、加入的国际组织并不可能完全相同。例如域内部分国家是WTO①成员方，但有的国家却不是。因此数据库还应将不同国家在特定领域适用的国际条约或国际组织章程和规则予以梳理和总结，比较后得出例如在同一领域国家之间可以统一适用的国际规则有哪些；重要的国际组织中同是成员的国家有哪些；针对同一产业、同一行业有无不同行业标准，最高标准是什么，最低标准是什么。②

除此之外，我国国内立法、外国立法以及国际立法中仍会存在空白领域，这也是尤为需要关注的。在面对类似问题时，数据库可指引相关企业按照一定的法律途径找到解决方案或给出建议参考某一类法律法规。同时提请国家对该类空白领域予以关注并尽快立法或倡导制定国际规则。

（2）推动建立"一带一路"国家涉外司法实践案例库

法学知识只有与实践相结合才能转化为司法能力。为了提高"一带一路"倡议中国家的涉外司法能力，一个司法实践案例库的建立，既为理论研究提供了最直接和最丰富的一手资料，同时为司法实践提供了一类重要的规则来源。该案例库可以现今重点国际组织的"争端解决机构"的案例为主要基础，同时允许各个国家或地区补充国内或区域内典型案例，再由案例库按不同领域进行分类、编号，便于查询。虽然"一带一路"覆盖范围内既有英美法系国家，亦有大陆法系国家，但案例对于司法实践的意义都是弥足珍贵的，因此构建统一的司法实践案例库，有利于提高各国对涉外司法实践的关注，并从对案例的研判中提升司法能力。

3. 增强法律法规等信息的透明度

由相关部门牵头，整合市外经贸委、市政府外事侨务办、市经济信息委、市教委、市科委、市交委、市商委、市人力社保局、市文化委、市卫计委、市旅游局、市口岸办、市金融办、两江新区管委会、重庆海关、重庆检验检疫局、中新项目管理局等部门和单位力量，定期研究本部门责任范围内对外开放的重大问题和重大项目、举措，并及时公布责任范围内的各项规章、项目立项并对进度进行公布。可建立专门网站，定期公布相关的国际条约、国家法律、行政法规和地区规章，及时更新，便于查询，使重要法律、法规、规章、项目状态等尽可能处于透明状态。

---

① WTO 是世界贸易组织的英文缩写，其英文全称是 World Trade Organization。
② 马召伟：《一带一路背景下新疆自治区法律保障机制研究》，《贵州民族研究》2016年第10期。

4. 提供有效的法律支持

根据战略规划，重庆市应设立专门部门对投资、金融、贸易、知识产权等方面的法律服务制定相应的规划，转变当前法律服务的自觉放任状态，形成由政府法制、商务、司法部门以及律师协会等组织机构共同构建的法律服务机制，提供有效的法律服务。[①] 以境外投资活动为例，可在项目上马之前，组织律师或专业法律人士根据交通、能源、通信等工程的立项和招投标活动，主动介入进行法律调查，出具详尽的法律意见书，提供有针对性的法律服务。在项目进行过程中，项目的谈判、合同文本起草等方面，也要进行相应的法律把关。最后，在法律纠纷产生时，引导纠纷当事方选择相对合理的解决方式，以达到维护中外企业权益，预防纠纷、减少诉讼的法律效果。无论政府相关部门，还是参与具体贸易投资等涉外活动的法人、自然人，均应引进最新的"合规"理念，将"合规"程序嵌入对外交往的具体环节，增加法律保障系数，减少成本支出和风险承担。

同时还可由重庆市政府及其相关部门牵头，健全和完善与"一带一路"沿线国家尤其是交往尤为频繁的目标国家的联系沟通渠道。例如可与沿线国家在重庆设立的领事馆等机构加大联络；积极主持召开各领域各行业各类"碰头会"，使不同国家相关产业之间增加联系和交流；主持加快设立各领域行业协会，使其成为政府与企业良好沟通的平台。

（二）建立健全风险防控机制

1. 防范阶段：预警、管理

风险防控是法律保障机制的重要功能，也是其优越性的体现。建立健全协调统一、科学规范的风险评估、监测预警和应急处置机制，才能培育健康、长期、安稳的发展环境。目前，依据重庆产业现状，建立长效机制，对重点的目标国家进行检测，包括该国家的经济发展各项指标、产业调整状态、行业发展指数、国内社会秩序现状、国内法律环境等，随时更新监控，跟踪发展态势。例如防范产业准入法律风险、贸易便利化法律风险、跨国知识产权法律风险、劳工及环保法律风险、跨国纠纷处理解决的法律风险等。

[①] 马召伟：《一带一路背景下新疆自治区法律保障机制研究》，《贵州民族研究》2016 年第 10 期。

风险防控阶段，可通过综合得分指数的方式标注投资、贸易环境健康良好的国家或地区，并对得分较低的国家或地区进行明确标识，并对正在或预期与该国家或地区开展联系的重庆各园区、各企业以及上马项目进行明确预警，告知风险，并提出整改要求。

2. 完善多层次的风险保险制度

（1）政治风险

"一带一路"所跨越的国家或地区的法律体系、政治制度和文化传统存在较大差异，并夹杂着狭长的不安全、不稳定地带，其中包括阿富汗安全问题、中亚五国社会的不稳定问题、巴以冲突、伊朗核问题、伊拉克国内冲突问题、叙利亚难民问题，以及新生的"伊斯兰国"安全威胁，这给投资者带来了一定的未知性和不确定性，政治风险巨大。同时，中国企业投资的项目大多都涉及基础设施和能源领域，而从事这一类领域的业务往往需要与东道国政府或者代表政府的国有企业谈判并签署为期长达数十年的经济授权合同。在这类合同中，东道国政府既是交易的参与者，又是交易规则的制定者，作为市场一方的中方企业就可能处于不利的地位。为防控中国企业"走出去"面临的政治风险、战乱风险等，我国各级政府应当建立公共信息服务平台，加强对重点目标国家和地区的风险评估及风险信息的发布。同时，根据国际上发达国家的经验，我国各级政府应当继续完善和发展向对外投资企业提供海外投资保险服务。[①] 海外投资保险承保的风险一般为征收、汇兑限制、战争以及政府违约，既可以由东道国政府或政府授权机构提供保险服务，也可纳入国家间双边投资保护协定中。重庆市政府或其授权机构应积极为对外投资的本地企业提供海外投资保险服务或是指引本地企业到国家授权机构办理保险，尽到提醒义务。

（2）商业风险

除了政治风险，在"一带一路"推进过程中，国家之间在投资、金融、贸易、知识产权、物流等领域交往频繁、争端不断，其中各类商业风险显而易见。例如投资决策风险，企业受信息渠道闭塞、自身评价或判断能力等原因影响很难正确判断某项目在国外是否具有发展前景，从而使投资决策产生盲目性，致使企业海外投资的风险增大；经营管理风险，我国企业缺少跨国经营管理的经验，管理体制尚不适应国际化经营的需要，往

---

① 杨陶：《"一带一路"建设面临的挑战及国际法思考》，《喀什大学学报》2016年第7期。

往使得企业在经营的过程中遭遇意想不到的风险；金融风险，主要包括财务风险和汇率风险，我国企业由于海外投资经验不足以及信息不对称，经常导致交易中出现中外财务系统不匹配、税收黑洞、有形与无形资产的定价风险等一系列财务风险，外汇风险是指外汇汇率的变动对国际企业跨国经营带来的不确定性；市场风险，主要是海外投资企业在市场竞争、产品市场开拓、资金运作、原材料市场价格变化等方面面临的风险；技术风险，我国企业的技术优势总体而言尚不具备优势，许多产品特别是高端产品的核心技术仍然依靠不断的引进。技术优势的缺乏严重影响我国对外投资企业的国际竞争力。面对复杂多变的商业风险，重庆相关部门除了建立起"风险识别—风险评估—风险预报—风险排除"的预警系统，时刻跟踪、更新对外贸易、投资项目数据，同时可建议或指定资质良好的保险公司对"一带一路"的特定商业风险提供保险服务，指引或建议从事对外贸易、投资的企业尽量对商业风险进行投保。

同时从国家层面，应重新梳理我国对外签订的双边投资保护协定，并根据形势的变化，特别是与那些中国企业投资较多的国家重新修订或签署双边投资保护协定。随着"一带一路"的推进，我们还可以主导缔结区域性的多边投资公约，不断更新国际法、国内法法律体系。

3. 关注可能产生风险的新领域

国际政治经济环境日趋复杂，在对外交往中随时可能出现一些新的风险，需要提前防控。首先，伴随"一带一路"的不断纵深发展，重庆作为内地开放经济高地，随着互联互通的飞速发展，贸易、投资、金融、文化交流、旅游等领域人员交流数量将急剧增加。在此过程中，城市功能中对于人员流动的管理和控制的比重将急剧增大，因此这类领域也是急需制定法律法规予以关注的焦点。

其次，随着国家间交往渠道的顺畅和交往愈见频繁，国家间文化交流和互相影响是正常的发展过程。但各国文化中亦不排除可能存在对于人类发展、国际环境稳定相悖的一些负面影响，因此避免负面文化的侵蚀也是在"一带一路"推进中应预警的一类风险。

同时，包括重庆在内的我国多个城市承载着繁重的跨国交通发展重任，我们在享受先进的交通方式带来各种便利的同时，尤其不能忽视对环境问题的关注。在经济发展日趋成熟的现在，更不能以牺牲环境利益为代价。这其中尤其是跨境环境损害问题也应尽快纳入"一带一路"沿线各国讨论的议题。

（三）确立法律冲突解决机制

1. 解决机构

随着"一带一路"的不断推进，随之而来的法律冲突是不可避免的议题，因此探索建立"一带一路"法律冲突处理机构势在必行。重庆可尝试申请设立法律冲突机构的分支机构。首先，由于各种因素交织，该类机构在一段时间内可选择以非官方性质设立，例如成为非政府间组织的分支机构或派出机构等。其次，法律冲突虽然是国家间法律适用过程中一直存在的命题，但其复杂性、长期性特点非常突出，不宜一蹴而就，因此可以选择在自由贸易区（试验区）等具体的特殊园区中设立该类介于政府和市场之间的法律冲突处理机构进行试点，再行推广。这样既能够有效、尽快地解决在战略推进过程中频繁出现的法律冲突问题，亦符合目前各国关系的现状。

2. 解决方案

"一带一路"沿线国家间法律冲突的解决机制应是灵活与务实的，由此构建的法律冲突解决模式体系涵盖多方案、多层次、多领域的多种解决模式，符合战略推进中的法律要求。例如，间接调整的方法与直接调整的方法，都应当纳入成为发展与合作法律冲突解决模式体系中的有机组成部分。在这一法律冲突解决模式体系中，可考虑冲突规范解决与实体规范解决并用；单独解决与统一解决并用；本国法解决与国际法解决并用；传统冲突解决方式与创新冲突解决方式并用。同时，多元主体共同参与冲突解决，既包括国家层面的立法机关、行政机关、司法机关等官方机构，也可以涵盖各种行业协会、法学会、研究机构等不同性质的民间机构。尤其我国还可牵头倡议提出对于某些行业标准、规则制定统一实体规范，虽然统一实体规范的制定有一定难度，但以"一带一路"互通互信为国际背景，在一些特殊的具体的空白领域，制定统一实体规范也是存在可行基础的。

（四）建立健全争端解决机制

1. 积极参与"争端解决机构"（或分支机构）的设立

WTO的争端解决机制一直备受关注，在WTO存续期间其不断地致力于贸易纠纷的解决并取得了一定成效。"一带一路"倡议宏大的体量决定了多领域合作中难以避免纠纷和争端的产生，因此设置一个战略内相对独立的争端解决机构，既有利于培养建立战略内合作国家的信任，同时有助于解决在战略推进过程中国家之间的实际困难，保证战略的顺利推进。我国作为"一带一路"的倡导国，在战略构建和推进的过程中理应发扬"轴心"的能动作用，倡议设立一个相对独立的争端解决机构，合理恰当地解释战略推进国家之间签署的双边、多边条约等，尤其是致力于解决战略覆盖的各大领域可能出现的各类争端，为更好地推动国际社会合作而服务。

在此过程中，我国不仅增强了大国影响力，更重要的是在推进国际新规则建立的过程中，摆正姿态，积极参与，主动派出学者、专家、法律专业人员等广泛深入参与从争端解决机构的论证到筹备、签署框架条约以及机构设置的全过程。从司法实践出发，主动提出有针对性的意见，让争端解决的各项规则更具有可操作性，既继承传统的解决国际争端尤其是商事争端的经验，同时参考"一带一路"沿线国家的实际情况，提出更加灵活、有效的争端解决方法。

重庆处在"一带一路"倡议推进中较为特殊地位，目前与之匹配的产业调整、经济发展形态、各功能园区等都进入一个稳步发展的阶段，因此重庆也会承载更多的在与沿线国家交往中出现的各类争端纠纷的压力。所以在我国积极倡导并推动设立"一带一路"争端解决机构的同时，重庆可依据实践情况向国家相关部门提出申请，将争端解决机构的分支机构等派出机构设立在重庆的特定区域，同时辐射西部多个省市自治区，更直接解决多地区的国际商事纠纷。

2. 加强推广仲裁、调解等 ADR①的应用

推广仲裁和调解等 ADR 方式在"一带一路"有关商事争端中的适用非常有必要。首先，在战略推进过程中，可能出现的纠纷主要属于商事纠纷，这对于仲裁、调解等方式的使用提供了合理的平台。仲裁、调解等一系列 ADR 方式因其尊重争端双方意思自治，程序简易，一定程度上削弱争端当事方之间的对立，在近年来持续升温，该主要优势也非常符合跨国争端当事人的基本诉求。

其次，在创新使用多种 ADR 方式解决跨国纠纷过程中，应充分发挥重庆仲裁委员会和多家仲裁机构的平台作用，尽可能将重庆的仲裁系统推至前台，承担起试点重任。同时也可提请国家就"一带一路"设立专业的

---

① ADR（Alternative Dispute Resolution）起源于美国的争议解决的新方式，意为"解决争议的替代方式"，或者翻译为"非诉讼纠纷解决程序"。

仲裁机构，受理特定领域的纠纷。例如 2016 年 10 月 30 日，由武汉仲裁委员会发起组建的"一带一路"（中国）仲裁院在北京成立。该仲裁院将受理"一带一路"建设工程和商事项目的争议或纠纷，依法保护双方当事人的合法权益，保障境外项目的顺利进行，促进"一带一路"的顺利实施。而重庆应争取设立该类机构或其分支机构，机构受理范围有针对性地覆盖重庆对外交往的重点特殊产业，使得本地争端当事人解决争端更加便捷、直接和有效。

最后，通过推动仲裁调解等争端解决机制，借助本地现有的高等法学教育资源，例如西南政法大学中国仲裁学院等，积极培养重庆本土的法律服务人才，逐步打造面向"一带一路"沿线国家的法律服务产业，形成西部地区的涉外法律人才高地。

五　结语

重庆正立足于国家"一带一路"倡议、西部大开发以及发展长江经济带的重大历史机遇点之上，随着多年的厚积薄发，重庆的产业结构已逐步调整到位，产业发展正在迈向健康、良性的正常轨道。同时机遇总与挑战并行，随着对外开放步伐不断纵深加快，跟随国家参与构建人类命运共同体的发展道路上，法律保障体系的建立无疑是各类产业有序壮大的"保险索"，有法可依，有规可循，是不同时代不同社会关系的共同要求。

重庆在高速发展中应重视法律保障体系的建立与完善，积极参与国内、国际多项产业规则的制定，有针对性地建立跨国跨法域法律法规数据库与案例库。同时重庆在对外经济交往中，应不断完善贸易投资等风险防控体系，从风险评估、风险预警到启用多层次多方面的保险机制，"事前事后"为参与对外经济交往的法人、自然人等量身打造"风险防护层"。

与此同时，先进的合规经验也是对外交往经验值积累的重点。重庆还应重视与其他国家或地区在交往中不可避免形成的法律冲突，并积极参与设立冲突解决机构，主动提出解决方案。

除此之外，重庆还应积极面对并参与跨国民商事纠纷的解决，灵活运用替代性争端解决方式，争取设立专项争端解决机构或分支机构，为重庆在"一带一路"进程中的产业发展可能遭遇的争端创造解决的硬件条件，并可有效扩大重庆在对外经济交往中的影响力。

Research on the legal guarantee ofChongqing's industrial development in the "One Belt And One Road" strategy

Wang Zheng

(School of Artificial Intelligence and Law, Southwest University of Political Science and Law; Chongqing, 401120)

Abstract: As the only municipality directly under the central government in the west in China, Chongqing at the connection point of the "One Belt And One Road" strategy and the Yangtze river economic belt. It has a prominent position in the country's blueprint for opening-up and development. Since the direct jurisdiction of Chongqing, the industrial structure has been constantly adjusted and optimized and upgraded, both accord with the law of industrial development and the state top-level design arrangement. At the same time, characteristic industrial clusters such as park economy are formed, and set up Chongqing free trade experimental area. This paper comprehensively discusses the construction and improvement of legal security system in the process of industrial upgrading and development in Chongqing. Chongqing not only needs to actively participate in the formulation process of various new rules, but also gradually establish the database and case base of laws and regulations. At the same time, a perfect risk prevention and control system was established in the foreign economic exchanges, from risk warning, to the implementation of multi-level and multi-faceted insurance mechanism. It should also pay attention to legal conflicts formed in exchanges with other countries or regions and set up conflict resolution institutions to build solutions. Besides, Chongqing should actively face and participate in the settlement of transnational civil and commercial disputes, flexibly use alternative dispute settlement methods, and strive to set up special dispute settlement organizations or branches.

Keywords: The industrial development; Legal Protection; Risk Prevention and Control; Conflict of Laws; Settlement of Dispute

智能司法

审判权智能化运行的理论解析与优化路径[*]

朱福勇　黄　锐^{**}

（西南政法大学人工智能法学院；重庆，401120）

摘　要：审判权智能化运行是新时代科技发展的必然趋势，对预测裁判结果、实现类案同判和提升诉讼效益具有显性功效。而算法、人工智能技术和案例数据是推动审判权智能化运行的必要条件，由于目前案例数据基础不充分、不客观、失真，算法的"黑箱"效应，人工智能的技术瓶颈以及人才匮乏等因素影响和制约审判权智能化运行实际效果。未来，我国审判权智能化运行需要完善案例数据库、增强算法的可解释性、加强智能化技术的研发和提升审判权智能化的应用能力与水平，真正实现人工智能与法律的有效融合。

关键词：审判权；智能化；现实问题；路径选择

一　引言

人工智能在我国已上升为国家战略①，并成为中国实现科技强国的重要支撑，社会各行各业纷纷参与到这场无硝烟的争夺战之中。作为法院工作系统中的重要一环，司法审判对人工智能技术也具有主动的诉求，审判权智能化运行是司法领域把科技与审判相结合的有益尝试和探索。在大数

---

  * 本论文系国家重点研发计划"公共安全风险防控与应急技术装备"重点项目（司法专题任务）1.1智慧司法智能化认知技术项目研究（项目编号：2018YFC0832100）的阶段性研究成果。

 ** 朱福勇（1968~　　），西南政法大学人工智能法学院教授，博士研究生导师，西南政法大学最高人民法院应用法学研究基地副主任，主要研究方向为诉讼法和法律适用学。
　　黄锐（1993~　　），西南政法大学人工智能法学院硕士研究生，主要研究方向为法律适用学。

① 2015年8月国务院出台的《促进大数据发展行动纲要》指出，深化大数据应用，已成为稳增长、促改革、调结构、惠民生和推动政府治理能力现代化的内在需要和必然选择。2017年7月国务院出台的《新一代人工智能发展规划》对智慧法院建设作出明确规定，建设集审判、人员、数据应用、司法公开和动态监控于一体的智慧法庭数据平台，促进人工智能在证据收集、案例分析、法律文件阅读与分析中的应用，实现法院审判体系和审判能力智能化。

据驱动下的智慧法院时代，由于算法、数据、算力的齐力推动，人工智能介入司法审判的正向影响力会逐步提高，这是对构建"智慧法院"的最佳诠释。① 通过把人工智能技术引入审判权运行之中，为审判权赋能，有助于提高审判质效，促进司法公正，减少司法枉法裁判，让人民群众在每一个司法案件中感受到公平正义。同时，审判权智能化运行也有利于拓展计算机科学的研究领域，强化司法工作者及社会民众对人工智能知识的客观认知。

二 审判权智能化运行实践的考察

（一）域外

随着人工智能与大数据时代的到来，域外有很多国家研发诸如 HYPO、CATO、IBP、CABARET、GREBE、SCALIR 和 PROLEXS 等系统，广泛运用于司法实践过程之中。例如，在澳大利亚、荷兰等国家，司法审判支持系统被大量使用，该系统具有类案推送的作用，对案件进行综合分析后，可以为审判人员提供与案件相关的司法数据。在美国，算法已被大量应用于预测个体是否会再次犯罪，以及其在开庭当日是否会按时出庭等的可能性，所研发出的 COMPAS、PSA 和 LSI-R 三种主要的风险评估软件，已被一半以上的州使用来协助法官裁量刑罚。其中，一些州通过使用模型来辨别哪些在押人员会在被释放后再次犯罪，从而大幅度降低累犯率。而另外一些州则是直接依靠这些软件作出量刑②，在提升工作效率的同时，增强刑罚结果的准确性。最近，英美一项研究表明，人工智能可以用来预测法院裁判结果。近期，研究人员的程序审查了包括《人权公约》中的第3条（涉及酷刑或侮辱虐待的案件 250 件），第6条（涉及保护公平审判权的案件 80 件），以及第8条（涉及隐私和家庭生活的案件 254 件）等584 个案件的英文数据集。通过分析案卷中所使用的语言以及文本中提到的话题和情景，特别是案卷中的情景部分包括案件中事实背景的信息，有79% 的案件裁判结果与人工智能推演的裁判结果一致。芝加哥的伊利诺伊理工大学与南得克萨斯法学院利用 1791 年至 2015 年的美国最高法院数据

---

① 涂永前、于涵：《司法审判中人工智能的介入式演进》，《西南政法大学学报》2018 年第3 期。

② 李本：《美国司法实践中的人工智能：问题与挑战》，《中国法律评论》2018 年第 2 期。

库，合作开发了一种算法，该算法再现了从 1816 年到 2015 年美国最高法院法官的 28000 项决定和 240000 次投票，正确率分别达到 70.2% 和 71.9% ，这高于法学家们 66% 的预测准确率。① 以至于一些学者总结为，人工智能在案件裁判结果的预测准确度上已超越了人类法律专家。

（二）我国

自 2002 年以来，最高人民法院先后发布了《人民法院计算机信息网络系统建设管理规定》《人民法院计算机信息网络系统建设规划》《关于全面加强人民法院信息化工作的决定》《人民法院审判法庭信息化建设规范（试行）》《人民法院审判法庭信息化基本要求》《关于推进司法公开三大平台建设的若干意见》等一系列文件，旨在促进司法裁判的智能化。早在 2006 年，山东淄博市淄川区法院研发了一套"电脑量刑"软件，根据被告人的情节算出刑期，供法官裁判参考。随着法院信息化 3.0 和"智慧法院"建设的推进，北京、重庆、上海等地法院推出了人工智能生成裁判文书、易审平台、庭审自动巡查系统和刑事案件智能辅助办案系统（206 系统）。其中，易审平台旨在解决卷宗与庭审后续，智能文书与关联案件、智能回填与类案智推，以及电子阅卷与左看右办问题；庭审自动巡查系统自投入使用以来，已对 10 万余案件进行了庭审巡查，查出错误近 2 万处；刑事案件智能辅助办案系统把大数据、人工智能等现代科技应用于刑事诉讼活动中，为办案人员提供全方位的智能化办案辅助，在短时间内极大地提升办案人员的整体司法水平，提高办案质量和效率。最高人民法院多次强调，"全面深化司法改革、全面推进信息化建设，是人民法院两场深刻的自我革命，是实现审判体系和审判能力现代化的必由之路，是人民司法事业发展的'车之两轮、鸟之双翼'"②。未来，最高人民法院将积极引入人工智能，协助法官断案。目前，最高人民法院正在推进国家重大科技专项课题的研发。

（三）问题及成因

1. 案例数据抑制审判权智能化运行

"海量数据"是大数据分析的优势基础。"一个大规模生产、分享和

---

① See Katz DM, Bommarito MJ Ⅱ, Blackman J（2017）A general approach for predicting the behavior of the Supreme Court of the United States. PLoS ONE 12（4）：e0174698. 载 https://doi. org/10. 1371/journal. pone. 0174698，最后访问日期：2018 年 3 月 3 日。

② 周强：《深化司法体制改革 大力加强信息化建设全面推进审判体系和审判能力现代化》，《人民法院报》2016 年 3 月 23 日，第 1 版。

应用数据的时代正在开启。"① 数据的充足信息是审判权智能运行的基本前提。在英美法系国家，由于先例成为法官的判案依据，遵循先例的判决既体现对前辈经验和智慧的尊重，又可以借助于已经确立的标准来解决新的案件，节省了大量的时间和精力，判例资源较为丰富。普通法司法推理建立在逻辑推理的基础上，一是从以往判例中抽象出一般原则或规则，运用从特殊到一般的归纳推理方法；二是从一般原则或规则出发，推出适用于当前案件的具体裁判规则，适用从一般到特殊的演绎推理或类比推理方法；三是以推出的裁判规则（大前提）+案件事实（小前提）→个案判决结果（演绎推理的三段论）。在大陆法系国家，通常运用司法三段论推演裁判结果。判例属于非正式的法律渊源，通常承认判例在事实上的拘束力，因而判例的指导性地位与作用十分有限。在我国，能够作为人工智能应用基础的案例数据主要源于裁判文书网上的裁判文书，但该裁判文书只记载了案件的裁判结果，未能够反映整个审判权运行过程的决策信息，且数据基础不充分、有瑕疵，甚至出现类案异判等情形。试想在这样一个案例数据有限的裁判环境下，将难以保证人工智能所预测裁判结果的准确性。

2. 算法的"黑箱"效应影响审判公开

"互联网+"、大数据和人工智能的加速融合发展，使"人类正在进入一切皆可计算的时代"②。以符号和程式为表现形式的算法，是人工智能的核心要素，它代表着人工智能决策的逻辑结构，旨在正确认识、提炼、总结法律决策的规律，并据此归纳、预测裁判结果的法律模型尤其是成功模型。在审判权运行中，算法的应用型塑常规性案件的裁判模型，一方面，抑制法官恣意、妄为，弥补法官审理案件的主观性及其自身能力的局限性；另一方面，让法官从日益繁重的常规性案件的审理中解脱出来，使当事人最大限度地感受到司法公平与正义。然而，目前算法具有"黑箱"效应，且被很多科技公司作为商业秘密予以保护，难以知晓算法的实际运作过程和某个具体行动背后的逻辑，既与让民众在每一个司法案件中感受到公平正义的法治目标相距甚远，也背离了把人工智能引入审判权运行的初衷。审判公开是司法公正的前提，审判原则欲达至社会民众信服、可接受的裁判结果，须在公开裁判结果的同时，使整个审判过程透明化。

---

① 〔美〕维克托·迈尔-舍恩伯格、肯尼思·库克耶：《大数据时代生活、工作与思维的大变革》，盛杨燕、周涛译，浙江人民出版社，2013，第9页。

② 徐恪等：《算法统治世界——智能经济的隐形秩序》，清华大学出版社，2017，第323页。

"为了维护人工智能的公正与权威，必须明确其使用了哪些算法、哪些参数、哪些数据，实现了什么目的，这样才能确定人工智能技术是否被负责任地使用。"[①] 倘若算法仍处于一种神秘状态，那么势必降低当事人和社会公众对裁判结果的可接受度。

3. 技术瓶颈限制人工智能的应用

从本质上说，"以芯片为核心的算力是大量高性能硬件组成的机器计算能力，是人工智能发展的技术保障，也是人工智能发展的动力和引擎"[②]，只有把算法、算力和数据有机结合起来，使其相互配合、相互协作，才能发挥出人工智能在审判权运行中的功效。目前，域外理论界对人工智能技术在审判权运行机制中的运用存在两种不同观点：一部分学者对审判权运行机制引入人工智能技术的前景持相对乐观的态度，认为人工智能与审判权运行机制的有机结合将使两者相互促进、相互完善，但这取决于算法的进一步优化、计算机硬件的进一步提升以及更为物美价廉的司法人工智能服务的出现；另一部分学者则比较悲观，在他们看来，由于目前能够获取的数据可能并不可靠、算法标准模糊且未达到公开透明程度[③]，盲目地将人工智能技术引入审判权运行机制可能会产生一系列新问题、新冲突。实践中，通用的人工智能适用于法律场景在域外得到了印证，但我国的法律人工智能还没有系统地为审判定制一套专有的裁判模型。我们认为，由于审判模型受制于立法完善、裁判方法、法官素质、案例指导、审判独立、审判权力的赋予与职业需求、审判责任制等相关因素，所以当务之急在于如何立足实际，在对案件类型化的基础上，运用人工智能技术，型塑案件裁判模型，有效缓解审判实践中痛点和难点问题。

4. 人才匮乏制约审判权智能化运行

长期以来，司法界与人工智能互有疏离、隔阂。近年来，虽出现相互融合之趋势，但短期内难以解决通晓人工智能技术基础原理的人才对法律知识以及审判实践精通的问题。实践中，由于法官与人工智能之间缺乏相互学习的意识，缺少一定的交流与互动，对审判权智能化运行处于一种相互独立、相互疏远的尴尬境地。目前，各级法院相继推出的审判权智能化运行平台，一些法官仍固守传统的审判模式，将智能化设备和运行平台抛

---

① 腾讯研究院：《人工智能各国战略解读：英国人工智能的未来监管措施与目标概述》，《电信网技术》2017 年第 2 期。

② 王珺：《人工智能、大数据和算力的融合发展》，《科技经济导刊》2018 年第 16 期。

③ 左卫民：《关于法律人工智能在中国运用前景的若干思考》，《清华法学》2018 年第 2 期。

置一边,尤其是办案部门中有相当部分人员认为信息化与己无关,是信息化部门的事,是管理部门的事,在行动上不积极、不主动、不学习、不支持①,难以与审判权智能化运行形成和谐的、连贯的相互配合状态。一些资历较深、年纪较长的法官甚至对审判权智能化运行持反对意见,更不用说积极主动地去学习人工智能知识,以提升其对提高审判权智能化运作的能力与水平。

三　审判权智能化运行的理论解析

(一)　智能化审判预测裁判结果

关于智能化审判能否预测裁判,以及预测裁判结果的准确度问题,有学者认为,在刑事案件中人工智能可以通过自然语义识别技术,提取案件情节,根据先前形成的算法推导出量刑结果。预测结果可能不准确,但是随着案件诉讼程序向前推进,相关的信息就会越来越多,系统作出的量刑预测就会更准确②。我们认为该观点值得商榷。理由在于,对于常规性案件审理,法院裁判中通常以成文法规范为大前提,以案件事实为小前提,将案件事实涵摄于成文法规范之下,便推导出符合立法者旨意的裁判结论。只要其前提为真,那么它的结论必然为真,并具有可靠性。由此推之,通过构建要素标签体系、法律和案情要素的复杂网络,针对可归纳案情要素进行挖掘关联的案情要素,提取出主要特征,根据对应的规则进行案情要素归纳。一是利用案件事实中的要素和要素标签体系中的要素对应关系,建立要素标签体系和案情要素的复杂网络,然后根据案件事实应用的法律,建立包含法律条例的复杂网络。二是通过要素标签体系,感知抽取的案情要素的可归纳案情要素。三是在复杂网络中,自动挖掘关联的可归纳案情要素的要素图谱,从该图谱中,提取出主要特征,如:"日期"或"元"等,智能匹配合适的归纳规则,进行案情要素归纳分析。例如:根据"盗窃"要素关联的多个"元"可归纳要素,进行求和运算。总之,基于提供的法律法规库、证据数据库等司法大数据,以及建立的要素标签图谱,为上层提供了案件的要素集,使得精准的法律条款自动推荐成为可

---

① 王禄生:《大数据与人工智能司法应用的话语冲突及其理论解读》,《法学论坛》2018年第5期。

② 王禄生:《司法大数据与人工智能开发的技术障碍》,《法律评论》2018年第2期。

能。而对于少量的非常规性案件，特别是新型、重大、疑难案件，通过人工智能的深入学习，虽不能精准的预测裁判结果，但能够为法官裁判方法和路径优化有所助益。

（二）智能化审判达至类案同判

类案同判是指将一个待决案件与一个先决案件（或指导性案例）从案件的关键事实和案件事实所涉及的主要法律关系进行对比，若两个案件在这两个方面均具有"相似性"，则应当判定属于"类案"，对"类案"形成相同或相似的裁判结果。类案同判体现的是一种形式公平，符合社会公众对公平理念的认知。然而，近年来，类案不同判甚至"类案异判"的现象受到了社会民众的质疑，严重贬损了司法公信力和审判权威。智能化审判能否消解"类案异判"，达至司法统一适用之诉讼目标？有学者提出，人工智能可以对全国范围内的相似案件进行分析，掌握案件的具体结构和影响因素，进而数据化与智能化形成算法，辅助法官作出类似的判决来保证司法裁判的统一性[①]；有学者持反对意见，认为世界上没有两片完全相同的树叶，所谓"同案"其实具有多样性的差异，在审判权智能化运行的大背景下，司法裁判仍应保持适当的弹性[②]；还有一些学者主张，目前的人工智能技术尚未取得根本性突破，难以准确识别出各个案件的核心区别点，加上我国法院裁判数据的不充分、不客观、不真实以及结构化不足等缺陷，直接造成了推进人工智能实现同案同判的乏力。[③] 对此，我们认为，在目前情势下，如前所述，运用人工智能技术，实现基于案情要素与法律适用要件的法律适用自动判别，完全能够解决常规性案件的类案同判问题。而对于非常规性案件，人工智能技术只能通过深度学习，指明裁判方法和路径，更多情况下，需要借助最高人民法院出台司法解释或刊发指导性案例的方式，达至类案同判、统一裁判尺度的目的。

（三）智能化审判提升诉讼效益

"世界各国共同面临的首要问题不是诉讼率的高低，而是法院能否迅

---

① 张吉豫：《大数据时代中国司法面临的主要挑战与机遇——兼论大数据时代司法对法学研究及人才培养的要求》，《法制与社会发展》2016 年第 6 期。

② 张爽：《浅析面向 AI 时代的法律职业伦理教学》，《法治社会》2018 年第 4 期。

③ 左卫民：《如何通过人工智能实现类案类判》，《法律评论》2018 年第 2 期。

速、公正地处理案件。"① 高效、经济达至司法公正是诉讼的终极目标。可见，成本与收益是诉讼尚需考量的重要因素。在智能化审判运行的语境下，首先需要直视的是人工智能与法官的关系问题。对此，有些学者认为人工智能取代法官是未来必定会发生的事，而又有一些学者并不主张某领域下一者代替另一者，而是坚持人工智能与法官相互补充，在不同案件中的主作用与辅作用相互置换，共同构成一种全新的司法审判模式。② 我国理论界与实践界普遍认为，人工智能是法官的重要辅助力量，不能完全取代法官，无法像法官一样对案件作出有温度的公正判决。司法机关如果让人工智能超出辅助性手段的范畴而全面应用于审判案件，甚至在很大程度上取代法官对案件作出判断，那就很有可能把司法权引入歧途。③ 我们认为，如前文所述，人工智能技术就常规性案件预测较为精准的裁判结果，并非由机器代替法官进行审判。一方面，智能化审判抑制法官的恣意、妄为，使审判的公正性得以彰显；另一方面，使法官从繁重的、重复性的审判工作中解脱出来，有更多的时间和精力加强学习、应对非常规性案件，不断提升司法能力与水平。

106

四 我国审判权智能化运行的优化路径

随着技术日渐完善，我们有充足的理由相信，算法、算力和数据的不断完善促使审判权的智能化运行更加广泛、更加深入，法院系统充分利用算法以及海量司法数据的优势，实现诉讼结果预判、类案推送、分析胜诉率，构建诉讼智能系统或者平台，引导当事人正确评估案件走向，体现专业化和智能化的审判体系④，推动法院实现更加高效和公平的司法服务，对破解"案多人少""类案异判""司法不一"等积弊意义重大。

（一）完善案例数据库

人工智能得以应用于审判权运行中的重要基础就是对标准的裁判文书提炼其共性，如果裁判文书不具有可参考性、代表性，那人工智能系统提

---

① 〔日〕小岛武司：《司法制度的历史与未来》，吴祖兴译，法律出版社，2000，第35页。
② 涂永前、于涵：《司法审判中人工智能的介入式演进》，《西南政法大学学报》2018年第3期。
③ 程凡卿：《我国司法人工智能建设的问题与应对》，《东方法学》2018年第3期。
④ 邓恒：《人工智能技术运用与司法创新》，《人民法院报》2017年12月14日，第2版。

炼出的案例规则将对司法活动造成致命的打击。① 纵观中国裁判文书网上公开的裁判文书，不但数量十分有限，而且可搜索到的裁判文书基本上都简化了最重要的说理部分，缺乏标准性和可参考性，显然无法满足审判领域以及整个法律界的需求。为此，需要提高各级法院公开法律文书的积极性，增加可查阅到的诉讼文书数量并提升诉讼文书的质量，构建一个包含海量优质数据的具有标准性、可参考性的裁判文书全数据库，该数据库应当囊括尽可能多的裁判文书，既要有当下法律数据又要有历史数据，注意剔除中国裁判文书公开网所公布的案例中简单而不具有数据价值的案例，运用法律知识及统计学方法提取影响案件裁判的因素。同时，整合法院、检察机关和律师事务所等司法领域的各类数据②，不断使裁判文书全数据库中的数据接近于全样本、全数据，以便为审判权智能化运行提供必要的数据基础。数据库建设是人工智能建设的基础，任何一个人工智能的发展都离不开海量数据的辅助。如果将人工智能比喻成一个学习成长的儿童，数据库就是供其学习的书籍。③ 有了裁判文书特别是案例全数据库，即可借助大数据、机器学习和自然语言处理等高科技技术，从全数据库中挖掘出与待审案件最具有相关性的案例、证据和数据，经过机器分析，给出当下案件的预判情况，为审判权运行的整个过程节省不少的人力、物力和时间，促使审判权智能化高效运行。

（二）增强算法的可解释性

算法往往属于企业的"商业秘密"，是受法律保护的名正言顺的"黑箱"④，算法"黑箱"是算法目前存在的最大问题，我们只能把握输入和输出的确定性，无法还原黑箱的计算过程。⑤ "打开黑盒子，设计者与用户面对的将是一堆可以得出某种答案的主观偏见与程序。而合上之后，它体现的就是客观性——一种无须满足任何更多的条件即可生成'是'与'否'的二元选项的机器。"依赖这些算法做决策的人"根本不知道他们

---

① 彭晓艺：《对人工智能介入司法活动的思考》，《安徽电子信息职业技术学院学报》2018年第5期。

② 杨焘、杨君臣：《人工智能在司法领域运行的现状及完善对策研究——以成都法院为样本进行分析》，《科技与法律》2018年第3期。

③ 张卫平：《论庭审笔录的法定化》，《中外法学》2015年第4期。

④ 郑戈：《算法的法律与法律的算法》，《中国法律评论》2018年第2期。

⑤ 李飞：《人工智能与司法的裁判及解释》，《法律科学》2018年第5期。

作出的决定是否正确，制定的政策是否公正，有没有歪曲事实"①。为此，一方面，需要审判权智能化研发公司的重心从利润转变为公平正义，赋予其程序说明义务，使算法在审判权智能化运行中处于监管之下，在庭审过程中，向当事人、审判组织及社会公众公开算法是如何获得裁判结果的运作过程，消除民众对算法的怀疑和不信任，使其在整个案件审判过程中感受到公平正义；另一方面，增强算法的可解释性。通过增强算法的可解释性来打开算法"黑箱"②，在审判权运行过程中应用算法时，要求使用算法决策的系统和机构，将可能出现的技术漏洞及风险予以考虑并告知司法人员③，就算法的运作过程和特定的裁判结果向当事人和社会民众提供解释，该解释有利于提高当事人和社会民众对算法运行过程的了解，以及对算法决策结果的可接受度，对提升司法公信力，实现司法公正具有重要现实意义。

（三）强化智能化技术的研发力度

运用人工智能技术，对于常规性案件，一是构建法律规范指引的要素标签体系技术。基于现有的法律条款、司法解释、规范性文件和指导案例，利用司法和自然语言理解领域专家知识建立科学完备的要素标签体系，以盗窃罪为例，从已有的司法文书中，找出所有的盗窃罪判决书，抽取出所有的法条引用；通过司法解释建立盗窃罪的知识图谱，并形成要素泛化描述的知识规则，如：地铁、公交车→公共交通工具；选出尽量覆盖更多的法条的裁判文书进行效果验证，并对这些裁判文书的相关要素进行抽取并输入泛化描述知识规则，如果规则覆盖的正确率达到要求则说明要素标签定义是合理完备的，如果未达到要求则进行迭代优化，直到满足标准即可完成盗窃罪要素标签体系的梳理，为后续的要素抽取和法条推荐任务提供依据和知识规则。二是构建自动阅读理解的案情要素自动抽取归纳技术。依据已构建的要素标签体系和知识规则，采用自主研发的交互式层叠注意力机制神经网络模型，对实体短语类和连续文本类事实要素进行分别建模，标注出要素的起始位置和终止位置。依据要素泛化描述的知识规

---

① 〔美〕卢克·多梅尔：《算法时代：新经济的新引擎》，胡小锐等译，中信出版社，2016，第 220、139 页。
② 魏强、陆平：《人工智能算法面临伦理困境》，《互联网经济》2018 年第 5 期。
③ 朱奎彬等：《大数据预测功能在"智慧法院"建设中的应用》，《四川警察学院学报》2018 年第 2 期。

则对要素的语义内容进行归纳，根据已有知识积累进行案情要素的归纳，直接抽取型：如时间；局部抽取归纳型：年龄为 16 岁→未成年人；全局抽取归纳型：盗窃了××物品价值××元……→计算总金额。同时自动挖掘法律关注的要点，为要素归纳提供新的知识，建立知识规则及其对应法律的链接，为后续的推荐任务建立法条索引。三是构建法律条款理解与专家知识融合的法律知识库技术。将常规案件法律适用中出现的规律规则、特殊情况进行机器抽取和人工整理，使之能够指导具体案件法律适用情况。首先进行法律知识库体系的设计，制定结构并定义法条属性；继而将各个案件类型全覆盖的法律条款视为知识库中的节点，并利用阅读理解抽取模型自动化地抽取法条适用要件及属性类别，再统计历史案件文书中法条的共现关系，预先对高频共现法条构建关系链，辅助专家关系梳理。上述自动初始化后，以法律专家标注的方式对抽取结果进行校验，对具有关联关系的法条关系进行关系属性定义和梳理，以及标注法条自身属性。四是构建基于交互式深度关联分析的法条自动推荐技术。基于历史数据将案情事实中与引用法条中对应的适用要件进行标注，得到覆盖当前案由法规的训练语料，继而构建交互式神经网络打分模型，输出当前要素与法律构成匹配程度。在应用阶段，基于案情要素的抽取结果，对法律知识库进行检索，找到适用要件匹配的法条并推荐，同时对案情要素抽取归纳后结果的所链指的、当前集合中未包含的同案由法条进行推荐，防止出现遗漏法条的情形。五是将推荐的法条集合按照知识库中优先级进行排序，以使之符合引用规定。对于非常规性案件，由机器学习为法官推介裁判和法律适用路径。例如，对规则模糊或歧义型的案件，本着合理、诚信、公序良俗或公平与利益衡量以及保障当事人权益原则，考量与法律相关的政治、经济、文化和政策等，以及法律解释后适用可能产生的社会效果。

（四）提升审判权智能化的应用能力与水平

最高人民法院《关于深化人民法院司法体制综合配套改革的意见——人民法院第五个五年改革纲要（2019—2023）》指出，"贯彻实施网络强国战略，全面建设智慧法院。牢牢把握新一轮科技革命历史机遇，充分运用大数据、云计算、人工智能等现代科技手段破解改革难题、提升司法效能，推动人民法院司法改革与智能化、信息化建设两翼发力，为促进审判体系和审判能力现代化提供有力科技支撑"，为科技驱动审判权运行指明了方向。在今后一个时期，审判权智能化的应用，一方面，体现于对审判权智能化系统的应用，即把案件的相应要件、要素输入系统后，系统就能够根据案例信息库和法律信息库的海量数据产生一定意见或者建议，供法官裁决参考。特别是人工智能对常规案件裁判结果的精准预测，把法治意识和法治规则传递给社会公众，发挥司法在良法善治中的积极作用。同时，还需要掌握网上同步办案、庭审录像、执法记录、电子卷宗等音视频资料的运用，相关信息的整合、审判与服务的公开在科技法庭的运用，使审判权智能化管理信息系统更加完善，把法官从机械、重复性的审判活动中解脱出来，发挥其解释法律、填补法律缺漏的能动作用。另一方面，通过对审判大数据的掌握，帮助学术研究拓宽维度，便于发现和分析审判权智能化运行实际情况和发展趋势，实现在对现实的审判效果进行适时判断的基础上，更好地指导未来的审判与立法，预测未来的审判效果。此外，通过对收结案情况的条线分析，适当调配审判团队或者审判团队与审判辅助部门之间的人员结构，谨防出现"忙闲不均"、诉讼迟延等非正常现象。

五 结语

习近平总书记指出，"没有信息化就没有现代化"。信息化、智能化和科学化是司法现代化的核心内容。人类社会正迈进人工智能与互联网、大数据高度融合的时代。人民法院要顺势而为，积极主动拥抱大数据、人工智能新时代，努力创造更高水平的社会主义司法文明。[1] 审判权智能化运作是新时代科技发展的必然趋势，人工智能介入审判权运行能够为审判权运行机制带来难以估量的正向影响，如提升审判质效、实现司法正义等，同时拓展了计算机科学的研究范围，对于发现和推动认知科学及人工智能等理论研究具有积极的意义。然而，就目前审判权智能化运作运行功效而言，其仍处于一个初步的、低水平阶段，存在诸如案例数据基础不充分、不客观、失真，算法的"黑箱"效应，人工智能的技术瓶颈以及人才匮乏等一系列问题，因而需要我们给予审判权智能化运作更多的关注，及时发现我国审判权智能化运行可能会出现的新情况、新问题，借鉴域外人工智能发展的先进技术和理念，不断改进和完善我国审判权智能化运行模式，努力构建让民众接受、具有世界领先水平的我国特色的审判权智能化运行机制。

---

[1] 《主动拥抱新一轮科技革命——学习贯彻习近平总书记重要指示精神 坚定不移推进司法体制改革系列评论之三》，《人民法院报》2017年7月14日，第1版。

Theoretical Analysis and Optimization Path of Intelligent Operation of Judicial Power

Zhu Fuyong   Huang Rui

(Artificial Intelligence Law School, Southwest University of

Political Science and Law; Chongqing, 401120)

Abstract: The intelligent operation of judicial power is an inevitable trend in the development of science and technology in the new era. It has obvious effects on predicting the results of refereeing, realizing similar cases and improving the efficiency of litigation. The algorithm, artificial intelligence technology and case data are the necessary conditions to promote the intelligent operation of the judicial power. Due to the current case data foundation is not sufficient, not objective, distortion, the "black box" effect of the algorithm, the technical bottleneck of artificial intelligence and the shortage of talents. Influencing and restricting the actual effect of the intelligent operation of judicial power. In the future, the intelligent operation of China's judicial power needs to improve the case database, enhance the interpretability of the algorithm, strengthen the research and development of intelligent technology and enhance the application ability and level of intelligent intelligence, and truly realize the effective integration of artificial intelligence and law.

Key words: Judicial power; Intelligent; Reality; Path selection

审判权智能化运行的理论解析与优化路径

111

"互联网+"时代移动微法院的运行现状与完善路径

洪　婧[*]

（浙江省宁波市中级人民法院；宁波，315000）

摘　要： 围绕"司法为民"的宗旨，通过制度、技术和法律等多元层面开展工具理性与价值理性的双重建构，廓清移动微法院的顶层制度设计，强化技术数据资源的支持，明确诉讼细节设置等，既是拓展司法智慧的应有之义，也是引领司法文明的必由之路。本文即以时代背景下移动微法院的创新、完善与发展为导向，立足司法实践中的应用情况，剖析其运行现状，反思存在的制度、技术和法律瓶颈，在此基础上比较和借鉴发达国家的先进经验，探索具体的破解之道，以期对制度完善有所裨益。

关键词： "互联网+"；移动微法院；运行现状；完善路径

一　引言

大数据、大变革、大机遇的"互联网+"时代，网络技术的更新换代催生移动电子诉讼平台的应用与发展，独立的诉讼主体被纳入互联互通的社会生态链，共享信息资源的繁荣。为贯彻周强院长在第21次全国法院院长会议上关于"主动回应实践需求，推动现代科技与法院工作深度融合，全面推动工具重塑、流程重塑和规则重塑"的讲话精神和要求，浙江宁波两级法院精准捕捉"移动微法院"的前景、意义和优势，着力构建"移动诉讼服务""移动司法协同""移动办案辅助""移动监督管理""移动司法公开"五位一体的移动电子诉讼平台，不仅顺应了日新月异的资讯科技发展趋势，亦彰显良好的用户体验，强化沟通互动的便捷性与覆盖面，切实推进审判体系和审判能力的现代化。

---

* 洪婧（1989~ ），浙江省宁波市中级人民法院副主任科员，中国政法大学民商法学硕士，主要研究方向为民商法学、知识产权法学，电子邮箱：476774061@qq.com。

二 价值剖析：移动微法院积极意义的正当性证成

作为司法领域贯彻"最多跑一次改革"的生动实例，移动微法院让人民群众用最方便、最经济、最贴近生活的方式打官司，让当事人打官司"最多跑一次"甚至"一次不用跑"成为可能，并具有如下几方面的积极意义。

（一）融合司法科技力量，顺应时代趋势的必由之路

作为时代的巨大变量，"互联网＋法治"背景下司法与科技的深度融合，将为互联网技术推进司法治理体系的现代化贡献智能支持，并为司法制度反哺互联网科技的发展提供无限可能。微法院的深度应用，将使现代科技从浅层次的工具性应用逐步向更高层次的规则治理与制度构建跨越，不仅实现了办案模式从传统的线下转变为线上线下融合，开启符合网络规律的互联网诉讼新模式，亦引领新时代司法工具的重大变革，并将持续推动司法生产力的解放和发展。顺应互联网时代的现实需要，微法院还将充分彰显司法主动对接网络强国战略的责任导向、切实体现司法探索网络空间法治化的问题导向、着力落实司法为民宗旨的目标导向，以及不断拓展"司法制度的想象力"①。

（二）缓解案多人少矛盾，优化诉讼实践的创新举措

随着经济社会的快速发展、公众维权意识的普遍提高，涌入法院的案件数量呈爆发式增长，案多人少矛盾尤为凸显。与此同时，当事人打官司，常常需要高费用、耗时长，即便最终胜诉，也可能面临"迟来的正义非正义"的窘境。微法院立足于克服传统解纷模式的严肃封闭有余、开放互动不足的缺陷，结合实际开展多环节微信送达、在线证据交换等，使法官与当事人之间的沟通不再局限于时间和场域。法官可有效利用碎片化的时间"移动办案"，最大限度地缩减程序性、事务性工作所耗费的人力、物力、财力成本，促使其将更多时间和精力集中在核心的办案环节，从而有效实现缓解案多人少矛盾、提高审判质效的目的。

---

① 陈增宝：《构建网络法治时代的司法新形态——以杭州互联网法院为样本的分析》，《中国法律评论》2018 年第 2 期。

（三）兼顾公正效率价值，便利司法工作的应有之义

随着微法院对司法工具的革新，对整体流程的嵌入以及对具体方式的调整，不同的诉讼价值理念产生了碰撞与融合。效率高、便利度高、互动频繁的移动电子诉讼，通过完整、有痕的在线诉讼流程和充分、及时的信息交换，切实回应社会公众朴素的正义观和对公平的期待感，实现了公正与效率价值的兼顾。以无须安装、不占内存、用完即走的微信小程序为载体，微法院让当事人切实感受指尖诉讼的便利，并为每个案件创设"一案一空间"的平台，贯通"一入口全链条"式的全部诉讼流程，还为当事人提供多元化的解纷途径，促进"大调解"格局的形成以及"网上枫桥经验"的新发展。具体流程设计不仅实现了"让数据多跑路，让群众少跑腿"，还可充分保障法院工作人员顺利开展审判执行工作，促进整个审判流程高效顺畅地运行。①

三 现实图景：移动微法院运行情况的实证研究

2017 年 10 月，宁波余姚市法院首创"移动微法院"平台；2018 年 1月，移动微法院在宁波两级法院全面推广，最高人民法院周强院长、浙江省委车俊书记多次批示肯定试点工作，为移动微法院建设指明了方向。最高人民法院确定宁波法院为全国唯一的"移动电子诉讼试点"，推动移动微法院建设进入"快车道"，并从技术与需求对接、业务规则制定、安全标准完善等方面协调推进移动微法院建设。历经 4 个多月全力攻关、更新迭代，成功研发了移动微法院 4.0 版，并于去年 9 月在浙江全省法院上线推广，于今年 3 月在全国推开。

（一）多元思辨——移动微法院诉讼模块的总体优势特征

截至 2019 年 3 月，累计有 15801 名法院工作人员、105530 名当事人和 24672 名律师在移动微法院平台实名注册。平台访问量已超过 2855 万人次，日均访问量超过 15 万人次，办理案件 64 万余件，送达 41 万件次，一审民商事案件平均审理用时减少 1.64 天，执行案件平均执行用时减少2.28 天，并具有以下几方面的明显优势。一是用户体验感佳。相比 App

---

① 陈国猛：《互联网时代资讯科技的应用与司法流程再造——以浙江省法院的实践为例》，《法律适用》2017 年第 21 期。

软件，基于微信小程序的"移动微法院"无须安装、用完即走，并且无须互相添加好友，对当事人的个人私密信息有保障，非常适合诉讼这种低频次行为。二是沟通衔接性好。"移动微法院"依托庞大的微信用户群体和强大的微信社交功能，在将法官、当事人及其他诉讼参与人统一纳入平台后，可以实现各方随时随地互动交流和提交材料，有效解决法官难找和沟通不畅的问题。三是便民利民度高。之前，当事人打官司往往要多次往返法院，而移动微法院能让群众在手机上动动手指就能打官司，减少劳途奔波，实现"让数据多跑路、群众少跑腿"，切实感受指尖诉讼的便利。四是系统集成化强。相较于一个环节开发一个软件、碎片化的信息化建设模式，移动微法院贯通了审判、执行活动全流程，在此基础上采取先进的模块化技术开发思路，各法院既可自由组合也可自主开发，并可随时加载新的功能模块，升级亦十分方便快捷，能及时满足办案人员、当事人、律师、社会公众等群体的多元化需求。

（二）多面探索——移动微法院诉讼规则的创新亮点解读

2018 年 3 月，宁波两级法院起草完成了全国首个移动电子诉讼规则《宁波移动微法院诉讼规程（试行）》（以下简称《微法院诉讼规程（试行）》），先行先试、着手规范与完善相关的诉讼行为，并对部分审判流程和诉讼规则进行了重构与再造。现就相关亮点内容及创新之处梳理如下。

序号	章节	主要内容	对比法条	创新之处
1	第一章"总则"	规定了微法院的定位、功能、适用范围、效力等	《中华人民共和国电子签名法》第 3 条	电子签名与线下签名具有同等效力，并拓展其适用范围
2	第二章"立案"	规定了微法院的进入方式以及线上立案流程	最高人民法院《关于人民法院登记立案若干问题的规定》第 6 条	简化诉讼流程，法官可视情让当事人少提供或不提供起诉状及证据副本
3	第三章"证据交换、庭前准备"，第四章"庭审"，第五章"调解"，第六章"执行"	第三章规定了使用微法院进行证据交换、召集庭前会议的程序等；第四章规定了相应的案件范围、庭审流程及注意事项等；第五章则规定了使用微法院平台调解的特殊程序，不得在线签署调解笔录及调解协议的案件类型等；第六章规定了如何使用微法院执行工作的原则和流程规范	《中华人民共和国民事诉讼法》第 70 条	法官可根据当事人请求并结合案件客观实际，决定当事人是否需要提供证据原件。正式进行视频庭审之前，法官可组织当事人运用移动微法院以图片、音频、文字等形式进行线上证据交换

续表

序号	章节	主要内容	对比法条	创新之处
4	第七章"送达"	规定了使用微法院电子送达的效力和范围	《中华人民共和国民事诉讼法》第 87 条	法院可通过移动微法院向已经过身份认证、确认电子送达地址并在先同意电子送达的受送达人送达判决书、裁定书、调解书
5	第八章"归档"及第九章"附则"	规定了使用微法院的案件相关诉讼活动如何归档以及法院工作人员应遵守的规则	《中华人民共和国档案法》《人民法院诉讼文书立卷归档办法》	实行电子档案与纸质档案结合的方式归档

(三) 多方考察——移动微法院诉讼制度的潜在问题初探

大数据时代需要破解的首要难题便是消除信息孤岛[1]，实现数据的整合与开放。在此背景下，移动微法院的建设与发展主要面临以下几方面的挑战。

首先，数据闭环削弱司法功能。受到技术条件、资金储备等各方面因素的局限，加之我国疆域辽阔，不同地区的具体条件差异很大，虽然局部法院建立了区域性的电脑网络，但不同地区的网络彼此孤立[2]，审判信息沟通联动不畅。再者，相应的开放度也远未达到智慧法院建设的需求，与检察院、司法局、海关等其他部门的数据尚未实现互联互通，内部系统亦沉淀了大量尚未数据化的信息。在此基础上，类案推送、信息关联、智能化检索等功能难以升级，影响了数据的深度分析与挖掘。

其次，数据安全威胁司法公信。"互联网＋"时代打破了信息系统独立运行、各自为政的局面，与此同时，诉讼信息的流失成为威胁当事人隐私安全的一大障碍。尤其是大数据环境下，数据的互联互通、新型运算法则乃至人工智能的发展，使得互链数据库中的元数据形成巨量累积并大大降低交叉分析的难度，由此形成准确而详尽的个人数据，且极有可能为政府部门或社会组织所掌握，成为辅助其作出相应决策的技术依据。一旦诉讼参与人察觉到法院可能是其隐私流出的渠道，不仅可能引发信访风险，亦将威胁司法公信，有损法院公正、中立的形象。

---

[1]　徐骏：《智慧法院的法理审思》，《法学》2017 年第 3 期。
[2]　杨玉泉：《建立统一的裁判机制，维护司法公正》，《四川省政法管理干部学院学报》2005 年第 9 期。

最后，数据应用消解司法平等。大数据的一项重要功能便是提升司法服务效能，消减诉讼的疏离感。然而，相应的技术壁垒却可能强化诉讼能力的不均，进一步拉大公民与司法的距离，形成新的数字鸿沟。事实上，不仅大数据自身可能存在技术不成熟及应用成本偏高的问题，法院亦可能因近水楼台而扩大与当事人之间的信息不对称，甚至在诉讼参与人之间，掌握更多技术和经济资源的一方往往能更好地获取数据的辅助决策支持，从而加剧诉讼策略博弈过程中的"马太效应"，并进一步分化诉讼参与人寻求司法救济的能力。

另外，移动微法院的诉讼规则再造，亦可引发深度思考。一是案件适用范围尚可拓宽。目前，适用微法院的案件范围并不包括刑事案件，主要考虑到从诉讼程序上来说，刑事审判比民商事审判的要求更严格，从实体层面上来讲，也更需要法官面对面地了解当事人和证人，否则可能影响公正审判，因此司法实践中对于开展网上刑事审判的态度显得尤为谨慎。事实上，不少看守所和监狱已经建立与各级法院联网的远程视频系统，不少法院也已尝试在刑事简易程序中开展远程视频审判。[①] 因此，将微法院的应用范围拓展至刑事审判领域，已经不是一个是与非的问题，而是一个程度大和小的问题。二是程序启动权尤待明确。作为诉讼过程中的一项意思表示，肯定当事人的程序选择权是民事诉讼处分原则的应有之义。一方当事人同意启用微法院仅对其单方生效，否则便剥夺了对方诉讼参与人的程序选择权，但该意思表示的有效范围仍有待界定。换言之，诉讼参与人同意使用微法院的意思表示是否在同一案件的不同审级中均产生效力，是否可能因相应主体（当事人本人或诉讼代理人）的区别而有所不同，目前尚无相关的法律规定。三是法律依据还需完善。目前的民事诉讼法及其司法解释仅对视频庭审及电子送达作了零星的条文规定，尚有大量电子法律交往形式有待立法及司法确认。例如，当事人经身份认证后，在微法院平台上的诉讼活动能否推定为本人所为，当事人未在指定期限内上网质证，或未上线参加视频庭审，或未遵守视频庭审规则，能否视为放弃相应的程序权利等[②]，并无明确规定。而地方法院先行先试，探索制定的诉讼规程，甚至可能出现与上位法不一致的情形，因而效力存疑。例如，《民事诉讼法》规定书证物证要提供原件和原物，《微法院诉讼规程（试行）》则授

_____

① 侯猛：《互联网技术对司法的影响——以杭州互联网法院为分析样本》，《法律适用》2018年第1期。

② 邹立群：《宁波法院移动电子诉讼的情况介绍》，《浙江审判》2018年第6期。

权法官结合当事人请求和案件事实,对经网上质证后无异议,不涉及身份关系或虚假诉讼的证据,决定当事人是否需要提交证据原件,以进一步简化诉讼环节和诉讼资料。另外,《民事诉讼法》明确规定判决书、裁定书、调解书不适用电子送达,《微法院诉讼规程(试行)》则拓展了电子送达的文书范围。考虑到立法的滞后性,适应日新月异的资讯技术,可授权法院结合司法实践制定相应的诉讼规则并明确其效力,通过灵活开放的形式规范具体的诉讼行为。

四 他山之石:移动电子诉讼运行机制的对比考察

(一)域外主要国家电子诉讼运行机制简介

美国电子诉讼起源于 20 世纪 90 年代中期,制度规范的重点主要在于建设网上立案系统以及司法文书电子提交系统。1996 年颁布的《联邦民事诉讼程序规则》拓宽"起诉"一词的外延,将电子手段纳入其中。许多地方性的州法院也对相关条款作出修改,为电子诉讼提供合法性基础。欧盟国家中比较典型的如德国,围绕电子法院政务邮箱、网络调解、语音识别、电子送达等内容开展了一系列改革。[①] 为了方便电子文档的传输,德国修订了《民事诉讼法典》,允许通过专用电子邮箱、官署电子邮箱及电子法院政务邮箱等途径传递诉讼文书,并专门就庭审方式的电子化作出规定。还有一项尤为值得肯定的创新之处,即按照所送达文书的重要性,确定了相应的分级安全标准。例如送达传票时,普通的电子签名即可;在送达文件时应当要求加密的电子签名。意大利、俄罗斯、韩国、澳大利亚等国家也进行了不同程度的探索。如意大利对电子文件数字签名作出规定,承认数字密码加密的文件与书面签名文件效力相同;俄罗斯联邦仲裁法院允许当事人双方在网上填写信息后提交,正式审理时法院仅用传票传唤当事人一次即可;韩国制定了《关于在民事诉讼等程序中有关利用电子文书等的法律》和大法院的《关于利用电子文书等的规则》等法律,为电子诉讼提供合法性基础。澳大利亚法院则采用电话和视频会议技术召开庭前会议,并广泛利用网络技术开展案件管理、开庭审理及证据调查。[②]

---

① 周翠:《德国司法的电子应用方式改革》,《环球法律评论》2016 年第 1 期。
② 方帅:《我国互联网法院设置问题研究》,《电子知识产权》2017 年第 8 期。

（二）不同机制的综合比较与借鉴

首先，立法先行。制度的合法性基础源自法律的承认[①]，信息技术在司法领域的应用及推广需要制度的规范，同样需要法律的支撑。因此，通过完善立法，保障电子法律交往的效力并推动其普及成为各国建设电子诉讼的公共选择。其次，义务规范。为促进电子法律交往，为法律职业共同体设置特殊义务。如德国颁布《电子司法法》，依照该法设想，自 2022 年起，专业人员例如律师、公证员和官署等只能通过电子途径向法院递交书面材料。再次，协同发展。从上述各国的探索来看，电子诉讼改革的重点是对法院与当事人之间电子法律交往形式（例如电子送达、文书提交等）及庭审方式网络化效力的确认，不仅涉及信息化建设，也关系诉讼制度的整体构建，是一项系统工程，需要立法、技术、制度层面的协同发展。

五　去粗取精：移动微法院运行机制的完善路径

移动微法院是移动互联技术与法院工作深度融合的最新成果，全面颠覆了传统诉讼模式，是智慧法院建设的又一个重点方向。如何进一步充实并丰富移动微法院建设的内涵，着力打造移动电子诉讼的"中国样板"，需要我们尝试从以下几方面加以完善。

（一）廓清顶层制度设计

纵观电子诉讼制度的构建过程，有关"管理论"与"服务论"的争论一直绵延不休。"管理论"将电子诉讼与法院信息化建设等同，倾向于将其重点应用于审判质效评估、信访信息管理与案件管理的工具；"服务论"则将基本功能定位于以当事人为中心的司法服务，旨在促进法院和当事人的电子法律交往，并最终建立一种在方便的时间、地点，为当事人、法律职业共同体乃至全社会提供司法信息或服务的制度体系。[②] 换言之，前者止步于法院的内部管理，后者则促使电子诉讼由内向外拓展，延伸为一项社会化的司法服务，这关系移动微法院的建设，是专注于基础设施的

---

① 蔡立东：《智慧法院建设：实施原则与制度支撑》，《中国应用法学》2017 年第 2 期。
② 王福华：《电子法院：由内部到外部的构建》，《当代法学》2016 年第 5 期。

投资以及诉讼业务的功能设计，还是重点关注和规范当事人与法院之间的电子法律交往，进而实现构建电子诉讼的终极目标。而诉讼与审判活动的本质是传递和交流信息的过程，承载信息的物理介质一旦发生变化，必然会改变相应的行为模式。作为一项移动办案诉讼平台，微法院的终极导向便是贯彻司法为民的宗旨，但我们也应注意到：移动微法院的建设，不仅要实现从传统的"当事人围着法院转"到"法院围着当事人转"的重大转变，还要注重规范当事人与法院之间的电子法律交往形式，从当事人和法院的双重角度提高司法效率、促进程序公正，进而在全社会层面加大宣传推广力度，增加司法为民的举措供给。

（二）强化技术资源支持

利用人脸和语音识别、指纹验证、电子签名、访问控制等技术手段，充分防范系统障碍、黑客攻击等技术漏洞引发的风险，增强移动电子诉讼数据信息的安全性。同时，增进数据的互联互通，实现移动电子诉讼平台与通达海审判系统，中国裁判文书网，法信、智审等类案检索系统数据的无缝对接、信息共享。例如，依托裁判文书网与智能检索系统，承办法官可迅速掌握关联案件及类案的审判、执行情况，助力案件调解工作的开展；还可借助与执行案件管理系统的信息共享，加强甄别重复、过时线索的力度，从而提升筛选执行信息的效率。在此基础上，便利既有诉讼信息开展跨设备、跨平台的传导操作。为了契合诉讼进程及受众需要，还需及时调整具体设计，突出简洁明了的界面风格和逻辑鲜明、功能齐全的模块配置，为移动电子诉讼的发展提供强有力的技术支撑与数据保障。而为了建立成熟完备的电子诉讼平台体系，还可尝试采用公开招标等方式引入市场竞争机制，吸引诸多实力雄厚的网络公司参与相应模块的开发、升级与维护，集思广益，共同为执行信息化建设的发展提供强有力的技术支撑与数据保障。

（三）明确诉讼细节设置

一方面，需明确程序启动权并扩大受案范围。司法实践中，尊重诉讼参与人的程序处分权，自主选择是否启动电子诉讼程序自不待言，相应意思表示的范围限于具体案件本身。对于诉讼参与人来说，同意使用电子诉讼的意思表示对案件的不同审级均应有效，但若不同审级的诉讼代理人、辩护人变更，相应的意思表示仅对其有权代理的当前审级有效。另外，事实清楚、法律关系明确、争议不大且经双方当事人同意的简易刑事自诉案件，亦可纳入移动电子诉讼平台流程。另一方面，应强化身份认证并规范文书提交。电子诉讼将传统的身份验证由"面对面"亲历完成转向通过互联网媒介远程操作，故需构建电子诉讼外观主义规则，当事人或诉讼参与人通过人脸识别等方式进入系统后，从事的各项诉讼活动推定为其本人所为。关于诉讼文书的传递，主要有"经认证的电子签名"和"安全的传递途径"两种方式可供选择。[①] 前者严谨安全，但事无巨细要求所有的文书传输环节一概附上经认证的电子签名，有损电子诉讼效率，势必降低相应的程序效益价值，因此，打造安全的传递途径成为不二选择。律师按照诉讼规程要求准备相应的电子诉讼文书，一般传送 PDF 文件即可；随后用户通过选择"提交文件"功能菜单，选择提交诉讼文书的类型及页数、代理当事人的姓名、案件编号等信息，确认之后发送，系统自动生成唯一的文件代码，以防原始文件被篡改（如若发生改动相应编码也会变化），文书的真实性因此得以保证。

（四）规范电子庭审程序

目前，《民事诉讼法》规定了视频庭审，适用范围限于小额程序和简易程序，且须经双方当事人同意。故此，有必要通过立法赋予其正当性，并明确统一适用方式，以便更充分地发挥庭审电子化的效用价值。事实上，传统的诉讼框架一贯秉持直接言词原则，通过在庄严的法庭上进行面对面的庭审，促使法官运用"五听（辞、色、气、耳、目）"等庭审方法判断当事人陈述的真实性，在此基础上形成可靠的心证判断。而法庭作为高度仪式化的场所，更是以高高悬挂的国徽、居中设置的审判台、庄严肃穆的法袍、清脆有力的法槌和带有威慑性的庭审纪律，保障着审判活动的正常运行。比如，法官入庭时应当全体起立，违反法庭纪律的可采取警告、训诫、责令退出法庭等强制措施。然而，互联网环境的自由、随意性却可能使线上审判活动的庄严度与威慑力大打折扣，当事人违反法庭纪律或进行不实陈述的可能性加大。故此，应当在互联网思维的影响下完善相应的诉讼规则，如同意进行远程视频庭审的当事人应到人民法院指定的场所参加诉讼，并确保拥有稳定齐全的基础硬件环境。庭审过程中，如其违反庭审纪律，法官可以采用特定的技术设施使其禁言。当存在网络信号传

[①] 蔡立东：《智慧法院建设：实施原则与制度支撑》，《中国应用法学》2017 年第 2 期。

输不稳定、程序故障等情形，可采用中止诉讼的方式，待不可抗力因素消除后，恢复远程视频庭审。如查实系当事人主观故意导致庭审中断，则可视情况按自动撤诉或按缺席审判方式处理。

（五）统一电子送达标准

移动微法院运行后，工作人员通过微法院向当事人发送了大量文书，当事人也通过移动微法院提交了许多材料。这些文书和材料如何规范，需制定统一的标准。而电子送达直观、便捷，既可提升司法效率，又不影响当事人的实体和程序权益，同时无损司法的权威性与公信力，故此，建议首先明确电子送达的范围。通过推进电子诉讼立法，允许在移动微法院等特定的诉讼平台上送达裁判文书。其次，规范电子送达的具体方式。确定"安全的传递途径"是推进移动电子诉讼的重要支撑。故此，建议最高人民法院联合工业和信息化部认证安全的信息传递途径，即双方共同授权特定网络服务商为用户提供具体的 App 账户，以保障能够通过电子途径安全地传递信息，同时准确识别发送与接收主体。法院系统也可与司法部合作，共同为律师注册专门的微信号，用于律师接收和传递电子诉讼文件。再次，适用电子送达的推定效力。实践中，当事人往往以尚未接受送达为由提出异议，借故延迟或阻碍执行程序推进，因此，采用事实推定的方式（接受电子法院送达条件、确认相应诉讼文书进入特定系统的时间），即可推定其接受了送达，而不论该文书事实上是否被下载、打开或阅读。该方式可显著降低技术鉴别的复杂性，便于利用。另外，建议灵活拓展送达形式，如要求当事人面对移动电子设备的摄像头对在线文书进行阅读并点击确认按钮，送达难问题可迎刃而解。

（六）更新电子档案体系

根据《档案法》第2条的规定，纸质化的实体档案并非其唯一的保存形式，且电子档案体积小、信息量大、易存储、保存时间长，不仅便于执行法官远程调取案卷，也便于当事人查阅和公众及时获取相关案件信息，故而以电子形式存储归档成为实践中的首选。对此，笔者认为立法首先应明确电子档案与纸质档案具有同等效力。关于直接保存电子档案后，是否仍需保留纸质版档案的问题，目前来看仍需一个相应的过渡阶段，即电子档案与纸质档案并存的归档模式。因而通过移动微法院交换各类诉讼文书和材料，不仅需做好与纸质档案的衔接，还需在保障其存储安全可靠的同时，确保案卷材料的完整性和体系化，使用和查找这些材料也应便捷高效。基于该宗旨，诉讼案件中非关键性的流程类信息无须重复打印附卷，在电子卷宗目录中概要记录并附在纸质档案卷宗目录后页即可，从而降低诉讼成本，优化诉讼结构，并促进电子技术的更新与改良。

六 结语

"互联网＋"时代，日新月异的资讯技术正以迅雷不及掩耳之势渗透司法执行活动的点滴环节。故此，围绕"司法为民"的宗旨，通过制度、技术和法律等多元层面开展工具理性与价值理性的双重建构，在此基础上，明确移动电子诉讼制度的设立初衷，强化技术数据资源的支持，并严格规范各项诉讼执行环节，既是拓展司法智慧的应有之义，也是引领司法文明的必由之路。

The Present Operation Situation and Improvement Methods of the Mobile Micro-courts in the "Internet +" Era

Hong Jing

(Ningbo Intermediate People's Court, Zhejiang Province; Ningbo, 315000)

Abstract: Around the tenet of "justice for the people", through the system, technology and law and the level in the dual construction of instrumental rationality and value rationality, entered the mobile design at the top of the court system, strengthening the technical support of data resources, clear action detail Settings, and so on, is not only expanding judicial wisdom should be, also is the necessary way of leading the judicial civilization. In this paper, namely the background to the innovation of the mobile micro-courts, perfecting and development as the guidance, based on the application of the judicial practice, analyzes its operation situation, reflect on the existing system, technology and legal bottleneck, on the basis of comparison and draw lessons from the advanced experience of developed countries, explore the way of concrete crack, in order to help to complete system.

Keywords："Internet +"; Mobile Micro-courts; Operation Situation; Improvement methods

理 论 争 鸣

美国长臂管辖能动司法的合规启示

——从跨国制裁到合规计划

张　坤[*]

（四川遂宜律师事务所；成都，610016）

摘　要：近年来美国监管机构实施跨国制裁，打击跨国企业和美国上市公司在全球范围内的违法或犯罪行为，取得令人瞩目的司法实效。究其原因，关键在于通过立法和能动司法，确立并发展了长臂管辖原则，形成跨国制裁法律体系；并结合美国在国际金融体系、跨国经济贸易、全球技术服务中枢纽地位，在不断的能动司法过程中，发展出一整套包括配合调查、自愿认罪、审前分流、暂缓起诉、合规计划、重大奖惩等配套措施的合作机制；最终依托合作机制和合规计划取得辐射效应，有效确保了长臂管辖跨国制裁的低成本、高效益和实效性，逐步规范合规计划实现企业内部控制，引导形成合规管理制度和合规文化建设浪潮，极大地促进了自由、充分、公平的市场竞争。

关键词：跨国制裁；长臂管辖；能动司法；合规计划；辐射效应

一　引言

美国次贷危机（sub-prime mortgage crisis）以来，美国监管机构开出了巨额罚单[①]，涉及大量跨国企业和美国上市公司在全球范围内的违法或犯罪行为，数额之巨、管辖之广、效果之著，震惊世界。仅 2007 年到 2017 年，监管机构对 43 家企业开出了单笔超过 1 亿美元的罚单就有 52 个，累计罚金达 799 亿美元。从领域上看，被制裁企业主要集中在银行类金融机构及非金融机构（包括制造、能源、通信、工程、航空等重点领

---

[*]　张坤（1980~　），四川遂宜律师事务所主任律师，四川省律师协会民商事委员会秘书长，四川大学法学院硕士研究生校外导师，四川大学博士研究生，主要研究方向为企业合规管理、刑民行交叉，电子邮箱：470299638@qq.com。

①　包括支付罚金和上缴非法所得。

域），其中，22 家金融机构涉及了 31 个罚单，累计被处罚金 622.8 亿美元，占到了总罚单数的 60%、被罚金额的 78%；另有 21 家非金融机构涉及 21 个罚单，累计被处罚金 176.2 亿美元，占到了总罚单数的 40%、被罚金额的 22%。从国别上看，美国企业有 15 家 17 个罚单，受罚金额达 345.7 亿美元，占到总罚单数的 33%、被罚金额的 43%；而对于英国、瑞士、荷兰、日本、法国、德国、中国及中国台湾地区的 28 家企业的 35 个过亿罚单，总罚金为 453.3 亿美元，占到总罚单数的 67%、被罚金额的 57%（见表 1）。

表 1 2007 年至 2017 年监管机构对企业所作罚单涉及领域、国家及地区

领域	涉及企业（家）	罚单数	罚款金额（亿美元）	数量占比	金额占比	国家及地区	涉及企业（家）	罚单数	罚款金额（亿美元）	数量占比	金额占比
金融机构	22	31	622.8	60%	78%	美国	15	17	345.7	33%	43%
非金融机构	21	21	176.2	40%	22%	英国、瑞士、荷兰、日本、法国、德国、中国及中国（台湾）地区	28	35	453.3	67%	57%

资料来源：尚微、蔡宁伟：《美国巨额监管处罚的主体、对象、内容与趋势——基于 2007～2017 年处罚金额过亿美元的典型案例分析》，《金融监管》2018 年第 5 期。

52 桩过亿美元罚金案的处罚事由，可以概括为以下几方面。（1）银行类金融机构的违法行为：一是违反金融管理规定，在次贷危机前存在不当销售、误导客户、操纵同业拆借利率等违反银行监管法规的行为；二是违反反洗钱、反恐怖融资规定，为洗钱或恐怖主义提供便利、存在合规缺陷或监管不力。此类银行类金融机构受罚案共有 14 件，占到了过亿美元罚金案的约 27%。（2）在美国本土或海外经济活动中存在贿赂行为，集中发生在制造、工程、军工、医药、能源等竞争领域，被罚案例 13 件，占 25%。（3）与受美国制裁国家存在敏感或不正当交易，被罚案例 10 件，约占 19%。（4）经营中存在不正当竞争行为，违背诚信，扰乱市场，

如英国、韩国航空公司串通操控市场、美国制药企业虚假广告等被罚案例。（5）环境污染处罚，如2007年美国电力公司被指控多个分支机构存在违规排放，2015年美国杜克能源公司被指控多年一直违法排放污染物。（6）侵犯人权，涉嫌种族歧视，如2013年美国美林银行被指控存在对非洲裔员工的种族歧视。（7）上市公司财务数据造假。

值得注意的是，巨额罚单中，不少受罚企业，既非美国本土企业，其违法行为也并非发生于美国境内，但是基于美国在国际经济交往中的优势地位，通过体系化的制度设计，美国实现了对全球范围内跨国企业和美国上市公司的监管和规范。而长臂管辖原则（Long-arm Jurisdiction）正是美国将其司法制裁和合规计划推向全球的基础。

二　管辖法律依据：长臂管辖的能动司法

美国法律何以启动对跨国企业（特别是非美国企业）全球范围内经营活动（特别是海外行为）的监管、制裁和规范？其制度设计的核心就在于通过司法判例和立法逐步确立发展了长臂管辖原则，并结合美国在国际金融体系、跨国经济贸易、全球技术服务中枢纽地位，设计出一整套包括配合调查、自愿认罪、审前分流、暂缓起诉、合规计划、重大奖惩等合作机制，赋予美国监管机构管辖权和法定范围内的自由裁量权，开启了美国法律的跨国制裁历程，并逐步影响到全球范围内的多个经济体。

跨国制裁的启动，肇始于司法判例所确立的"最低关联标准"[1]（minimum contacts）。1945年美国联邦最高法院在国际鞋业公司诉华盛顿州案[2]中，确立了与被告存在最低联系法院得享管辖的特别管辖权（区别于注册地或经营地存在持续实质联系的一般管辖权），作为以外国公司注册地法院得享管辖的补充，由此建立了以"最低关联标准"作为对外国企业法人行使管辖权的基础。在后来的戴姆勒案（Daimler AG VS. Bauman）判词中，金斯伯格大法官进一步提出，"随着当代经济社会发展，一般管

---

[1] International Shoe Company v. State of Washington, 326 U. S. 310 (1945), "The opinion articulated the standard of 'minimum contacts' that gave rise to much modern jurisprudence in the area of personal jurisdiction", https://supreme.justia.com/cases/federal/us/326/310/.

[2] International Shoe Company v. State of Washington, 326 U. S. 310 (1945), 确立的裁决主旨为 "Personal jurisdiction is constitutionally permissible when a defendant has minimum contacts with the state where a lawsuit is brought such that notions of fair play and substantial justice would not be offended", 即存在"最低关联"便得管辖原则。

辖不再居于统治地位，特别管辖权应成为确定是否对外国企业法人享有管辖权的标准"①，从而在司法层面上确立了对外国企业存在最低关联即可管辖的原则。

在立法层面上，美国国会于2001年通过《爱国者法案》（USA Patriot Act），对涉嫌犯罪的外国企业作出题为"对国外洗钱的长臂管辖"②的专项规定。该法案第317条规定，对于参与洗钱活动的外国人或外国金融机构，只要依照美国《联邦民事诉讼规则》或者所在地的外国法律送达了诉讼文书，且具备下列条件之一，美国法院即可行使长臂司法管辖权：（1）洗钱犯罪所涉及金融交易全部或者部分发生在美国境内；（2）涉及的外国人或外国金融机构对被美国法院追缴和没收的违法所得或犯罪财产提供便利的；（3）外国金融机构于美国境内的金融机构中开设了银行账户的。③根据上述规定，"任何一个法域（或外国），任何一家境外的金融机构，任何在境外开立的银行账户，任何类型的金融交易，如果被怀疑与美国当局所特别关注的违法犯罪活动或者非法金融活动有关，就可能被认定为具有'初步洗钱牵连'，因而遭受相应的反洗钱制裁措施以及所谓的'特别措施'。"④这就从立法层面确认了美国司法部门对外国金融机构在美国境外发生的违反美国有关反洗钱反恐怖融资行为的法定管辖权。

结合司法实践，触发美国长臂管辖的标准或因素包括：（1）违法行为发生在美国境内；（2）与美国企业发生交易；（3）在美国境内设立分支机构；（4）涉嫌犯罪或违法的企业是在美国上市的公司；（5）存在商业合作的第三方实施了触发长臂管辖的违法行为；（6）违反出口管制制度，涉及禁运清单中的禁运设备或制裁国家；（7）通过美国金融机构支付贿款、洗钱；（8）为被美制裁国家转移资金、洗钱提供便利或存在敏感交易。

三　跨国制裁法律体系及其实践

从某种意义上讲，确立长臂管辖权仅仅是美国一厢情愿的单边行动，因此，为了在特定领域实现美国对跨国企业和上市公司司法管辖的实际意

---

① https://en.wikipedia.org/wiki/Long-arm_jurisdiction.
② Sec. 317. Long-arm jurisdiction over foreign money launderers. https://www.govinfo.gov/content/pkg/PLAW-107publ56/pdf/PLAW-107publ56.pdf.
③ 黄风：《从〈爱国者法案〉看美国反洗钱策略的新动向》，《中国司法》2002年第10期。
④ 黄风：《从〈爱国者法案〉看美国反洗钱策略的新动向》，《中国司法》2002年第10期。

义，通过制度建设和实践发展，美国形成了支撑对外国企业及境外犯罪实施长臂管辖的四大法案——《反海外腐败法》《萨班斯奥克斯利法案》《出口管制条例》《爱国者法案》，分别针对发生于美国境外行贿、美国上市公司财务造假和披露不实、反恐怖、反洗钱等违法犯罪行为进行监管，设范立制，指导实践。

（一）《反海外腐败法》（FCPA，Foreign Corrupt Practice Act）

《反海外腐败法》于1977年制定，历经数次修正，从最初仅是对美国本国公司向国外政府官员行贿的规范，逐步成为规范跨国企业和美国上市公司全球商业活动的超级法律。1977年水门事件后，美国上层面临严重信用危机，舆论压力下，美国官方进行了深入调查。随之公布的调查报告显示，400余家大型企业的海外业务中向当地政府官员或公务人员支付了巨额贿款，举国震惊，国会很快以绝对优势通过法案。然而，禁止美国企业海外行贿法案的颁布，直接导致美国企业在海外市场竞争中处于劣势。为此，美国开始致力于这一法案的国际效力：一方面，于1988年修正法案，将外国企业及外国人在美国境内的贿赂行为纳入管辖；另一方面，寻求与各种国际经济金融性组织协作，签署或制定公约，禁止和防范国际经济交往中的腐败行为，共同致力于健康良性的全球市场秩序建设。

1. 规范条款。《反海外腐败法》设立了反行贿条款（anti-bribery provisions）和反会计作假（accounting provisions）条款，针对不同的犯罪主体和犯罪行为进行规范。反行贿条款主要针对美国人、美国公司和跟美国存在利益关联方，对外国政府官员的行贿行为，司法部（department of justice）是这一条款的执法机构。会计条款适用于在美国上市的公司，要求建立系统、完整、精确的财务账册，不得做假账以掩盖贿赂行为，联邦证券委员会（security exchange commission）是这一条款的执法机构。

2. 监管对象。按照法案规定，跨国企业、上市公司的管理人员、董事、职员、股东、代理人、合作方①，都受到严格监管。具体可以归纳为以下几种。

① "The FCPA can apply to prohibited conduct anywhere in the world and extends to publicly traded companies and their officers, directors, employees, stockholders, and agents. Agents can include third party agents, consultants, distributors, joint-venture partners, and others." Spotlight on Foreign Corrupt Practices Act, https://www.sec.gov/spotlight/foreign-corrupt-practices-act. shtml.

（1）企业，包括美国公司（含分支机构）以及在美国上市的外国公司。美国公司为按照美国法律成立，注册地或主营地位于美国的总公司、合伙企业、协会、联合股份公司、信托、未合并组织或独资企业，以及前述主体的分支机构。美国上市的外国公司，是按照美国法律成功登陆美国资本市场进行股票发行的外国企业。

2008年德国西门子公司涉嫌在阿根廷、孟加拉国、伊拉克、越南、阿根廷等国向当地政府官员行贿被美国立案调查。根据美国证券委员会调查，西门子公司多年来通过系统设计、精心包装，或通过第三方，或炮制合法形式，逃避审计，在多个新兴国家及发展中国家的市场竞争中向当地政府官员行贿以获得不正当利益。对此，美国执法机构开出8亿美元罚单，与此同时，德国执法机构也开出8.14亿美元的罚单。值得注意的是，西门子的海外行贿行为并未发生于美国本土，受贿官员与美国并无关联，企业注册地也并非美国，涉案的8名企业高管均非美国国籍。但是由于西门子是在美国发行股票的上市公司，其海外经营活动受美国《海外反腐败法》规范。并且，从管辖的实际效果看，作为对上市公司实施集中统一监管的职能部门和权力机构，手握西门子在美国资本市场的命门，美国证券委员会轻松实现了对西门子公司的跨国制裁。

（2）个人，包括美国公民、美国国民或者定居在美国的自然人，以及前款所述企业的股东、董事、高管、职员、雇员。为加强惩处，《海外反腐败法》对违法企业及代表企业履职的个人，设置了双重处罚，这一制度设计，在与被调查企业的合作机制中，对于争取个人及企业配合，发挥了极其显著的积极效果。

（3）第三方，包括跨国母公司的海外子公司，国际合资企业、顾问方、承包商、分销商、代理人、联合体或其他任何形式的合作方。

上述三个层次的监管对象，建立起一张控制被监管企业的自上而下、由内而外的严密大网，要求跨国企业和上市公司，不仅要规范自身的经营行为，而且要严格约束代表企业履职人员的职务行为和个人行为；并且，母公司要对其控制或施加实际影响力的第三方行为负责，防止母公司通过第三方绕道行贿。

3. 腐败手段。法案规定，出于钱权交易的行贿意图，在全球范围内①

---

① "anywhere in the world"，Spotlight on Foreign Corrupt Practices Act，https://www.sec.gov/spotlight/foreign-corrupt-practices-act.shtml.

以任何腐败手段行贿当地政府官员都属于违法行为，包括支付、提供、承诺支付或授权第三方支付或提供金钱或有价值物品的一切不正当支出行为。海外营销中的不当支出行为，是《海外反腐败法》防控重点，按照长臂管辖原则，美国会主动发现一切可能产生管辖权的牵连点，启动制裁程序。2010 年，阿尔卡特朗讯拉丁美洲部门的法国籍经理，在过境美国转机时，被美国司法部以海外行贿为由实施逮捕，管辖理由即为行贿款项系通过美国银行转账支付。

4. 制裁方式。法案设置了多个层次的违法制裁措施，包括因犯罪行为而承担刑事责任、因侵权而对受害人或竞争对手承担的民事赔偿，以及面临禁止参与特定交易、剥夺进出口资格、禁止进行股票交易、列入交易黑名单等市场处罚。特别是在刑事责任领域，法案对违法企业设置最高200 万美元的罚金，对自然人设置最高 10 万美元罚金和 5 年以下监禁，并且，根据选择性罚款法的规定，为了加大惩处，可以处以意图获取的非法利益 2 倍的罚金，因此，出现了诸多天价罚单，甚至成为美国政府的"现金奶牛"。

（二）出口管制制度

美国历史上，一直将出口管制、武器禁运作为对敌对国家制裁的基本手段。"9·11"事件后，基于国家安全利益和国家安全战略，美国加大了出口管制制度执法力度。《出口管制条例》（Export Administration Regulations，下称"EAR"）、《出口管理法》（EAA，Export Administration Act，已过期）、《武器出口管制法》（AECA，Arms Export Control Act）、《国际紧急经济权力法案》（IEEPA，International Emergency Economic Powers Act），均是国会颁布并经总统签署的正式法案，是这一领域最高级别立法，共同构成当今美国出口管制制度的坚实基础。

出口管制制度旨在禁止任何企业将美国生产的管制设备以任何方式出口到美国禁运或制裁的国家。第一，必须明确禁止出口产品为一切原产于美国的"管制设备"，包括但不限于军事器材、军用设备设施、计算机软硬件、通信设施设备、高新科技成果等各种美国原产的产品、软件、技术和服务，指向军用及军民两用产品，对不同出口产品进行分类管制。第二，被禁运国家或机构清单，应参考《出口管制条例》清单，如伊朗、古巴、苏丹、朝鲜及叙利亚五国被美国政府列为全面禁运国，另有多国企业因可疑交易也被列入制裁清单。第三，出口管制具有美国域外效力。一方面，原产于美国的产品或技术不可以通过任何形式（出口、再出口、转卖）流转至被禁运国家为其所用；另一方面，非原产于美国的产品或技术（Non-U. S. -made Items），"符合以下标准中的一项或多项时，就会受到《出口管理条例》的限制：运输途径美国；产品成分中有超过特定比例的美国来源成分（根据不同的出口目的国，比例为 10% 或 25%）；直接采用美国的技术或软件生产的'直接产品'"①，赋予出口管制以域外效力。第四，对于违反出口管制的组织和机构，可以采取多种制裁惩罚措施，如剥夺出口权、禁止从事相关行业、处以高额罚款、对负有责任的个人追究刑事责任等。

中国企业在美国出口管制领域得到了深刻教训。2011 年，美国法院以非法对华出口美国国防物资罪判处深圳驰创公司董事长吴振洲 8 年监禁，同时驰创公司被禁止从事出口交易。2017 年，中兴通讯就因违反美国政府出口管制规定，受到刑事追诉，签署认罪和解协议，同意支付约 8.9 亿美元罚金和暂缓支付 3 亿美元罚金。2018 年美国以中兴通讯在之前的报告中存在 "欺骗、虚假陈述和一再违法美国法律"（Deception, False Statements, and Repeated Violations of U. S. Law）的不诚信行为为由，重启对中兴通讯的制裁禁令。虽最终再次达成认罪和解协议，但中兴通讯为此付出了极其高昂的罚金，并承诺整改，施行最为严格的合规管理制度（见表2）。

表 2　2017 年和解协议确定的中兴通讯罚金数额

美国政府部门	罚款类型	罚款金额（亿美元）	付款期限	付款方式
BIS	行政罚款	3.61	BIS 签发和解令后 60 日	一次性付款
DOJ	行政罚款及没收款项	4.30	法院裁定后 90 日内	一次性付款
OFAC	行政罚款	1.01	本公司在收到协议未签署副本的 15 日内作出付款安排	一次性付款或分期付款（待定）
合计	舢	8.92	舢	舢
BIS	行政罚款	3.00	自本公司与 BIS 达成的协议生效之日起 7 年内暂缓支付，七年暂缓期届满后若本公司履行与 BIS 达成的协议要求的事项，此罚款将被豁免支付	

资料来源：《中兴通讯被美国全面封杀留下的五大血泪教训》，http://tech. qq. com/a/20180418/010321. htm。

---

① 方建伟、乔亦眉：《美国出口管制制度与企业合规建设》，http://www. zhonglun. com/content/2017/03 – 16/1109532901. html。

（三）《萨班斯奥克斯利法案》（Sarbanes-Oxley Act）[①]

2002 年《萨班斯－奥克斯利法案》的出台，是在美国一系列上市公司财务造假丑闻后应运而生的，它要求上市公司必须设立独立的会计监管委员会，明确了公司财务报告责任和财务披露义务。相较于 1933 年《证券法》和 1934 年《证券交易法》对资本市场的基本指引和规范，《萨班斯－奥克斯利法案》有以下几个特点。

首先，法案开宗明义，要求美国上市公司"严格遵守证券法律以提高公司披露的准确性和可靠性，从而保护投资者及其投资目的"[②]，以稳定和重塑经历资本市场投资者信心。

其次，被称为最昂贵条款的法案第 404 条，明确要求全美上市公司必须建立严密的合规体系：内部控制体系和程序（the internal control structure and procedures）。根据权威机构调查显示，321 家美国大型企业第一年为实施 404 条款完成内部控制系统总成本平均超过 460 万美元。[③]

最后，法案加大了对上市公司高管及会计从业人员的法律责任，鼓励上市公司企业员工进行检举控告，并对违法企业和个人设置了高额处罚和较长刑期。

135

（四）《美国爱国者法案》（USA Patriot Act）

"9·11"事件后，美国调整国家战略，强化反洗钱、反恐怖融资措施，切断恐怖主义资金来源，打击为恐怖主义提供资助或便利的行为，并于 2001 年通过《美国爱国者法案》。

法案旨在：第一，强化美国预防、侦查和指控洗黑钱和资助恐怖主义的措施；第二，对域外司法管辖区、外国金融机构、易被刑事犯罪滥用的国际交易或账户类别实施特别审查；第三；要求金融服务业所有有关部门对可能存在的洗黑钱行为进行及时报告；第四，强化措施防止外国官员利用美国金融体系牟取私利，并为将犯罪所得资产返还其所属国家和公民提

[①] 该法案正式名称为《上市公司会计改革与投资者保护法案》，由参议院银行委员会主席萨班斯（Paul Sarbanes）和众议院金融服务委员会（Committee on Financial Services）主席奥克斯利（Mike Oxley）联合提出，故以二人命名。

[②] 孙杰：《萨班斯法案能否改善公司治理，根治盈余操纵？》，《国际经济评论》2006 年第 11~12 期。

[③] 健君：《美国法律如何管到全球八成企业》，《新产经》2019 年第 2 期。

供便利。①

　　为最大限度地实现对双反和被制裁国家的超级监管，法案确立了认定外国企业在美国境外法域（尤其是在新兴经济体、发展中国家和避税天堂岛屿）存在违反双反的犯罪行为、触发美国管辖的标准：（1）有证据表明有组织的犯罪团伙或国际恐怖主义分子在该法域开展过经济活动；（2）位于该法域的金融机构为该法域的非居民提供了特殊保密手段或金融监管优待；（3）该法域在银行监管和反洗钱立法方面表现出明显的薄弱；（4）发生在该法域的金融交易数量明显超出该法域的经济水平；（5）该法域被权威国际组织或者多边经济机构认定为从事离岸银行业务地区或者秘密金融避风港；（6）该法域与美国之间不存在司法协助关系，并且美国的执法机构和金融监管机构很难从该法域获取有关情报；（7）该法域存在严重的腐败问题。② 通过体系化标准，最大限度地行使超级管辖权。

　　在监管措施上，基于美元以及美国在国际货币体系中的强势地位，对违反规定的组织或机构采取以下制裁措施："建立名单制裁、名单管理等机制……不仅可能面临巨额处罚，还可能失去与美国、美国机构的交易资格，失去美元的交易通道，失去美国及相关国家和地区的市场份额。"③

四　审前分流合作机制及合规启示

　　从艰难实施跨国制裁到在全球范围引导推进企业合规计划（corporate compliance），除了前述跨国制裁法律体系的逐步构建，更重要的是基于长臂管辖的特殊性和局限性，发展能动司法智慧：审前分流合作机制。以《反海外腐败法》为例，其规范的对象为最有财力资本和社会影响力的企

---

① "To strengthen U. S. measures to prevent, detect and prosecute international money laundering and financing of terrorism; To subject to special scrutiny foreign jurisdictions, foreign financial institutions, and classes of international transactions or types of accounts that are susceptible to criminal abuse; To require all appropriate elements of the financial services industry to report potential money laundering; To strengthen measures to prevent use of the U. S. financial system for personal gain by corrupt foreign officials and facilitate repatriation of stolen assets to the citizens of countries to whom such assets belong. " https://www. fincen. gov/resources/statutes-regulations/usa-patriot-act.

② Sec. 311. Special measures for jurisdictions, financial institutions, or international transactions of primary money laundering concern. https://www. govinfo. gov/content/pkg/PLAW - 107publ56/pdf/PLAW - 107publ56. pdf.

③ 尚微、蔡宁伟：《美国巨额监管处罚的主体、对象、内容与趋势——基于2007~2017年处罚金额过亿美元的典型案例分析》，《金融监管》2018年第5期。

业及其实际控制人或资深职业经理人；规范的行为多发生于美国境外，涉及当地政要和权贵，甚至某些情况下，违法企业刻意选择了与美国未建立外交关系或司法协助的国家或地区；同时，为了掩盖交易的违法性，违法企业通常会采取合法交易形式并对会计账目进行合法化包装；取证极为困难。这些都是制约《反海外腐败法》有效实施的先天缺陷。但是从最近十来年实施成效看，《反海外腐败法》用较少的司法资源，以雷霆万钧之势，进行了卓有成效的调查和处罚，并以有效的机制推动了美国跨国企业和上市公司的合规建设，更进一步，甚至在全球范围内掀起合规浪潮，不得不引发我们对《反海外腐败法》能动司法智慧的深入探究。

所谓审前分流合作机制，就是在违法企业自愿认罪的前提下，由美国执法机构按照法定标准和法定程序对违法企业作出评定，就配合调查、如实报告、处罚金额、整改措施、合规计划、保留追诉等方面达成交易，订立认罪和解协议，从而达到减少调查成本、实现法律制裁、保持法律威慑、帮助企业重振、引导合规建设、塑造良性竞争等多重法律实施目的。

（一）合作机制

1. 联邦证券委员会主导的合作机制。2001 年联邦证券委首次发布了被称之为 "Seaboard report"[①] 的合作公告，开启跨国制裁中的合作机制。到了 2010 年，联邦证券委正式发布由合作协议及其他合作工具构成的合作机制[②]，同时就个人在调查和执法中合作评价设立了政策框架。2015 年，联邦证券委员会执法部官员关于《联邦证券委员会合作机制五年回顾》[③] 的讲话中：（1）再次重申了证券委员会评估企业 "合作机制" 的四个要素，包括：自律政策（self-policing）、主动报告（self-reporting）、补救措施（remediation）、合作程度（cooperation）；（2）建立正式合作机制（Creation of the Formal Cooperation Program）及合作协议（Use of Cooperation Agreements）、参与机制（Use of Admissions）、污点证人（Use of Reverse Proffers）等合作工具的历程；（3）指出辅以作出对违法企业有利认定、减少对其指控、降低罚金等配套措施，能有效争取企业的合作，达到帮助企业恢复重建的效果。

2. 美国司法部主导的合作机制。1999 年签署的《联邦法人起诉指南》

137

---

① https://www.sec.gov/litigation/investreport/34-44969.htm.

② https://www.sec.gov/rules/policy/2010/34-61340.pdf.

③ https://www.sec.gov/news/speech/sec-cooperation-program.html.

（又称《霍尔德备忘录》），规定了联邦检察官决定是否对法人提起诉讼的八大因素[①]：（1）犯罪的性质和严重程度；（2）犯罪行为在该法人内部的普遍程度；（3）有无前科；（4）自首和合作；（5）合规计划及其有效程度；（6）补救措施；（7）造成的后果；（8）非刑事救济措施。据此，检察官有权作出免予起诉的决定。到2003年签署的《汤普森备忘录》[②]，提出了审前分流协议，进一步鼓励企业选择积极主动、全面诚实的合作，对于不符合免予起诉的企业，可以视其合作程度和合作诚意签订暂缓起诉协议，给予企业重塑的机会，并逐渐成为处理企业犯罪的基本模式。从司法实践看，暂缓起诉期限为1~3年，要求自愿认罪、如实报告、减免或暂缓罚款、内部治理和合规计划、保留追诉权力、签订认罪和解协议。

（二）合规计划

1991年美国联邦量刑委员会发布《联邦量刑指南》，将"合规计划"（Cooperation and Compliance Program）引入刑事司法领域，被视为发现、矫正、预防企业犯罪的内控机制，并通过多年司法实践，成为审前分流是否决定免予起诉或暂缓起诉的重要考量因素。按照指南，企业构建有效合规计划有七项标准[③]：（1）建立合规政策和标准以防止犯罪行为发生；（2）设置专职高管，独立监督检视合规政策和标准；（3）不得聘用有犯罪前科记录的高管；（4）须通过系统培训，有效普及企业合规政策和标准；（5）应采取一切可能之合理措施，如引入审计、鼓励举报，保证企业及员工行为合规；（6）建立合规惩戒机制；（7）根据新发生的违法犯罪，不断修改完善合规计划。这就在企业内部建立起一个形成闭环并不断自我完善升级的内部控制系统。

（三）合规启示：辐射效应

第一则启示：通过设置合作机制辐射多个执法环节，实现企业在执法

---

① Memorandum from Deputy Attorney Gen. Eric H. Holder to All Component Heads and UnitedStates Attorneys, Bringing Criminal Charges Against Corps (June 16, 1999), available at http://www.usdoj. gov/criminal/fraud/docs/reports/1999/chargingcorps. html, reprinted in 66 CRIM. L. REP. 189 (1999) [hereinafter H.

② Memorandum from Larry D. Thompson, Deputy Attorney General, to Heads of Department Components and United States Attorneys (Jan. 20, 2003), available at http: //www.usdoj. gov/dag/ cftf/corpora.

③ https://www.ussc. gov/guidelines/2018-guidelines-manual/2018-chapter-8#NaN.

调查、犯罪追诉、审判量刑阶段的主动配合，有效确保了长臂管辖跨国制裁的低成本、高效益和实效性。一方面，法律制度上设置了严刑峻法，违法企业将承担高额违法成本，面临灭顶之灾；另一方面，司法实践中建立了合作机制，通过作出有利认定、减少指控、降低罚金、暂缓起诉与违法企业进行交易，达到由企业积极主动、全面诚实完成调查配合、自愿认罪、罚金缴纳的追诉效果；并且，根据企业是否如实报告、整改措施落实情况以及合规计划实施情况，执法机构有权重启制裁或进一步进行处罚减免。

第二则启示：辐射企业内部全机体具有内生力量的合规计划，在企业内部建立起一个形成闭环并不断自我完善升级的内部控制系统。这些内控系统包括编制合规手册、完善组织机构建设（合规管理成独立职能，设立首席合规官，独立进行合规审查）、高管及企业员工培训、第三方接触指引、对新出现犯罪合规管理的及时更新等系统制度。通过确定合规计划在认定涉案企业是否构成犯罪、是否适用免予起诉或暂缓起诉协议中的重大意义，合规计划和合规建设就成为美国企业从事经济活动的价值导引和行为指南，并且，由于合规计划具有不断自我修缮功能，形成了企业内部自上而下合规管理的良性生态系统。

第三则启示：辐射对象的多层次性，决定了合规计划的外部影响力，并最终形成全社会甚至全球范围企业合规管理制度和合规文化的建设浪潮，极大地促进了全球范围内自由、充分、公平的市场竞争。和解协议和合规计划对：（1）被制裁的跨国企业及上市公司本身；（2）被制裁企业的子公司、分支机构、投资对象及合资企业；（3）被制裁企业的合作伙伴、供应商、经销商、其他第三方均产生辐射效力，这种辐射效力强力推动合规管理制度和合规文化建立走向企业外部，走向市场经济，实现合规计划由内而外的社会影响力。

American Long Arm Jurisdiction

—From Transnational Sanctions to Compliance Programs

Zhang Kun

（Sichuan Suitability Law Firm；Chengdu，610016）

Abstract：In recent years, US regulators have implemented transnational sanctions to combat illegal or criminal behaviors of multinational corporations and

US listed companies on a global scale, and achieved remarkable judicial re-sults. The key reason lies in the establishment and development of the long-armed jurisdiction principle through legislation and active justice, and the formation of a transnational sanctions legal system; and in combination with the United States in the international financial system, transnational economic trade, global technology service hub position, continuous dynamic In the judicial process, a set of co-operation mechanisms including supporting investigations, voluntary confession, pre-trial diversion, suspension of prosecution, compliance plans, major rewards and punishments, etc. have been developed; ultimately, relying on cooperation mechanisms and compliance programs to achieve radiation effects, effectively ensuring The long arm governs the low cost, high efficiency and effectiveness of transnational sanctions, gradually standardizes the compliance plan to achieve internal control of the enterprise, and guides the formation of a compliance management system and a culture of compliance culture, which greatly promotes free, full and fair market competition.

Keywords: Itransnational Sanctions; Long-armed Jurisdiction; Active Justice; Compliance Program; Radiation Effect

民事庭审优质化视域下自认制度的完善

吕　辉*

（西南政法大学人工智能法学院；重庆，401120）

摘　要：自认制度对民事诉讼庭审优质化改革具有极大的促进作用，在民事诉讼庭审优质化改革如火如荼的背景下，应当高度重视自认制度的完善和有序运行。由此，必须反思司法实践中存在的诸多问题，如自认适用范围局限，当事人自认不够主动积极，任意撤回自认缺乏规制以及虚假自认未有效防治。在此基础上针对性提出完善对策，包括从空间、对象、方式、效力等层面拓展自认适用范围，从诉答程序、证明妨碍和不知陈述等视角建构强制自认机制以及建构禁反言具体规则和完善虚假自认预防机制。

关键词：民事庭审；优质化改革；自认制度；禁反言

一　引言

中共十八大提出"以审判为中心"司法改革核心举措后，中共十八届四中全会《中共中央关于全面推进依法治国若干重大问题的决定》进一步提出"构建以审判为中心的诉讼制度"改革举措。最高人民法院《关于全面深化人民法院改革的意见——人民法院第四个五年改革纲要》（法发〔2015〕3号）明确提出建立以审判为中心的诉讼制度，实现诉讼证据质证在法庭、案件事实查明在法庭、诉辩意见发表在法庭、裁判理由形成在法庭。在民事诉讼领域的改革则体现为"民事庭审优质化"，旨在通过民事诉讼庭审方式的优化改革，促进民事庭审质效的大幅度提升，具体来说这种改革主旨和目标定位包括案件审判质量的最优化、案件审判效率的最优化、当事人司法获得感的最优化、法官司法水平发挥的最优化和司法裁

---

* 吕辉，西南政法大学人工智能法学院（中国仲裁学院）法学教师，讲师，法学博士，四川大学法学博士后，主要研究方向为民事诉讼法、司法制度、证据法学、仲裁学等。

判公信力的最优化。遵循司法改革的一般规律，民事诉讼庭审优质化改革必须建构充分的保障机制。具体而言，通过繁简分流，建构一个立体、动态、分层的分流机制，进而破解人案矛盾，实现"简案快审、繁案精审"，已经成为促进民事庭审优质化改革的关键基础。在此视域下，自认制度的再完善有助于促进当事人充分履行完整、真实、具体陈述义务，帮助法官有效归纳争议焦点，使人民法院和各方当事人有效围绕争议焦点配置司法资源或诉讼资源。可见，自认制度的进一步改进对民事庭审优质化改革的实质促进发挥着不容忽视的功效。本文主要从如何能够有效促进民事庭审优质化改革的视角观察，运用实证分析的方法分析民事诉讼中自认制度的运行状况，尤其是自认制度在司法实践中存在的运行障碍，在充分剖析成因的基础上，针对性提出相应的完善路径。

二 价值剖析：自认制度对民事庭审 优质化改革的促进功能

在民事庭审优质化改革需要确保法官集中精力审理真正存在争议且疑难复杂案件的语境下，自认制度的完善和充分运用使得大量案件简化，并帮助筛选出真正具有争议且疑难复杂的案件，有效解决了民事诉讼庭审"走过场"的问题，它是庭审审判方式变革的重要配套机制，毋庸置疑对民事庭审优质化改革具有极大的促进作用。

（一）民事庭审优质化改革的重要保障

随着我国民事诉讼庭审规则的不断发展完善，民事庭审逐渐迈入优质化改革阶段。我国民事庭审优质化改革是"以审判为中心"司法改革在民事诉讼领域的具体体现，需要一个有序推进的过程。这一时期，我国民事庭审优质化改革是一个系统性的顶层设计，既需要宏观意义上的改革，也需要微观意义上的改革。① 从此视角看，尤其是需要完善的程序分流机制，包括起诉前的分流机制、审前程序中的分流机制以及诉讼中的分流机制。只有实现"简案快审、繁案精审"，方可有效化解审判力量与审判资源供需矛盾日益加剧的问题。从民事庭审优质化改革的实践看，较为典型和成

---

① 汤维建：《民事庭审优质化改革的理论与实践》，《贵州民族大学学报》（社会科学版）2016年3月。

功的是成都市中级人民法院，该院主要是通过深入推进"线上＋线下"共治的诉源治理格局，创新开展审判辅助事务，进一步强化多元化纠纷解决机制的运用等多种措施，确保法官有时间、有精力细致审理疑难、复杂案件，尤其是保障法官只从事审判活动中最关键、最核心的开庭审理和裁判文书撰写等工作。① 在"诉讼爆炸"背景下，法官案件审判压力依然较大，需要充分完善程序分流在内的各种保障机制，实现审判资源的有效使用，尤其是确保法官将精力集中于真正存在争议且疑难复杂案件的审理。另外，根据民事诉讼庭审优质化改革要求，需要在民事诉讼庭审制度和理念上修正辩论主义和自由主义的思潮，不可一味强调对抗性而忽视了当事人诉讼协力义务的履行，通过制度设计，如自认制度等，确保当事人诚信参与诉讼，帮助法院高效归纳争议焦点，将司法资源和当事人诉讼资源聚焦于解决真正存在的争议。

（二）自认对民事庭审优质化改革的促进

20 世纪 80 年代末，我国民事诉讼模式开始向当事人主义转型，辩论主义开始逐渐成为调整法院和当事人之间关系的基本准则之一。② 在司法实践中，辩论原则的凸显和强调使得诉讼逐渐成为一种竞技，法院对案件事实的查明更多依赖证据证明，当事人尤其是诉讼代理人对案件事实的消极确认极大限制了庭审效果的实现。在一方当事人独占证据时，辩论主义所预设的前提将不复存在，人民法院将无从查明案件事实。即便另一方当事人费尽全力寻找到证据，也造成了诉讼资源的极大浪费。在此背景下，这种传统以辩论主义和自由主义为基础的民事诉讼价值取向和程序理念开始备受质疑。尤其是在民事庭审优质化改革背景下，更加强调民事诉讼程序的公法职能，强化对实质正义的追求，适度限制当事人的诉讼权利，尤其是对事实和证据的处分自由。进而在理论产生了当事人对民事诉讼的促进义务，尤其是非负担证明责任当事人对事实陈述及证据提出的协力义务。不负担证明责任的一方当事人有义务协助受诉法院对案件事实进行查明，尤其是如实陈述，特别需要注意的是，这种协力关系是受诉法院与具有协力义务当事人之间的具有公法性质的诉讼关系，有利于当事人实现实

143

① 吕辉：《中国民事庭审优质化改革评析》，《中国法研究》（第 36 辑）2018 年 11 月。
② 孙彩虹：《社会转型时期我国民事纠纷解决机制研究》，中国政法大学出版社，2016，第 160 页。

质意义上的武器平等。① 自认制度的产生，契合了这一发展趋势，对当事人主义和辩论主义进行了适度的修正，使得民事诉讼庭审的重点能够有效聚焦于真正存在的争议，使得无论是基于民事诉讼庭审优质化理论发展的考量，抑或是从司法实践的现实需求看，均具有重大的现实意义。

具体来说，一方当事人自认的事实，对方当事人无须举证，在学理上被称为自认制度。自认制度的有关规定最早见于最高人民法院《关于民事诉讼证据的若干规定》（2002 年 4 月 1 日施行，以下简称《民事诉讼证据规定》），该规定第 8 条规定，除涉及身份关系的案件，一方当事人对另一方当事人陈述的案件事实明确表示承认的另一方当事人无须举证。《最高人民法院关于适用〈中华人民共和国民事诉讼法〉的解释》（2015 年 2 月 4 日施行，以下简称《2015 年民事诉讼法司法解释》）第 92 条对自认制度进一步完善，该条文规定，除涉及身份关系、国家利益、社会公共利益等事项外，一方当事人在法庭审理中，或者在起诉状、答辩状、代理词等书面材料中，对于对己不利的事实表示承认的，另一方当事人无须举证。根据前述规定，自认可以产生免证的法律效果，使得当事人可以有效减少收集证据导致的诉讼资源投入，也可免去人民法院因证据调查和认证导致的司法资源浪费，还可极为有效提升人民法院审判的质效。因此，在民事诉讼庭审优质化改革如火如荼的背景下，自认制度的完善和良性运行显然在较大程度上修正了当事人主义和辩论主义的不足，极大程度上化解了诉讼竞技化问题，通过当事人充分履行协力义务，如实陈述案件事实，有助于节省人民法院司法资源和当事人诉讼资源的投入，契合了程序相称原理的要求②，可有效实现"繁简分流"，化解"案多人少"矛盾，并筛选出真正具有争议和疑难复杂的案件，最终助推"简案快审、繁案精审"，可在较大程度上有效助推民事庭审优质化改革。

三 实践观察：自认在民事诉讼庭审优质化视域下的运行瑕疵

自认制度作为民事诉讼中的重要制度，对民事庭审制度有着重要影

---

① 李晓丽：《法院证据调查制度研究》，中国政法大学出版社，2014，第 194 页。
② 民事诉讼程序的设置应当与所处理的案件的性质、特点相适应，已成为民事诉讼程序设计和运行应当遵循的基本原理，即程序相称原理。参见刘敏《原理与制度：民事诉讼法修订研究》，法律出版社，2009，第 29 页。

响，其在司法实践中的运行瑕疵也在较大程度上限制了自认制度对民事诉讼庭审优质化改革促进作用的发挥。因此，基于促进民事诉讼庭审优质化改革的需要，必须对自认制度的司法运行进行反思，并系统总结存在的主要问题，分析其成因。尤其需要注意的是，我国自认制度在司法实践中的功能发挥遭遇较大限制，主要原因在于程序性制裁不足，未形成体系化的规制机制。

（一）自认的范围较为局限

从自认范围的视角看，《2015 年民事诉讼法司法解释》整合了《民事诉讼证据规定》第 8 条和第 74 条的内容，将自认的范畴从法庭上的陈述拓展至诉讼材料中对己不利事实的承认，是法律规范制定的重大进步。[①] 需要指出的是，现行自认制度仍存在较大的局限性。一是自认的空间较为局限。从我国现行法律规定和司法解释看，自认仅局限于民事诉讼庭审过程中，包括民事诉讼庭审中的陈述和民事诉讼庭审中使用的法律文书，如起诉状、答辩状、上诉状、代理词、鉴定申请等，并不包括诉讼外的自认。通常而言，诉讼外的自认没有相应的法律约束力，从理论的视角观察，多将其视为一种证据。二是自认的对象较为受限。从我国现行法律规定和司法解释看，自认仅局限于对事实部分的承认。从理论的视角和司法实践的视角观察，自认的对象还应当包括对权利的认诺。三是自认的方式较为有限。根据现行民事诉讼法和司法解释的规定，结合司法实践中的做法，不难发现，我国自认制度的中的"承认"要件是一种对不利事实直接、积极、明确的承认。虽然《民事诉讼证据规定》第 8 条第 2 款被认为是默示自认的规则性依据，即"对一方当事人陈述的事实，另一方当事人既未表示承认也未否认，经审判人员充分说明并询问后，其仍不明确表示肯定或者否定的，视为对该项事实的承认"，而《2015 年民事诉讼司法解释》对于当事人的默示行为并未纳入自认范畴。四是根据《民事诉讼证据规定》第 67 条之规定，基于和解或调解对事实的妥协不构成自认，限制了自认的认定。

（二）当事人自认不够主动积极

从民事诉讼基本原理视角出发，当事人包括不承担证明责任的当事人

[①] 沈德咏主编《最高人民法院民事诉讼法司法解释理解与适用》，人民法院出版社，2015，第 318 页。

在民事诉讼中均具有真实完全、具体化陈述义务。[①] 在此原理要求下，只有在特定情况下，当事人方可做不知陈述，且不能做虚假陈述。这种真实、具体、完整陈述义务当然包括了对己不利事实的承认，通过自认可有利于保障程序与裁判的内在品质。遗憾的是，由于这一原理并非民事诉讼的具体规定，也没有相应的违法后果，且一旦在民事诉讼过程中自认会造成对方当事人免证法律效果，极为不利己方诉讼主张，使得当事人尤其是诉讼代理人在民事诉讼中基于趋利避害的本性考量通常故意回避相关陈述，在庭审过程中就对方当事人提出的特定事实作不知陈述或模糊陈述，甚至做虚假陈述，拒不对不利于己的事实承认，导致自认制度无从落实。此外，由于民事诉讼现行规定中任意答辩制度的存在，使得当事人通常将不按照要求书面答辩作为诉讼技巧，同时在司法实践中，起诉状书写较具模糊性和抽象性，这种诉答程序运行失灵的现状也限制了当事人在民事诉讼中真实、具体、完整陈述义务的落实，不利于自认制度的有效运行。

（三）任意撤回自认缺乏规制

在民事诉讼中，当事人做矛盾陈述的现象时有发生，可能在一次庭审中进行相反陈述，也可能在两个审级程序中做矛盾陈述。这种矛盾陈述或相反陈述以及对在先陈述反悔，本质上是对自认的任意撤回，根据民事诉讼法基本原理，属于民事诉讼诚实信用原则规制的范畴。针对前述情形，英美法系基本已经形成完善的禁反言规则体系，而大陆法系国家则主要将禁反言作为诚实信用原则的分类理解。我国《民事诉讼法》在2012年修正时，增设了诚实信用原则，即现行《民事诉讼法》第13条之规定。从理论研究的视角观察，通常认为诚实信用原则包含了禁止前后出现相互矛盾行为的规定，又称禁反言，该原理要求当事人在诉讼中不得有相互矛盾的陈述。[②] 由于这种理解仅仅属于学术研究的范畴，至多为一种通说，尚未上升为民事诉讼法相应的规范，无法直接成为裁判根据。虽然从司法实践的视角观察，不难发现，禁反言制度逐渐得到司法机关普遍认同，并逐渐在司法裁判文书中得以运用。同时，必须强调的是，由于禁反言制度并未成为立法规则，使得司法实践中的各级人民法院法官在适用时的观点差异较大，有些法官在判决中禁止矛盾陈述，有些法官则置若罔闻。可见，截至

[①] 杨会新：《当事人诉讼行为论》，法律出版社，2018，第206页。

[②] 江必新主编《新民事诉讼法理解使用与实务指南》，法律出版社，2012，第47页。

目前，从立法和司法的视角观察，尚未建立对任意撤回自认的有效规制。

（四）虚假自认未有效防治

在司法实践中，一些不法分子利用自认规则形成的漏洞，制造虚假诉讼，损害社会、国家或他人利益的现象时有发生。[①] 在离婚析产、民间借贷、企业破产等领域出现高发趋势，危害甚广。这些虚假自认通常表现为"直接自认""多对主要事实自认，少有对间接事实和辅助事实自认""经法官释明后仍积极对己不利事实承认"等特征。个别法律人士尤其是信奉辩论主义的具有较深学术造诣的司法人员，忽视了"虚假自认"现象的存在以及没有足够认识到虚假诉讼的危害，认为只要当事人"自认"的事实便无须审查，甚至将"自认规则"信奉为帝王规则，导致在一定程度上为滋生虚假诉讼提供了机会。《民事诉讼证据规定》自 2002 年 4 月 1 日施行后，其有关自认的规定在司法实践中产生了诸多弊端，尤其是不利于对虚假诉讼规制。根据相关司法机关的反馈，《2015 年民事诉讼法司法解释》第 92 条第 2 款对虚假自认进行了一定规制，即"对于涉及身份关系、国家利益、社会利益等应当由人民法院依职权调查的事实，不适用前款自认的规定"。由于前述规定中的"等"字具有较强的模糊性，仍未精准涵盖虚假自认的全部类型，未有效规制虚假诉讼。

四　对策建议：民事庭审优质化视域下自认制度的完善路径

从域外制度借鉴的视角观察，民事诉讼自认制度有着完善的理论体系和规则机制，我国在立法移植过程中，根据具体国情进行了相应调整，使得我国民事诉讼自认制度具有诸多中国特色。在民事诉讼庭审优质化改革如火如荼的背景下，十分有必要针对司法实践中存在的具体问题进行针对性再完善，并进一步建构相应的配套机制，尤其是应当充分强化相应的程序制裁机制，形成强制自认，建构禁反言规则等。

（一）拓展民事诉讼自认适用范围

现行规定有关自认适用范围的局限性限制了自认制度功能的发挥，十

---

① 马贤兴：《虚假诉讼、虚假仲裁防治与实务精解》，中国检察出版社，2018，第 5 页。

分有必要进一步拓展。笔者认为可以从四个方面着手：其一，自认适用的空间不应仅局限于法庭上，应明确为诉讼过程中，并有必要有条件地承认诉讼外自认。虽然我国《民事诉讼证据规定》和《2015年民事诉讼法司法解释》规定自认的空间为"诉讼中"，但在司法实践中的理解其通常为"法庭上"，即当事人的自认必须在法庭上才能成为无须举证的事实，这种理解显然过于局限。应当自当事人收到诉讼材料之日起至诉讼终结这一时段范围内，当事人对不利事实的承认均应构成自认。在诉讼外产生的有充分证据足以证明的对不利事实的承认也应认定为自认。其二，应当将权利认诺纳入自认范畴。当事人在诉讼过程中基于真实意思作出的对权利的放弃或对对方当事人权利的认可应当产生相应法律约束力。其三，将默示自认纳入自认范畴。作为一种表示，可以是直接、积极、肯定的作为，也可是一种默示、消极的不作为。在经过人民法院释明法律后果后，未做积极明确反对表示的，应当界定为自认。不少学者将这种自认称之为"拟制自认"[1]，并呼吁在民事诉讼法司法解释或民事诉讼法中加以规定。其四，当事人在诉讼调解或和解时所作自认一概不得作为裁判依据的做法不妥，应当区分情况，并严格限制"基于诉讼调解或和解"的理解。

（二）建构民事诉讼强制自认机制

2012年《民事诉讼法》修改时，将诚实信用原则作为一项基本原则写入《民事诉讼法》，使得当事人在民事诉讼中必须诚信进行诉讼行为。真实陈述义务是当事人基于民事诉讼诚实信用原则所应遵循的基本义务。[2]真实陈述义务要求当事人应当履行如实自认义务。针对民事诉讼中普遍存在的当事人拒不主动、积极自认的现状，十分有必要建构完善的民事诉讼强制自认机制，尤其是设计相应的自认程序如诉答程序，为自认的进行提供最佳环节，并完善相应的惩戒机制，包括适用民事诉讼强制措施、证明妨碍和拟制自认等。具体而言，笔者认为可从三个方面着手。

其一，建立诉答强制自认制度。诉答程序是民事诉讼庭审的开始，具有确定争点的重要功能，可以促进没有争议的事实尽快进入庭审阶段，让庭审仅围绕当事人之间存在真正争议的部分进行辩论和调查。可见，诉答阶段是自认功能发挥的最佳阶段，如其得不到足够重视，则会导致审前准

---

① 杜万华、胡云腾主编《最高人民法院民事诉讼法司法解释逐条适用解析》，法律出版社，2015，第148页。

② 张卫平：《民事诉讼的逻辑》，法律出版社，2015，第118页。

备无法进行，争议焦点无法有效归纳，当事人就会盲目进行诉讼行为，人民法院司法资源无法进行有效配置，庭审程序的高效开展也会受到重大影响。从此视角看，起诉状书面的模糊性和答辩失权制度缺失已经严重影响了民事诉讼庭审的质效。十分有必要规定当事人在诉答程序中的真实、具体、完整陈述义务，尤其是强化当事人在诉答程序中自认义务，并规定违反的相应法律后果，包括训诫、罚款、拘留以及进行相应的民事赔偿，以确保诉答程序成为当事人自认的主要环节，强化民事审前程序争点整理功能的充分发挥。当然，需要注意的是，诉讼程序的技术化和诉讼活动的专业化经常使得当事人无法仅仅凭借通常的理性思维和生活经验轻松驾驭。① 因此，强制自认的正当性要求必须对当事人充分释明违反自认制度的法律后果。

其二，进一步完善证明妨碍制度。证明妨碍制度可有效弥补证明责任不分情形适用可能葬送实质正义的缺陷。② 无论实务界还是理论界，均已较为认可证明妨碍制度，并对证明妨碍制度加以高度关注，即在不负担证明责任一方当事人归责于其自认原因拒绝提供、毁灭证据，以及利用其他方式妨害证明时，对负有证明责任当事人的主张进行推定。最高人民法院《关于民事诉讼证据的若干规定》第 75 条首次规定了证明妨碍制度，该条文规定，有证据证明一方当事人持有证据无正当理由拒不提供，如果对方当事人主张该证据的内容不利于证据持有人，可以推定该主张成立。该条文规定过于局限，较为粗疏，在司法实践中适用混乱，必须进一步完善。建议增加相应情形，如若根据经验法则足以判断一方当事人持有证据而无正当理由拒不提供，适用推定另一方当事人主张成立。需要注意的是，通过证明妨碍制度的完善，可有效促进对当事人参与民事诉讼活动的规制，促进其自觉对民事诉讼相关事实的积极自认。

其三，限制当事人不知陈述。当事人在民事诉讼中不知陈述通常表现为"不知道"、"不知情"和"不记忆"等形式，实质规避了真实、完整、具体陈述义务，也回避了自认制度的适用。无论基于诚实信用原则的要求，抑或是真实、完整、具体陈述义务的要义，均为限制当事人的不知陈述提供了充分的理论依据。因此，十分有必要最大限度地限制当事人的不知陈述，如《德国民事诉讼法》第 138 条第 4 款规定，只有在某事实既非

① 徐德臣：《民事诉讼程序性制裁机制研究》，中国政法大学出版社，2018，第 271 页。
② 周庆、李蔚：《我国民事诉讼证明妨碍研究》，《证据科学》2018 年第 1 期。

当事人自己的行为,又非当事人所亲自感知的对象时,才准许说不知。同时,即便属于前述情况的,如当事人有探知可能的,也应当充分履行探知义务后方可做不知陈述。否则,这种"不知陈述"将被推定为"自认"。笔者认为,可借鉴德国法之规定,并对我国《民事诉讼证据规定》中的默示自认规定加以完善,对无正当事由做不知陈述的,适用拟制自认,将其作为默示自认的一种情形,以促进当事人做真实、完整、具体陈述。

(三)建立民事诉讼禁反言制度

民事诉讼中的反言或矛盾陈述行为,无论当事人基于故意,还是轻率以及利己心理,均会在较大程度上造成对方当事人信赖利益损失以及浪费不必要的司法成本,必须从规则层面加以规制。虽然根据诚实信用原则,当事人一旦作出自认,不得随意撤回或撤销。必须强调的是,由于我国民事诉讼法规定的诚实信用原则过于抽象,无法直接体现禁反言的具体内涵,甚至在较长时期沦为"睡眠条款"。因此,十分有必要通过《民事诉讼法》或司法解释中的具体规则进行明确规定,丰富禁反言的类型,如允诺禁反言、争点禁反言以及事实规则禁反言等,并规定这种自认不仅在一审中具有禁反言法律拘束力,在二审中也应当具有相应的禁反言法律效力。从合理性和正当性视角看,对当事人因重大误解或受到胁迫产生的自认,应当允许撤回,无论在二审还是再审中,但经对方当事人同意除外,撤回必须提供充分的证据加以证明,同时应当通知对方当事人充分保障其程序参与权。从司法实践的视角观察,为强化自认规则的适用,必须完善配套的机制保障,如庭审笔录制度。传统人工录入笔录难免存在疏漏,十分有必要强化科技法庭建设,力争实现民事诉讼庭审全程录音录像,以确保存在争议的自认行为有据可查。

(四)完善虚假民事诉讼预防机制

鉴于虚假诉讼的高度危害性,党的十八届四中全通过的《中共中央关于全面推进依法治国若干重大问题的决定》明确提出加大对虚假诉讼的惩治力度,使得治理虚假诉讼已成为健全国家法治体系的必然要求。最高人民法院于2016年专门出台了《关于防范和制裁虚假诉讼的指导意见》。在此背景下,十分有必要警惕当事人通过虚假自认制造虚假民事诉讼,并针对性完善虚假民事诉讼的预防机制。从立法层面应当完善不适用自认规则的具体情况,不应局限于对于涉及身份关系、国家利益、社会利益等应当由人民法院依职权调查的事实，还应拓展至严重侵犯公民个人合法权益的情形。尽管部分学者认为，前述规定本质上确立了"自认事实与查明事实不相符的，人民法院不予确认"规则，这种司法解释规范显然违反了辩论主义的基本要求。① 笔者认为，在我国并未完全引入辩论主义原则的背景下，自认规则的确立和改进应当兼顾我国司法实践的实际需求，尤其是应当从制度上为防治虚假自认提供顶层设计依据。同时，在司法实践中，应当继续加强法官对自认规则的认知培训，要求法官在案件审理过程中对不合常理的自认强化审查，如要求当事人本人出庭，提供必要的证据证明等，尤其应当高度关注虚假自认的多发案件领域，如民间借贷纠纷案件、夫妻共同债务案件以及保险合同纠纷案件等。另外，还需要完善识别、防范和惩治通过虚假自认制造虚假诉讼的手段。认定虚假诉讼需要确认行为人之间主观上存在恶意串通，客观上具有充分证据证明相应欺诈行为。② 通常认为，虚假诉讼和虚假自认属于刑民交叉问题，需要从民刑结合对接入手，着力建构虚假自认的立体惩戒体系③，包括加大刑事责任追究力度，完善民事赔偿机制以及强化民事诉讼强制措施适用等。

五 结语

我国民事诉讼庭审改革历经庭审规范化和实质化两个阶段后，逐步迈入民事诉讼庭审优质化改革阶段。在此阶段应强化简单案件的快捷化审理和复杂案件的精细化审理，这要求建构完善的保障机制，尤其是程序分流机制和真正争议的识别机制。在复杂案件中也需要建立有效机制促进当事人积极履行诉讼促进义务，尤其是案件事实陈述义务。在此背景下，民事诉讼自认制度的完善毋庸置疑对民事诉讼庭审优质化改革有着极大的助推作用，在极大程度上有助于促进甄别真正的争议焦点，督促当事人自觉履行诉讼促进义务，为人民法院和双方当事人有效配置司法资源提供有效指引。在高度肯定自认制度对促进民事庭审优质化改革积极价值的同时，我们必须充分认识到自认制度在司法实践中存在的诸多瑕疵。这种瑕疵主要表现为四个方面：一是自认的范围较为局限，包括自认的空间、对象、方式以及特定情形下自认的效力；二是当事人自认缺乏积极性和主动性，通

① 傅向宇：《虚假自认的辩论主义回归》，《国家检察官学院学报》2018年1月。
② 张培：《民事诉权滥用及其规制研究》，陕西师范大学出版社，2018，第132页。
③ 王约然、纪格非：《虚假诉讼程序阻却论》，《甘肃政法学院学报》2018年2月。

常通过不知陈述规避自认；三是在民事诉讼中撤回自认具有较大局限性；四是对部分当事人通过虚假自认制造虚假诉讼现象没有有效规制。

针对这种现状，根据民事诉讼庭审优质化改革促进的现实需要，笔者提出完善民事诉讼自认制度的四个对策：其一，拓展民事诉讼自认的适用范围，包括提出自认的空间不应局限于法庭上，还应将权利认诺和拟制自认纳入自认范畴，改变基于诉讼调解或和解目的所形成自认一律不得作为裁判根据的规定等；其二，提出建构诉答强制自认制度，完善证明妨碍和限制当事人不知陈述制度，进而建构民事诉讼强制自认机制，促进当事人在民事诉讼中积极自认，充分履行诉讼协力促进义务，确保自认功能充分发挥；其三，针对司法实践中存在的当事人反复矛盾陈述行为，提出应在民事诉讼或其司法解释中用专门条文规定禁反言规则，规制当事人在所有诉讼程序中的矛盾陈述行为，以弥补我国民事诉讼诚实信用原则的局限；其四，在防治虚假诉讼愈发紧迫的今天，必须高度警惕虚假自认，建构识别、防治和惩治借助虚假自认制造虚假诉讼的行为，并强调应当强化对虚假自认行为的惩戒。总的来说，我国民事自认制度尚不成熟，自认制度立法任重而道远，尚需在司法实践中充分积累经验，进而结合民事诉讼庭审优质化改革的要求，促进民事诉讼自认规则的进一步完善。

TheRe-improvement for Self-admission System in the Perspective of Quality Litigation in Civil Trial

Lv Hui

(School of Artificial Intelligence Law, Southwest University of

Political Science and Law; Chongqing, 401120)

Abstract: The self-admission system has greatly promoted the quality reform of civil trials, and it should attach great importance to the re-improvement and orderly operation of self-admission system under the background of the high-quality reform of civil trials. Therefore, it is necessary to reflect on many problems in judicial practice, such as the scope of application of self-identification is limited, the parties themselves are not motivated to be active, and they arbitrarily withdraw from self-identification and lack of regulation and false self-identification. On this basis, the article proposes to improve the countermeasures, including expanding the scope of self-confidence from the aspects of space, object, method, effectiveness, etc. , which constructs the compulsory self-admission system and the prohibition of estoppel specific rules and improvement of false self-confidence prevention mechanism from the perspectives of pleading procedures, proof of obstruction and ignorance.

Keywords: Civil Trial; High-quality Reform; Self-admission System; Prohibition

从约束到引导：功能视角下我国民事证明标准分级制度探索

王娱瑷[*]

（江西省司法厅；南昌，330000）

摘　要：民事诉讼法相关司法解释明确我国一般民事证明标准为"高度盖然性"，在实践中，法官对证明标准的适用却五花八门，存在一定程度的混乱。因法官自由心证的主观性，客观的"高度盖然性"的证明标准被一些学者批判，认为其没有实际意义。从功能视角下看，证明标准可以分为约束功能和引导功能。用客观的证明标准来约束法官主观的事实认定，是很难实现的。但统一客观的证明标准，引导法官在认定事实时作出相对统一的判断，非常有必要，这就是证明标准的引导功能。笔者提出，应对我国证明标准的规定作出相应调整，突出其引导功能而非约束功能，并引入相对于一般证明标准降低的证明标准，以适合实践现状，解决实践中关于证明标准适用的混乱。

关键词：证明标准；高度盖然性；高度可能性；优势证据

一　引言

我国实践中对于证明标准的适用较为混乱，法官对待证事实是否达到证明标准依然处在直觉的、非理性的阶段。主要表现为司法实践中，法官在民事判决书中对于一般性民事证明标准的表述五花八门，有用"优势证据""明显优势"作为标准的，也有用"内心确信"作为标准的，无视《民诉法解释》第108条规定的"高度可能性"标准。即便部分法官关注到了《民诉法解释》第108条规定的"高度可能性"标准，对于"高度可能性"的真正内涵以及该如何准确适用也不甚了解。之所以产生这种现

---

*　王娱瑷（1993～　），江西省司法厅干部，西南政法大学诉讼法学博士研究生，主要研究方向为民事程序法，电子邮箱：wangyuai93@163.com。

象，是因为我国对证明标准的研究集中在"使其更好地约束法官认定事实"，且在立法上也没有重视相关规范对法官的理性引导，导致不同的法官对于同一法条的认识不一，他们各自按照自己的理解适用证明标准，引起实践中的混乱。值得注意的是，证明标准的功能有约束功能和引导功能，我国的研究一般都围绕着怎样通过证明标准约束法官对事实的认定，但事实认定的主观性极强，难以通过证明标准进行外部约束，因此甚至有学者认为证明标准的建构是"乌托邦"。因此，本文提出应该重视证明标准的引导功能，因为在引导功能下，能够让法官对于证明标准有更理性的认识，让法官将不同级别的证明标准内化于心。由此，法官在实践中面对变化万千的具体案例时才能保持清醒的头脑，用证明标准这把"标尺"去衡量每一个案件，在判断当事人主张的事实是否达到了证明标准时更有的放矢。

二　乱象扫描：民事证明标准司法适用的实证分析

我国的民事诉讼证明一般性标准是"高度可能性"（一般认为高度可能性即指高度盖然性），除此之外，对于一些特殊的案件事实，有一个提高的证明标准即"排除合理怀疑"。然而，我国的司法实践中，对证明标准的适用和表述却五花八门，有适用"高度可能性"的，也有适用"优势证据""明显优势"标准的，还有适用法官"内心确信"的。同时，部分裁判文书即便适用的是"高度可能性"的证明标准，对于"高度可能性"内涵的把握也不是很准确。总之，对于待证事实是否达到了证明标准，法官的判断非常主观和随意。笔者在中国裁判文书网，通过搜索关键字"高度可能性""优势证据""明显优势""排除合理怀疑""内心确信"，对相关判决进行搜集和整理，得出下文结论。样本数量不多，但足以说明实践乱象。因 2015 年 2 月 4 日起施行的最高人民法院《关于适用〈中华人民共和国民事诉讼法〉的解释》（以下简称《民诉法解释》）对民事证明标准的规定作出了调整，为更准确地对样本进行分析解读，下文的分析将分为两个时间段，第一段是 2002 年 4 月 1 日最高人民法院《关于民事诉讼证据的若干规定》（以下简称《证据规定》）生效至 2015 年 2 月 3 日《民诉法解释》生效前，第二段是 2015 年 2 月 4 日《民诉法解释》生效至 2017 年 5 月 11 日。

（一）五花八门：民事证明标准的基本表述各行其是

在《民诉法解释》明确我国的证明标准为"高度可能性"之前，《证据规定》第73条确定我国的民事证明标准为"高度盖然性"是理论界主流意见①，而且根据《证据规定》的官方解释②，《证据规定》第73条实际上就是尝试确立"高度盖然性"的证明标准，只是术语比较模糊。然而，在司法实践中，法官对一般性证明标准的表述却五花八门，有适用"高度可能性"的，有适用"优势证据"的，也有表述为"明显优势"的，还有表述为"内心确信"的，甚至在《民诉法解释》生效之前，"排除合理怀疑"标准仅仅存在于刑事诉讼领域时，就有大量判决适用"排除合理怀疑"作为民事证明标准。通过中国裁判文书网搜索以上关键词，2002年4月1日至2015年2月3日近13年中，《证据规定》施行期间，表述为"高度盖然性"的裁判文书有6856个，"高度可能性"有2138个，"优势证据"有15064个，"明显优势"有6793个，"排除合理怀疑"有2237个，"内心确信"有461个。2015年2月4日至2017年5月11日2年中，《民诉法解释》施行期间，表述为"高度盖然性"的裁判文书有11458个，"高度可能性"有12812个，"优势证据"有19666个，"明显优势"有9367个，"排除合理怀疑"有4919个，"内心确信"有649个。

（二）概念模糊："高度盖然性"和"优势证据"混为一谈

即便部分法官在裁判文书中将民事证明标准表述为"高度可能性"，但也常常弄错该标准的真正内涵，与"优势证据"规则内涵混淆。"优势证据"这一提法来源于英美法系。台湾学者李学灯认为："民事案件，通常所用证据之优势一语，系指证据力量较为强大，更为可信者而言，足以使审理事实之人对于争执事实认定其存在更胜于其不存在，因此，所谓证据之优势，也即为盖然性之优势。"③"优势证据"是为达到"盖然性占优"证据

---

① 李浩：《证明标准新探》，《中国法学》2002年第4期；常怡主编《民事诉讼法学》（修订版），中国政法大学出版社，2005，第218页；田平安、陈彬主编《民事诉讼法学》（第二版），法律出版社，2010，第210页；何家弘、刘品新：《证据法学》（第五版），法律出版社，2013，第336页。

② 李国光主编《最高人民法院〈关于民事诉讼证据的若干规定〉的理解与适用》，中国法制出版社，2002，第467页；黄松有：《民事诉讼证据司法解释的理由与适用》，中国法制出版社，2002，第353页。

③ 李学灯：《证据法比较研究》，台湾五南图书出版公司，1992，第397页。

标准而采用的一种证据规则，受到优势证据概念的影响，我国很多司法者误解了"高度盖然性"的应有内涵，导致对一般证明标准的适用错误。

1. 对"高度盖然性"内涵的误解

"高度盖然性"的应有之义是当事人主张的事实发生的可能性远大于不发生的可能性，而不是实践中被错误理解为一方当事人主张的事实可能性明显大于对方当事人主张的事实。就一方当事人主张的事实发生的可能性进行分析，这种观点是对"高度盖然性"的重大误解，在前述情形下，虽然一方当事人主张的事实发生的可能性远大于对方当事人主张的事实，但很可能双方当事人主张的事实都不具有"高度盖然性"（见表1，表中案例引自中国裁判文书网，下同）。

表 1

陕西省西安市新城区人民法院（2004）新民初字第1587号判决	虽然被告向原告出具的收条中并未明确载明双方系买卖关系等字样，但结合该收条的内容及双方当事人的陈述以及本案的实际情况，本院认定，原告主张双方买卖关系的盖然性大于被告所主张的双方系代销关系的盖然性，故认定原、被告系买卖关系
上海市虹口区人民法院（2009）虹民一（民）初字第138号判决	原告虽只提供了2个月的证据，但按照"高度盖然性"证明标准，原告对其主张的证明力大于被告对其主张的证明力，本院采信原告主张

2. 对高度盖然性限度的忽略

从字面意思即可知"盖然性"与"高度盖然性"是有区别的，一般盖然性、盖然性占优、高度盖然性都是存在"盖然性"的情况。"优势证据"规则相对应的证明标准为"盖然性占优"，而有的判决在证明标准问题上不区分"高度盖然性"和"盖然性占优"，只简单称证明标准为"盖然性"标准或仅在"盖然性较大"的情况下即认为达到了"高度盖然性"（见表2）。

表 2

北京市第二中级人民法院（2015）二中民申字第02044号判决	被申请人梁某主张李某驾车系履行职务，其依据为驾车时间、地点、司机职业特征、车辆所有人等事实，而中国建筑所提交证据不足以反驳梁某所主张之请求，二审法院在证据比对的基础上根据优势证据，采用"盖然性"原则支持梁勇的诉讼请求，而非申请人所称"认定事实缺乏证据证明"
浙江省绍兴市中级人民法院（2016）浙06民终4386号判决	结合本院对陆某向被上诉人汇付款项的相关银行转账记录及向陆某本人核实的相关情况，被上诉人的陈述盖然性较大

（三）概念混同："排除合理怀疑"与"高度盖然性"内涵等量齐观

《民诉法解释》第 109 条确定了欺诈、恶意串通、口头遗嘱等特殊事实需要达到"排除合理怀疑"标准。一般认为，"排除合理怀疑"标准略高于"高度可能性"标准，是对我国民事证明标准的分级。然而，部分法官不适应这种分级，在很多判决书中，"排除合理怀疑"都被当作是与"高度盖然性"同一层级的证明标准，有的将两个证明标准并列使用，有的判决认为只有排除合理怀疑了才算达到了高度盖然性，甚至直接将"高度盖然性"作为特殊事实的认定标准（见表 3）。

表 3

宁夏银川市中级人民法院（2014）银民终字第 506 号判决	根据民事诉讼高度盖然性的证明标准，即"排除合理怀疑的盖然性"，可认定被上诉人一审中的举证达到了"法律真实"的证明要求。一审法院确认双方具有借款关系，并判决上诉人清偿欠款并无不当
广西壮族自治区南宁市中级人民法院（2016）桂 01 民终字第 549 号判决	故本院认为曾某未能完成补强款项来源、排除合理怀疑的举证责任，其主张款项已交付的证据不能达到民事案件认定事实的高度盖然性标准
浙江省绍兴市绍兴县人民法院（2016）浙 0603 民初 2453 号判决	考虑到两被告之间的特殊身份关系，综合上述事实，通过逻辑推理和日常生活经验法则的运用，本院认为两被告恶意串通的存在已达到高度盖然性的标准，酌情推定原告该项事实主张成立

三 追根溯源：司法实践中证明标准 适用混乱的原因探析

（一）直接原因：直觉、非理性的司法证明运用逻辑

司法实践中，大多数案件事实非常清楚，争议不大，当事人对待证事实的证明远高于证明标准，所以证明标准边界模糊并不影响事实认定。然而，对争议较大、事实复杂的案件，待证事实的证明徘徊在证明标准上下时，对证明标准的把握就非常重要了。笔者曾办理过这样一个民间借贷案件：原告钱某起诉被告万某和担保人陈某，要求被告万某归还借款 190000 元本金及相应利息，担保人陈某承担连带责任。原告钱某向法庭出具借条一张，载明"今借到钱某 258000 元整。贰拾伍万捌仟元整（人民币）。期

限为壹年。注：全年本金利息共计258000元整，利息按月息3分计算。"借条尾部有两被告的签名。庭审时原告主张借款本金为190000元，一年利息以月息3分计算，为68000元，故得出借条上的258000元。而被告担保人陈某辩称，借钱时其实只借了本金150000元，一年利息以月息6分计算，为108000元，才得出借条上的258000元，自己在借条上签名时没有看清借条内容。若是按照原告钱某的主张计算，本金190000元，一年的利息应该为68400元，借条上应载明258400元，原告钱某解释说400元是抹掉了零头数。可如果按照担保人的主张计算，本金150000元，一年利息为108000元，则刚好是258000元。基于被告的答辩，原告的主张确实存在蹊跷，但借条又白纸黑字写明了相关的情况，证明力极强。此时，到底是依法律规定适用"高度盖然性"标准认定本金190000元，还是因法官未达到内心确信，按证明责任只认定被告陈某认可的本金150000元？由此可见，对于一般案件事实简单的案件，法官用直觉来判断案件事实是足够的，但一遇到复杂的案件，就需要司法者准确识别待证事实是否达到了证明标准。然而，现行立法缺陷导致我国民事证明标准不明确，以致法官无法准确理解和适用，对证明标准的理解只停留在直觉的、较初级的阶段。

（二）根本原因：只见约束不见引导的证明标准约束规则

我国对于证明标准的认识和研究，一般都局限在怎样准确界定证明标准，从而从外部约束法官对事实的认定这一问题上。立法目的也更多的是约束法官，要求法官认定事实一定要达到"高度可能性"，防止审判权任性，可是对于法条是否明确表达清楚、是否能够在法官群体中形成统一的认识并未重视。可待证事实是否达到了证明标准是极其主观的判断，试图通过证明标准直接约束法官对事实的认定是徒劳的。我国关于民事证明标准的几条规范，通读起来让不同的法官有不同的理解，所以才导致在实践中法官对证明标准的运用也五花八门。

1. 2002年《证据规定》：第73条规定前后段矛盾导致实践混乱

《证据规定》第73条规定："双方当事人对同一事实分别举出相反的证据，但都没有足够的依据否定对方证据的，人民法院应当结合案件情况，判断一方提供证据的证明力是否明显大于另一方提供证据的证明力，并对证明力较大的证据予以确认。"该条旨在解决实践中出现的，已经有很多证据能够证明当事人主张的事实为真的可能性明显大于为假的可能性，但又存在一些其他证据，或其他可能性，导致事实不能够完全确定，还无法排除其他可能性的情况。①

该法条后段要求法官"对证明力较大的证据予以确认"，只要求证据证明力"较大"即可获确认，这与优势证据及其所对应的盖然性占优标准的不需要明显优势内涵一致，而与"高度盖然性"标准要求的"明显优势"不同。在这种情况下，司法者在理解和运用该条文时，便可能会理解为一方当事人提供的证据只要存在一定优势而非明显优势即可采纳，这种情况下实际上能够证明的事实只是"盖然性占优"，而非"高度盖然性"。但同时，该条的前段部分，又采用"明显大于"一词进行描述，故我国也有判决书中对事实的认定采用"明显优势"这一标准。《证据规定》第73条因立法用语上的不准确，前段用"明显大于"一词，后段却改用"较大"一词，将两种不同的证据认定规则放在同一法条中，导致司法者对法条理解产生偏差。

同时，该条文也有悖于"高度盖然性"的基本内涵。该条是将双方当事人提供的证据进行对比，采纳证明力更大的证据，但"高度盖然性"是待证事实发生可能性的大小，与另一方所主张的事实无关。受此影响，有的法官通过认定当事人双方主张的事实为真的可能性的大小来认定案件事实的判决。很多论著也认为在认定事实时应该通过比较双方当事人主张的事实的可能性大小，认定可能性较大的一方主张的事实②，例如要求在事实认定时"心如秤"，将当事人双方提供的证据分置在两端秤盘上，衡量哪边的重量更重。会出现以上情况，是因为多数情况下，当事人双方所主张的事实都完全相斥且能形成一个完整的合集，例如原告主张被告欠自己1万元，而被告否认原告主张的事实，答辩自己没有欠1万元。这种情况下，不论是比较原告主张的事实为真的可能性和为假的可能性的大小，还是比较原告主张的事实与被告主张的事实可能性的大小是一样的，因为原告主张事实的反面恰好是被告主张的事实。但有些情况下，原告主张的事实与被告主张的事实虽然相斥，但原被告双方对事实的主张并不能组成一个完整的合集。在这种情况下，虽然原告向法庭提供了一些证据证明其主张，而被告却未向法庭提供任何证据，也就是说原告这一方提供证据的证

---

① 最高人民法院民事审判第一庭：《〈关于民事诉讼证据的若干规定〉的起草说明》，载《民事诉讼证据司法解释及相关法律规范》，人民法院出版社，2002，第50页。

② 王圣扬：《论诉讼证明标准的二元制》，《中国法学》1999年第3期；张卫平：《证明标准构建的乌托邦》，《法学研究》2003年第4期。

明力明显大于什么证据都没有提供的被告一方，但也不能因此就认定原告主张的事实。

2. 2015 年《民诉法解释》："排除合理怀疑"与"高度盖然性"边界不清

《民诉法解释》弥补了《证据规定》的不足，直接在第 108 条明确规定了"高度可能性"标准，并在《民诉法解释》第 109 条引入了"排除合理怀疑"标准，是我国首次尝试对民事诉讼证明标准进行分级，对不同的待证事实适用不同的证明标准。但第 108 条刚解决《证据规定》第 73 条带来的混乱，第 109 条却在实践中和学理上带来了新的混乱。这种将英美法系的刑事证明标准引入具有大陆法系传统的我国的民事诉讼证明标准的做法，唐突地将"排除合理怀疑"标准适用于民事证明标准，使得法官无法准确区分"排除合理怀疑"与"高度盖然性"的边界。它虽然将民事诉讼证明标准进行了分级，但是"排除合理怀疑"其实就是"高度盖然性"的一种情况，而其他立法或后续的官方解释中却并没有真正明确"高度盖然性"与"排除合理怀疑"标准的界限，即何时才在高度盖然性的基础之上，达到排除合理怀疑的标准。两标准之间模糊的边界，导致实践中"排除合理怀疑"标准与"高度盖然性"标准难以真正区分。甚至在实践中，有法官将"排除合理怀疑"等同于"高度盖然性"标准使用。

四 改进路径：民事证明标准由约束功能向引导功能转型

张卫平教授曾在 2003 年著文称证明标准的构建是"乌托邦"[①]，笔者不以为然。笔者认为，证明标准的构建这个问题，应将其置于一定语境下探讨才有意义。理论上一般认为，证明标准的作用可一分为二：一是引导功能，一方面可以引导法官对当事人主张的待证事实是否已完成证明有统一的判断，另一方面可以引导当事人尽量向法庭提供证据，努力达到应达到的证明标准，并预测诉讼结果；二是约束功能，证明标准可以对法官的事实认定进行约束，只有达到证明标准的待证事实才能作为定案依据，并受到上级法院的审查。

---

① 张卫平：《证明标准建构的乌托邦》，《法学研究》2003 年第 4 期。

（一）现状反思：证明标准约束功能的局限

过去很多研究谈及证明标准的建构问题，如同张卫平教授一样，都主要着眼于证明标准的约束问题，约束法官对事实的认定，而后对证明标准的建构持否定态度。证明标准要实现其约束功能，使之成为外界审查法官在事实认定时是否有准确的标尺，必须将其客观化、外部化。可要使"高度盖然性""排除合理怀疑"这类极其抽象化、主观化的标准成为具有可操作性、能精确衡量的标准，无疑将落入用主观衡量主观的死循环中，永远不可能成就客观的认定。想要脱离主观的判断，那必须将事实认定过程完全客观化，完全摆脱法官的主观意识，可这只会导致可笑的结果。有两种方式能让事实认定过程完全客观化，一是历史上的法定证据制度，二是通过统计概率方式认定事件的盖然性是否达到证明标准。历史已经证明法定证据制度是不可行的；而统计概率只对数量众多的群体有意义，在个案中的意义是不大的，如果一个事件发生的可能性为75％，达到了高度盖然性，难道就可以抛开案件的具体情况而一概认定该事件发生吗？通过描述群体性的概率去推定一个具体的案件事实发生与否，而忽略具体个案单独特性，是注定荒谬的。综上，对事实认定去主观化的两种尝试都失败了。故笔者认为，证明标准的功能主要在于引导，也只有在实现证明标准引导功能的语境下，对证明标准分级的构建才有意义和可行性。

（二）完善思路：证明标准引导功能的强化

除了约束功能之外，证明标准还有两个引导功能，一个是对当事人的引导功能，另一个是对法官的引导功能。对当事人的引导功能在于，当待证事实是否会被法官所确定有一个统一而明确的标准时，当事人便可以比照证明标准来预测自己主张的事实是否被法官采纳，在举证的时候也会比照证明标准尽量举出证据，"对于当事人而言，证明标准为当事人何时完成了其主张的事实的证明提供了可预测的、现实的尺度"[1]。证明标准对当事人举证方面的指引意义并不大，因为在进行诉讼活动之时，当事人一定是尽全力对其主张的事实进行证明，而不会因其证明已达到了证明标准就在举证方面有所松懈。笔者认为，证明标准最容易实现、最重要的功能

---

[1] 沈德咏主编《最高人民法院民事诉讼法司法解释理解与适用（上）》，人民法院出版社，2015，第357页。

就是对法官的引导功能。虽然是否达到证明标准具有主观性，无法作为一把外部"标尺"，但却可以作为一把法官内心的"标尺"，让法官在自己的内心用这把"标尺"来衡量待证事实是否已达到证明标准。只有法官内心这把标尺具有明确的刻度，才能更好地评判其面对的事实；如果法官内心标尺的刻度模糊，判断待证事实是否应该采纳时全凭直觉和非理性，在面对一些游走于证明标准上下的待证事实时，只会得出"这个'似乎'达到了证明标准，那个'好像'没有达到证明标准"这样模糊的答案。

同理，对证明标准进行分级也是如此。不同的证明标准可以在法官内心形成分级，让法官对于高的证明标准和相对低一些的证明标准有一个清晰的认识和明确的参照。我国《民诉法解释》所建立的一般性证明标准"高度盖然性"以及更高的证明标准"排除合理怀疑"边界的探讨，主要存在于法条的规定和学理的探讨里，但实践中，问法官"高度盖然性"和"排除合理怀疑"应如何在具体个案中进行区分，只还停留在直觉的、非理性层面，法官难以回答。"排除合理怀疑"与"高度盖然性"的边界在哪里？只有对这两种不同的证明标准有着明确的理解，才能在实践中面对变化万千的具体案例时保持清醒的头脑，用证明标准这把"标尺"去衡量每一个案件。不论对证明标准进行怎样精细的分级，都无法排除对是否达到证明标准的判断的主观性，而无法排除主观性就很难通过证明标准对事实认定进行外部约束，从而实现证明标准的约束作用；但证明标准科学、准确的分级制度却可以在法官内心形成一把标尺，让法官在判断当事人主张的事实是否达到了证明标准时更有的放矢。

五 具体构思：我国证明标准分级制度及相关术语的修正

在证明标准的引导功能视角下，我国对于证明标准的立法和司法解释就应着眼于怎样更清晰、明确地讲清楚我国证明标准具体内涵是什么、什么样的程度才算达到了证明标准以及不同标准之间的界限，让法官能更好地理解并内化于心，适用到审判实践当中。

（一）基本架构：证明标准制度应分为三级进行建构

1. 我国现有的两级证明标准边界的厘清

目前我国《民诉法解释》第 108 条和第 109 条将证明标准分为两级：

"排除合理怀疑"与"高度盖然性",但它们在层次上非常接近,在我国当下这种法官对于证明标准的运用还处在直觉的、非理性的初级阶段的背景下,很难实现立法目的。如果说高度盖然性是心证程度达到75%以上,排除合理怀疑心证程度需要达到90%以上,那么只有研究清楚75%~90%之间是什么,我国这两级分级才有意义。

笔者认为,法官在无法形成内心确信时仍能认为达到了高度可能性。高度盖然性是指"法官基于盖然性认定案件事实时,应当能够从证据中获得事实极有可能如此的心证,法官虽然还不能够完全排除其他可能性,但已经能够得出待证事实十之八、九是如此的结论"①。我国民事诉讼证明标准所要求的"高度盖然性"并不要求达到法官"内心确信"的地步。有两方面可以佐证。第一,《证据规定》第73条,"双方当事人对同一事实分别举出相反的证据,但都没有足够的依据否定对方证据的",就是意在规定双方对其主张事实的证明都没有达到必然确定的程度,在这种情况下应对证明力高的证据进行认定,而这条又是学界公认的对我国"高度盖然性"证明标准的确立。故,在事实无法完全查清、法官无法形成确信时是可以适用"高度盖然性"标准的。事实上,如果当事人对待证事实的证明能够达到完全确定、毫无争议的地步,那么证明标准在这种情况下根本派不上用场——毕竟证明标准是对当事人对待证事实证明程度的最低约束,如果当事人对待证事实的证明程度大大超过了标准要求,那么标准是高是低就显得不是那么重要了。第二,我国将"排除合理怀疑"列为比"高度盖然性"更高一级的证明标准,就说明二者是不同层次的标准。如果将法官"内心确信"视为是"排除合理怀疑"后的必然结果,那么就不能再将达到"高度盖然性"与法官"内心确信"等同起来,否则能推导出"排除合理怀疑"等同于"高度盖然性"的结论,这与我国的民事诉讼的分级制度是不相符的。

由此推之,"高度盖然性"与"排除合理怀疑"中间差的就是"合理怀疑"。"排除合理怀疑"最终达到的结果便是法官"内心确信",法官达到"内心确信"的过程也是逐渐"排除合理怀疑"的过程,二者之间几乎是可以画等号的。"从裁判者最终认定案件事实的心理状态而言,二者的应然要求确实可以直接等同。"② 我国的高度盖然性可定位为"即便存

---

① 李浩:《民事诉讼证明标准的再思考》,《法商研究》1999年第5期。

② 李昌盛:《排除合理怀疑等于内心确信吗?》,《比较法研究》2015年第4期。

在一些怀疑，法官无法形成内心确信"，在一定情况下，也可以认定为达到高度盖然性的证明标准。而"排除合理怀疑"标准，则毫无疑问需要法官排除所有合理的怀疑，从而达到内心确信。只有明确了即便在存疑时仍可认定"高度盖然性"，才能让法官在民事审判中更有的放矢，毕竟，在适用"高度盖然性"的标准时，可能需要法官突破直觉，认定一个他认为可能存疑的事实。

2. 完善我国证明标准制度还需引入降低的标准

我国证明标准分级中目前只有一般的证明标准和提高的证明标准，但实践中对于一些特殊的情况，也会适当对证明标准进行降低。[①] 其实我国法律和司法解释对于证明标准的降低是有相关规定的，只是比较分散，《民事诉讼法》或其相关解释中没有对证明标准的降低作统一规定。实践中也有证明标准降低的案例，说明其有存在的意义。实践中一般对于存在证明困境或是证明妨碍的情况会降低证明标准。故笔者认为，我国民事证明标准分级体系还需加入证明标准降低这一级，使我国证明标准分级体系形成一个提高——一般—降低的完整体系。

存在证明困境时，由于这种困境是客观存在的，并且当事人双方都无法提出有力的证据，但这种困境又不是负有举证责任的一方当事人造成的，不宜按证明责任判决。这种情况下，依照民事诉讼的特点，对待证事实的证明不要求像刑事诉讼般那么严格，不应适用"高度可能性"标准，只需要达到盖然性占优的标准即可。这样，能使得法院不随意依照证明责任判决，能在客观条件有限的情况下作出更可能公平的判决，因为如果一味依照证明责任判决，则很有可能让无辜的当事人败诉；同时能够促使双方当事人在证明困境、证据有限的情况下依然积极举证，从而有利于最大限度地查明案件事实。

而针对证明妨碍的情况，早在 280 年前，英国法院已经在著名的 Armony v. Delamirie 案中，确立"所有的事情应被推定不利于破坏者"这一经验法则。这种推定实际上降低了当事人的证明标准，当事人只需要证明被妨碍的证据不利于对方当事人，即可认定待证事实成立。当然，不能一出现举证妨碍的情形就认定待证事实成立，只有受妨碍的证据是对待证事实具有重要性或者不可替代性的证据时，才能直接认定待证事实成立。对

---

① 《证据规定》第 75 条："有证据证明一方当事人持有证据无正当理由拒不提供，如果对方当事人主张该证据的内容不利于证据持有人，可以推定该主张成立。"

于其他的情况，应当综合考虑其他证据，根据被妨碍的证据的重要性以及和待证事实的关联性程度相应地降低证明标准，而不需要达到"高度可能性"这一标准。

（二）概念厘清：我国民事证明标准表述的再细化

现今我国法律中关于民事证明标准的相关规范术语过于模糊，且因为一些立法的技术失误，让我国关于证明标准相关适用的规定存在一些冲突，不足以让司法者对不同级别的证明标准形成一个明确而清晰的认识，而广大基层法官很少会对法条或学理进行深入的研究，在适用意义模糊的法条时便更多地依据自己的经验与直觉。因此，关于证明标准的相关概念及适用情况，应在民事诉讼法或司法解释条文中予以明确，以改善实践中的混乱局面。有学者认为，我国民事诉讼证明标准的规范性语言应抛弃在实践中已经混乱的"高度盖然性"（或"高度可能性"）一说，转而适用"明显优势"这一措辞①，但笔者认为不然。高度盖然性是近年来我国民事诉讼领域一直适用的证明标准，完全废弃必然导致实践中的更大困惑和混乱，应在继续适用"高度盖然性"的证明标准之上，在法条中解释清楚应如何确定盖然性，以及怎样才算达到了"高度"的盖然性。如此，既能保证"高度盖然性"证明标准的延续适用，不致产生新的不适，又能厘清证明标准的相关概念，解决当下实践中的混乱状况。

From Constraint to Guidance: Exploring the Grading System of China's Civil Proof Standards from the Perspective of Function

Wang Yuyuan

（Department of Justice Jiangxi Provincial; Nanchang, 330000）

Abstract: Although the Civil Procedure Law clarifies that the proof standard is "highly probabilistic", in practice, there is a certain degree of confusion. Because of the subjectivity of the judge's free testimony, the objective "highly probabilistic" proof standard has been criticized and it is considered to

---

① 阎巍：《对我国民事诉讼证明标准的再审视》，《人民司法》2016年第31期。

have no practical significance. From a functional perspective, the proof standard can be divided into constraint functions and guidance functions. It is difficult to use the objective proof standard to constrain the judge. However, it is necessary to unify the proof standard and guide the judge to make a relatively unified judgment when finding the fact. This is the guiding function of the proof standard. The provisions of proof standards should be adjusted accordingly, highlighting its guiding function rather than the constraint function, and introducing proof standards that are lower than the general proof standards, in order to fit the current situation and solve the confusion in the practice of the application of the proof standards.

Keywords: Proof standard; Highly Probabilistic; High Probability; Superior Evidence

海峡两岸检察法律文书签发制度比较研究

段明学

（重庆市人民检察院第一分院；重庆，401147）

摘　要：两岸检察制度具有"同源性"特点，在检察法律文书签发制度方面有同有异。我国台湾地区检察官撰拟之法律文书，均须送请主任检察官核转检察长核定，方可对外公告。我国大陆地区经过司法责任制改革，部门负责人事实上不再行使审核权，形成了检察官撰写检察法律文书，检察长（分管副检察长）审核并签发以及检察官自行签发两种模式。借鉴我国台湾地区检察法律文书签发制度，有必要进一步明确我国大陆地区检察法律文书的审核主体、审核内容及方式，检察法律文书的处理、签发及效力，检察法律文书的审核、签发责任等事项。

关键词：海峡两岸；检察法律文书；签发制度；检察一体制

一　引言

由检察长审核、签发法律文书，是检察一体制的重要内容和体现。从历史沿革看，清政府1906年、1907年颁布的《大理院审判编制法》《高等以下各级审判厅试办章程》，北洋政府1915年颁布的《京师地方检察厅暂行处务规则》《京师高等检察厅暂行处务规则》，南京国民政府1927年颁布的《各省高等法院检察官办事权限暂行条例》《地方法院检察官办事权限暂行条例》，以及陕甘宁边区政府1946年颁布的《陕甘宁边区暂行检察条例》均对检察法律文书的审核、签发问题作了规定。目前，我国台湾地区检察系统仍然坚持法律文书需经检察长核定的文书签发制度，这被视为台湾地区检察一体制的象征和体现。[①] 在我国大陆地区，随着检察机关司法责任制改革的深入推进，检察官办案主体地位日益凸显，"谁办案，谁决定"已经成为常态。修正后的《人民检察院组织法》第29条规定：

[①]　万毅：《台湾地区检察机关的法律文书签发制度》，《检察日报》2015年12月1日。

"检察官在检察长领导下开展工作，重大办案事项由检察长决定。检察长可以将部分职权委托检察官行使，可以授权检察官签发法律文书。"在司法实践中，有的提出以人民检察院名义制发的法律文书都应当由检察长（副检察长）签发，有的检察长则担心因签发法律文书而承担非自己决定事项的司法责任。鉴于两岸检察制度具有"同源性"特点，在法律文书签发方面具有诸多的一致性。因此，比较两岸检察法律文书签发制度的异同及其内含的检察理念，对于进一步完善我国大陆地区检察法律文书签发制度，无疑具有重要的参考价值。

二 我国台湾地区检察法律文书签发制度

1980 年 7 月，我国台湾地区修订"法院组织法"，实施审检分隶制并在检察体系内增设"主任检察官"。该法第 59 条规定："各级法院及分院检察署检察官员额在六人以上者，得分组办事，每组以一人为主任检察官，监督各组事务。"主任检察官为检察一体内部的中层领导，上承检察长，下领检察官。由此形成了检察长→主任检察官→检察官的层级监督体系。

根据我国台湾地区"地方法院及其分院检察署处务规程"（简称"地检署处务规程"）第 14 条第 2 项的规定，主任检察官或检察官办案书类均需经检察长核定。第 21 条规定："主任检察官掌理下列事项：（1）本组事务之监督；（2）本组检察官办案书类之审核；（3）本组检察官承办案件行政文稿之审核或决行……"第 27 条规定："检察官执行职务撰拟之文件，应送请主任检察官核转检察长核定。主任检察官撰拟之文件，径送检察长核定。"上述规定奠定了检察法律文书核阅、签发制度的基本框架，即检察官撰拟之法律文书，均须送请主任检察官核转检察长核定，方可对外公告。

从我国台湾地区相关规定及实践运作看，检察法律文书签发制度具有如下特点。

第一，检察官撰拟之法律文书，必须送请主任检察官核阅，并由主任检察官送请检察长核定。检察官不得绕过主任检察官，径直送检察长核定，但也有例外。如，检察官处理再议案件，如果发现原处分显有不当情形，应径直报请检察长作适当处理。主任检察官撰拟之文件，则直接送检察长核定。

第二，并非检察官撰拟的所有法律文书均须送检察长核定。需要由检察长核定的法律文书主要包括：（1）结案书类。侦查检察官搜证、调查完毕后，应制作结案书类。若认为有犯罪嫌疑应提起公诉，制作起诉书；若认为虽有犯罪嫌疑，但案情单纯、证据明确且属轻微案件，得声请简易判决处刑；若认为有犯罪嫌疑，但非属重大案件，对社会公共利益无不良影响者，得予缓起诉处分；若认为犯罪嫌疑不足，或有其他法定理由如被告死亡、时效已完成、行为不罚等，应予不起诉处分。对上述文书，必须送检察长核定。（2）声请再审及声请"检察总长"提起非常上诉之理由书。"地检署处务规程"第28条规定："检察官于收受裁判正本之送达后，应依次登簿送由主任检察官核转检察长阅。其依法得声明不服者，并应于法定期间内陈明应否声明上诉或抗告之理由，经由主任检察官转陈检察长核定。"（3）涉及重要人物、重要案件的法律文书，为慎重起见，应当送请检察长核定。

第三，检察长、主任检察官对检察法律文书的审查，不仅要进行形式审查，而且要进行实质审查。依"高等法院以下各级法院及其分院检察署办案书类及文件审查注意要点"第2条规定，检察长、主任检察官审阅检察官办案书类，应特别注意下列事项：（1）书类内容与卷内资料是否相符；（2）有无调查之事证尚未调查；（3）事实之认定是否适当；（4）法律见解有无错误，引用条文有无疏漏；（5）类似案件，法律上见解或处理是否一致；（6）格式及文字用语是否妥适，有无遗漏或笔误；（7）有无其他错误或不当情形。上述事项中，（1）、（6）项为形式审查，（2）~（5）项则为实质审查。主任检察官在审查后，可以修正或填具意见。修正，即对检察法律文书中的遗漏、笔误、用语、格式甚至标点等进行更正，以使其更加严谨、规范。填具意见，即在检察法律文书（或签批表）上填写同意、不同意等意见。主任检察官若认为案件事实不清、法律适用有误等情形时，可以提供法律建议、搜证建议等，交原承办检察官再行斟酌。在事实清楚、证据充分情况下，若对案件的定性、处理存在不同意见时，主任检察官不能强迫检察官改变决定，而应报请检察长决定。

对于主任检察官核转的检察法律文书，检察长得径为修正，如认为检察官声请简判决处刑应提起公诉，直接在声请简判决处刑书之原本改为起诉书，或对于检察官之起诉书，直接改为简判决处刑书。检察长亦可指示原则命检察官重新撰拟后送核。检察长如果不同意检察官的意见，应当与检察官直接沟通、相互说服，而不得强迫检察官改变决定。如果无法说服检察官时，"除非有重大及坚定事由，由检察长实施职务承继、职务移转权，将案件收回自己办理或转给另一位检察官办理外，原则上还是应尊重检察官的认定及意见"①。检察长在检察法律文书（或签批表）上签名盖章后，该文书即可对外公告。

主任检察官、检察长并不因核转、签发法律文书而承担司法责任。因为台湾地区检察机关实行个人负责制，案件成败责任皆由检察官独自承担。

第四，未经检察长核定的法律文书，对外仍然具有法律效力。在我国台湾地区，尽管检察法律文书需要由检察长核定，但由于个别检察官系独立行使职权之机关，因而检察官在行使"刑事诉讼法"赋予的权限时，均以自己名义独立对外行使。如提起公诉、不起诉处分、拘提被告、声请羁押被告、声请搜索票、指挥徒刑之执行等，均以检察官个人名义为之。②如"××地方法院检察署检察官起诉书""××地方法院检察署检察官拘票""××地方法院检察署检察官搜索票声请书""××地方法院检察署检察官执行指挥书"等法律文书，最后都署名"检察官××"，由检察官承担全部责任。

2004 年，花莲地检署检察官李子春侦办游盈隆涉嫌贿选案，在起诉书送检察长核阅期间，未依检察长指示补充起诉书之立论基础（关于政策支票是否构成贿选罪部分），径行撰拟起诉书并私自以邮寄方式向法院起诉，引起社会哗然。当时，"法务部"以及上级检察署均认为该起诉程序违背送阅及公告手续且违反"检察一体"之指令权，其起诉应属无效。花莲地方法院经审理认为，依"刑事诉讼法"第 264 条规定，制作起诉书且记载起诉书之必要事项，并将卷宗及证物一并送交法院，对外向法院为起诉之意思表示，则起诉程序应属合法，至于内部有无违反检察机关内部之规定或为行政惩处，应由检察机关内部进行制约。③根据该判决，起诉书的生效并非以检察长核定为构成要件和必经法律程序。检察官即使违反检察一体原则，未经检察长核准即径向法院起诉，只要在程序上能践行"刑事诉讼法"第 264 条之规定，该起诉即属合法有效。

---

① 施庆堂、林丽莹：《台湾地区的主任检察官制度》，《国家检察官学院学报》2014 年第 6 期。

② 我国台湾地区"刑事诉讼法"仅规定少数权限由检察长行使，如侦查中被告之通缉必须由检察长发布、二审再议审查权属第二审检察机关检察长之权限。

③ 蔡碧玉等：《检察官伦理规范释论》，中国检察出版社，2016。

在我国台湾地区，实行检察书类送阅制度的目的，一是指导。即通过经验丰富的主任检察官与检察长对于个别检察官个别案件进行指导，以减少、避免法律文书的差错，提高检察法律文书的质量。二是监督。检察法律文书送阅制度本质上是检察机关内部的一项管控机制。主任检察官、检察长对检察官撰拟的法律文书进行审核、核定，其实是对检察官办案进行内部监督、制约，以防止检察官滥权，维护法律统一正确实施。但是，检察官侦查终结之结案书类均须送交主任检察官、检察长核阅，由于主任检察官或检察长并未参与个案调查，所以形成未参与侦查的检察官决定要不要起诉的怪现象，有违司法亲历性原则。更有甚者，"某些检察长用案件退回，要求重新调查证据改变承办检察官之判断，而书类（起诉书或起诉处分书）之对外具名人仅检察官个人，检察长、主任检察却毋庸对该书之结果负任何责任，造成检察长有权无责，检察官有责无权之权责不分情况"①。

三　我国大陆地区检察法律文书签发制度

1949 年《中央人民政府最高人民检察署试行组织条例》、1951 年《中央人民政府最高人民检察署暂行组织条例》、1951 年《各级地方人民检察署组织通则》、1954 年《人民检察院组织法》均未对检察机关法律文书审核、签发制度作出明确的规定。唯 1954 年《最高人民检察院组织条例》（草稿）第 12 条规定："本院所有命令、重要指示以及带有法定性的公文，用检察长名义发出。所有通报、决议、案件处理等公文，用院的名义发出。如纯属检察业务工作方式方法等指导性的公文，用各厅名义直接向下级业务单位发出。凡属用检察长和院的名义发出的公文，由各主管单位拟稿报请检察长签发；用院的名义发出一般性的公文，检察长责成各主管单位负责人签发。"

1956 年，最高人民检察院发布的《各级人民检察院侦查工作试行程序》规定，经审查告发后，认为没有构成犯罪或犯罪事实显属轻微可以不追究刑事责任的时候，由侦查人员制作《不提起刑事案件书》报检察长批准。确认有犯罪事实并应追究刑事责任的时候，由侦查人员制作《提起刑

---

① 洪志明：《论检察一体——检察官应为独立自主的官署或受指令拘束之机关》，《静宜人文社会学报》2009 年第 1 期。

事案件书》报检察长批准。① 侦查终结后，认为被告应受到刑事处罚的时候，应由侦查人员制作"起诉书"，报检察长批准。凡证据不足，缺乏构成条件的时候，应由侦查人员制作"不起诉书"，报检察长批准。被告虽犯有罪行，但因有悔罪、立功的表现或其他原因可免予其刑事责任的时候，应由侦查人员制作"免予起诉书"，报检察长批准。

1958 年 8 月，最高人民检察院《关于修改办案程序的初步意见》决定将"提起刑事案件程序"改为立案程序，同时取消"提起刑事案件书"和"不提起刑事案件书"。规定对于自行侦查的案件，在侦查开始即要逮捕人犯的，不单独办理批准手续，在立案表上填写需要逮捕的意见，报检察长一并审批。凡检察院向法院起诉的案件，按案件性质由主办人或主办单位制作起诉书，报检察长批准后，即移送法院审判。

1963 年 8 月，最高人民检察院《关于审查批捕、审查起诉、出庭公诉工作的试行规定》（修改稿）规定："批准逮捕书"、不批准逮捕的通知和书面补充侦查意见，都必须由检察长审查签发。"起诉书"、"免予起诉书"、"不起诉书"和书面补充侦查意见，都必须由检察长审查签发。"起诉书"应当由出庭公诉的检察长（员）署名；"免予起诉书""不起诉书"一律由检察长署名。

1978 年检察机关恢复重建后，在实践中逐步形成了"检察人员承办，办案部门负责人审核，检察长或者检察委员会决定"的办案模式，即所谓的"三级审批制"。与此相适应，检察法律文书的制作程序一般是：由案件承办人提出初步意见，部门负责人进行审核，经检察长签署后制发；重大问题还应提交人民检察院检察委员会讨论决定。②

鉴于"三级审批制"受到诸多质疑和批评，2015 年最高人民检察院《关于完善人民检察院司法责任制的若干意见》（简称《若干意见》）并未规定"部门负责人审核"职责。尽管《关于完善检察官权力清单的指导意见》（简称《指导意见》）第 8 条规定"基层人民检察院业务部门负责人的审核权原则上应当严格限制并逐步取消。省级人民检察院和地（市）级人民检察院业务部门负责人的审核权可以根据实际情况适当保留。业务

---

① 《最高人民检察院关于〈各级人民检察院侦查工作试行程序〉的说明》中指出："在省、市以上和设处、科的大、中城市的检察院，为了工作便利，检察长一般可以将某些案件的这一程序授权处、科长批准。"闵钐：《中国检察史资料选编》，中国检察出版社，2008。

② 陈国庆主编《检察文书制作与范例》，中国人民公安大学出版社，2002。

部门负责人审核时，可以要求检察官对案件进行复核或补充相关材料，但不得直接改变检察官意见或要求检察官改变意见"，但是业务部门负责人的审核已不再是检察法律文书签发的必经程序，而是成为非常态的、非制度化的程序。同时，业务部门负责人如何介入案件并进行审核，并没有明确的规定。因此在基层及地（市）级检察机关，业务部门负责人事实上不再行使审核权。检察法律文书的审核权，主要由检察长（分管副检察长）行使。

《若干意见》第9条规定："以人民检察院名义制发的法律文书，由检察长（分管副检察长）签发。"第39条规定"……对于检察官在职权范围内作出决定的事项，检察长（副检察长）不因签发法律文书承担司法责任……"由于办案过程中以人民检察院名义制发的法律文书数量庞大，全部由检察长（副检察长）签发难以实现，因此，《指导意见》第7条第1款规定："以人民检察院名义制发的法律文书属检察官职权范围内决定事项或不涉及办案事项决定权的，可以由检察官签发。"

目前，检察法律文书的签发主体已明确为检察长（分管副检察长）和检察官。以人民检察院名义制发的法律文书，原则上由检察长（分管副检察长）签发，属于检察官职权范围内决定事项或不涉及办案事项决定权的，可以授权检察官签发。以C市A分院为例，应由检察长（分管副检察长）签发的检察法律文书包括：回避决定书，重大疑难复杂案件的（不）批准逮捕决定书，撤销（不）批准逮捕决定书，复议、复核决定书，重大疑难复杂案件的起诉书，变更、追诉起诉决定书，不起诉决定书，撤回起诉决定书，抗诉书等。可以由检察官决定的检察法律文书包括：一般案件的（不）批准逮捕决定书、起诉书、补充侦查决定书、量刑建议书，等等。对于检察官在职权范围内作出决定的事项，尽管有的法律文书需由检察长（分管副检察长）签发，但检察长（分管副检察长）并不承担司法责任。

四 两岸检察法律文书签发制度比较

综观两岸检察法律文书签发制度，都坚持重要检察法律文书应当由检察长签发，贯彻了检察一体制原则，有利于加强检察长对检察官办案的监督、控制。其差异则体现在如下几点。

（一）检察法律文书流转的层级

我国台湾地区检察机关实行"检察官撰拟→主任检察官审核→检察长核定"的送阅制度，体现了对检察官办案的层级控制。我国大陆地区检察机关过去实行"检察人员承办，办案部门负责人审核，检察长或者检察委员会决定"办案模式，检察法律文书送阅制度与台湾地区并无二致。但我国大陆地区检察机关逐步取消"部门负责人审核"环节后，检察法律文书签发流程已变更为"检察官撰拟→检察长（分管副检察长）审核、决定"两个环节。

（二）检察法律文书审核的内容

我国台湾地区通过"地方法院及其分院检察署处务规程""高等法院以下各级法院及其分院检察署办案书类及文件审查注意要点"等规范性文件对审核的具体内容作了规范。检察长、主任检察官对检察法律文书的审核，不仅是形式审查，而且是实质审查，这既有利于保证检察法律文书的质量，也有利于提高办案质量。反观我国大陆地区，目前并未对检察长（分管副检察长）审核的具体内容作出明确的规定。实践中，有的检察长（分管副检察长）对检察法律文书的审核一丝不苟、精益求精，有的检察长（分管副检察长）对检察法律文书的审核则是浮光掠影、蜻蜓点水。

（三）检察法律文书审核的方式

我国台湾地区检察长、主任检察官审核检察法律文书的主要方式有三种。一是阅览。即通读检察法律文书，了解其中的主要内容，发现存在的问题与不足。二是询问。即与承办检察官面对面沟通，了解检察法律文书的制作情况，以及检察官对事实的认定及法律见解。三是调阅卷宗。"地检署处务规程"第25条第2款规定："检察长或其授权之主任检察官得命检察官报告处理事务之经过或调阅卷宗，检察官不得拒绝。"在我国大陆地区，目前并未对检察长（分管副检察长）审核检察法律文书的方式进行明确规定。

（四）检察法律文书的处理

在我国台湾地区，主任检察官审核后，得为修正或填具意见；如有意见，得交原承办检察官再行斟酌。检察长审核后，得径为修正，或指示原则命重行撰拟后送核。无论主任检察官还是检察长，都不得强令检察官改变自己的意见，更不得代替检察官作出决定。因为检察官在职务上是独立的，检察长、主任检察官不得侵犯检察官司法事务上之独立判断权责。而在我国大陆地区，根据《若干意见》《指导意见》等规定，检察长（分管副检察长）审核后，如果不同意检察官处理意见，可以有三种处理方式：一是要求检察官复核。所谓复核，即要求检察官重新对案件进行审查。检察官复核后，可以维持原处理意见，也可以改变原处理意见。二是提请检察委员会讨论决定。对于检察委员会的决定，检察官即使有异议，也必须执行。三是直接作出决定。即直接作出改变检察官原处理意见的指令或决定。检察官认为该决定错误的，可以提出异议；检察长（分管副检察长）不改变原决定，或要求立即执行的，检察官应当执行。

比较而言，我国台湾地区检察法律文书签发制度较为健全和规范，在审核内容、审核方式等方面都有明确具体的规定，易于操作。同时，兼顾到检察官独立性与检察一体制之间的平衡，对检察长指令权进行了必要的限制，充分尊重了检察官的独立性。而我国大陆地区检察法律文书签发制度则较为原则和粗疏，在审核内容、审核方式等方面都不够明确，易使审核流于形式。并且，检察长（分管副检察长）不同意检察官处理意见的，可以直接作出决定。在检察官独立性与检察一体制之间缺乏"润滑剂"，不利于保障检察官办案的独立性。

五　我国大陆地区检察法律文书签发制度的完善

"他山之石，可以攻玉。"借鉴我国台湾地区检察法律文书签发制度，我国大陆地区应当制定统一的《各级人民检察院检察处务规则（或称"组织条例"）》《各级人民检察院检察法律文书审核要点》等规范性文件，对检察法律文书的审核、签发主体、审核内容和方式等作出明确具体的规定，以实现检察法律文书签发的规范化、制度化。

（一）进一步明确检察法律文书的审核主体

由于部门负责人在事实上不再行使审核权，检察法律文书的审核层级已由原来的三级变更为两级。尽管在一定程度上实现了办案扁平化管理，但却带来以下问题：一是极大地增加了检察长尤其是分管副检察长的审核工作量，一些基层检察院分管副检察长不堪重荷，很难对检察法律文书进行全面的、仔细的审核。二是对检察官职权范围内决定的具体案件或者某类案件的办案事项，检察长（副检察长）只在例外的情况下才进行审核，即选择性、随机性审核，这不利于加强对检察官办案全方位、系统性的监督制约。

鉴于上述问题，应当重新确定检察法律文书的审核主体。为此，有必要对传统的"三级审批制"进行客观的、理性的评价，充分吸收其合理内核。"三级审批制"目前受到诸多质疑和批评，但其本身之良窳，因如何运用而不同。用之得当，则检察效能提升、权力监督更为确实；用之不当，则降低检察效率，影响办案质量。[①] 由于部门负责人、检察长（分管副检察长）承担着大量的行政管理职能，故有必要充分发挥主任检察官的作用，以减轻检察长（分管副检察长）、部门负责人的工作负荷。《指导意见》第9条规定，"主任检察官对组内检察官作为独任检察官承办的案件不行使办案事项决定权，也不行使审核权"。笔者认为，该规定值得商榷。主任检察官是办案组的负责人（组长），理应对办案组内检察官撰拟的检察法律文书进行审核。因为，信任不能代替监督。对检察官办理的每一个案件，都应当由主任检察官进行审核、把关。这既是对检察官办案的监督，也是对其办案的指导。将检察官办理的案件交由主任检察官审核后，部门负责人就不再行使个案审核职能，而专注于本部门的行政管理，以及检察业务"面"上的管理，如组织研究涉及本部门业务的法律政策问题，对本部门检察业务进行宏观指导、督促等。

主任检察官承担案件审核职能后，检察法律文书的审核层级为："检察官撰拟→主任检察官审核→检察长（副检察长）决定"的三级办案机制。但是，主任检察官审核后，不能改变检察官的决定。如有不同意见，应报请检察长（副检察长）决定。这就从根本上区别于传统的"三级审批制"，既有利于加强对检察官办案的监督制约，也有利于尊重、保障检察官的办案独立性，最大限度地实现检察一体制与检察官独立性之间的平稳。

（二）进一步明确检察法律文书审核的内容、方式

对检察法律文书的审核，应当是全面审查，既包括形式审查，也包括

① 我国台湾地区检察机关实行的办案模式，其实类似于我国大陆地区检察机关实行的"检察人员承办、部门负责人审核、检察长或检察委员会决定"的"三级审批制"办案模式，但在运行中总体能够保持平稳、顺畅。这表明，问题并不在于"三级审批制"自身，而在于如何运用。

实质审查，以保证检察法律文书的规范性、准确性。具体包括：（1）文书格式是否规范。（2）罪名、法律术语是否准确、规范。对事实、情节以及法律术语的表述应当符合有关实体法和程序法法条的规定。（3）单位名称、数据、计量单位是否符合法定规范。（4）语言文字表述是否符合语言规范。文书中的字、词、句、标点符号以及修辞必须符合语言和语法规范，做到文字简洁、用语确切。（5）文书是否准确地写明案件事实、人物、时间、地点、行为的目的、动机、手段、情节、行为后果等基本要素。（6）文书中的数据、适用罪名、引用法律依据是否准确等。

对检察法律文书审核的方式主要包括：（1）审读检察法律文书，发现其中的错漏、问题。（2）与检察官进行沟通、交流。对检察法律文书中的问题、疑点，与检察官进行当面或者电话沟通，以达成共识。（3）调阅卷宗。主任检察官、检察长（分管副检察长）有权调阅卷宗，检察官不得拒绝。（4）亲自讯问犯罪嫌疑人、被告人，询问被害人、证人，对言词证据进行复核等。

（三）进一步明确检察法律文书的处理、签发及效力等事项

检察长（分管副检察长）、主任检察官审核后，对检察法律文书中的错漏，可以进行修正，也可以退回检察官补充完善后再报。不同意检察官处理意见的，应当进行充分的沟通、说服。必要时，检察长（副检察长）有权直接作出决定。检察官认为决定不当的，有权提出异议；认为该决定违法的，有权行使抗命权，拒绝执行。检察长（副检察长）不得强迫检察官执行该决定，而应当行使职务承继或移转权，将案件收归自己办理或移交其他检察官办理。

以人民检察院名义制发的法律文书，哪些应当由检察长（分管副检察长）签发，哪些可以授权检察官签发，应当进一步明确。即使由检察长（分管副检察长）签发的法律文书，除了法律另有规定外，都应当署上检察官自己的名字。未经检察长（分管副检察长）签发的法律文书，不能盖公章，故对外并不发生法律效力。

（四）进一步明确检察法律文书的审核、签发责任

《指导意见》第8条规定，"业务部门负责人审核案件，承担相应的监督管理责任"。根据该规定，主任检察官、检察长（分管副检察长）审核案件，也应当承担监督管理责任。尽管检察长（分管副检察长）不因签

发法律文书而承担司法责任，但应当承担监督管理责任。所以，对于检察官在职权范围内作出决定的事项，检察长（分管副检察长）绝不仅仅是"签字"背书而已，而应当进行全面的、系统的审查。检察法律文书的文字表述是否准确，犯罪事实是否清楚，证据是否确实充分，引用法条是否准确等，检察长（分管副检察长）都应一并进行审查，不得放过任何蛛丝马迹。检察长（分管副检察长）怠于、放弃行使监管职责，或者未尽到充分注意义务、因重大过失或故意导致出现冤假错案等严重后果时，理应对其失职或过错承担监督管理责任。

A Comparative Study of the Law of the Cross-Strait Procuratorial Legal Documents

Duan Mingxue

(The First Branch ofChongqing Municipal People's
Procuratorate; Chongqing, 401147)

Abstract: The cross-strait procuratorial system has the characteristics of "homology", and it has similarities in the procuratorial legal document filing system. The legal documents drafted by the procurators of Taiwan in China must be sent to the procurator for verification to the procurator for approval before they can be announced. After the judicial responsibility system reform in mainland China, the department heads no longer exercise the right to review, forming a prosecutor to write a procuratorial legal document, the procurator-general (in charge of the deputy chief procurator) to review and issue and the prosecutor to issue two modes. Drawing on the system of procuratorial legal texts in Taiwan, it is necessary to further clarify the subject, review content and methods of procuratorial legal documents in China, procuratorial legal documents processing, issuance and effectiveness, procuratorial review of legal documents, and issuance of responsibilities.

Keywords: Cross-strait Straits; Procuratorial Legal Documents; Issuance System; Procuratorial System

我国卫生事业发展进程中患者权利立法评析

周　林　程雪莲　张　霖*

（重庆市卫生健康委员会，401147；重庆医科大学，400016）

摘　要： 新中国成立 70 年来，我国卫生事业不断发展，医药卫生体制改革不断深化，卫生立法逐步完善。患者作为所有卫生制度设计的原点，其权利理应得到法学界的关注。笔者用详尽的史实勾勒了我国卫生事业发展和我国卫生立法走过的四个阶段，并整理了我国现行有效的 145 件卫生立法，经过详细统计其中患者权利立法的变化，笔者分析了我国患者权利立法存在的问题，受到《医疗机构投诉管理办法》第 47 条的启示，笔者提出了完善我国患者权利立法的构想。

关键词： 卫生事业发展；卫生立法；患者权利

一　引言

20 世纪 80 年代末，我国老一辈医学家吴阶平院士、裘法祖院士等 5 人联名向原卫生部及人民卫生出版社教材办公室写信，建议将医学教材及医学出版物中"患者"一词统一更改为"病人"。理由是：在我国早期医学词典、医学教材、医学出版物及汉语言辞典中并无"患者"一词；"九一八"事变后，日本侵占我国东北三省，"患者"一词才在关外出现并传入关内；因此，"患者"一词与日本侵占我国东北的殖民时代有着很大的关联。① 2017 年，华中科技大学同济医学院附属同济医院外科的陈孝平院士，再次

---

* 周林，医学博士，重庆市卫生健康委员会党委委员、副主任，主要研究方向为心血管系统疾病、医药卫生方针政策、特种医学。

　通信作者：程雪莲，女，法学硕士，重庆市卫生健康委员会法规处副处长，主要研究方向：民商法、行政法、卫生法学，E-mail：icelotuscheng@163.com。

　张霖，女，重庆医科大学公共事业管理（卫生事业管理方向）本科生。

① 《院士建议将"患者"改为"病人"，折射出了什么？》，https://www.sohu.com/a/123275861_377317，最后访问日期：2019 年 3 月 15 日。

向《中国实用外科杂志》去函，建议将医学教材及医学出版物中的"患者"一词统一更改为"病人"，其理由除了重申了吴阶平等 20 位院士的理由外，更指出《辞海》《汉语大词典》无该词条，而《论语·学而》《左传·宣公二年》《晋书·桓石虔传》《南史·江茜传》等诸多古文典籍均表明，在我国古代"患"字虽有"病"意，也有"患……者"的语式，但并无用来专门指称病人的"患者"一词。① 2018 年，山西大学文学院教授王磊在《汉字与历史文化》杂志中，发表论文与陈孝平院士就该问题进行商榷，并指出虽然《辞海》《汉语大词典》中失载了该词条，但中国古籍中有大量的"患者"用例，意指患病的人，同时引用了《梁书·严植之传》《北史·李迁哲传》等 14 部古籍作为例证，认为该词虽然在日本的医学古籍中被使用，但在汉语中的使用从古至今是连续的，且用例很多，音、义也并未在近代与日本接触之后产生变化，因此不能当作是源自日语的借词。

虽然，这一场关于"患者"与"病人"渊源与用法的论战并未对我国卫生行政管理乃至卫生立法造成太大影响，然而笔者研读了我国相关卫生立法，却发现这一场论战不仅反映了我国卫生立法中医疗行为相对方②用语的变化，也折射出随着我国卫生事业发展，我国卫生立法中患者（病人）权利的不断变化。本文笔者就试图循着我国卫生事业发展和我国卫生立法发展这两条线索，从中寻找卫生立法术语的变化和我国患者（病人）权利不断发展的蛛丝马迹，通过点评《医疗机构投诉管理办法》第 47 条，对我国正在制定的《基本医疗卫生与健康促进法》中如何完善我国患者权利提出立法建议。

二 我国卫生事业发展和卫生立法进程的历史回顾

（一）萌芽阶段（1949～1976 年）

1949 年 10 月 1 日，中华人民共和国成立，在中国共产党和中央人民政府领导下，中国卫生事业进入了一个崭新时期。1949 年确定的全国卫生建设总方针是："预防为主，卫生工作的重点放在保证生产建设和国防建设方面，面向农村、工矿，依靠群众，开展卫生保健工作。"1950 年 8

① 王磊：《"患者"是汉语中的固有词语——与陈孝平院士商榷》，《汉字与历史文化》2018 年第 5 期。
② 在我国卫生立法中存在病人、患者两个法律概念混用的情况，并为后续论述需要，笔者在此处使用了"医疗行为相对方"这一概念以规避这一问题。

月，在北京召开了第一届全国卫生会议，在毛泽东同志的"团结新老中西各部分医药卫生人员，组成巩固的统一战线，为开展伟大的人民卫生工作而奋斗"题词指引下，规定了"面向工农兵，预防为主，团结中西医"的中国卫生工作三大原则，并作出健全基层组织，发展医学教育，培养各级卫生人员，调整医药卫生事业的公私关系及医药界团结互助学习等决定。1952年，第二届全国卫生会议根据爱国卫生运动的经验和周恩来同志的指示，将"卫生工作与群众运动相结合"作为卫生工作的第四大原则。此后，在卫生工作四大原则的指导下，中国卫生事业得到迅速的发展，取得了显著的成绩。1953年，第三届全国卫生会议指出：卫生部门必须从国家的总路线和总任务出发，在党和政府的领导下，继续采取"整顿巩固、重点发展、提高质量、稳步前进"的方针，贯彻卫生工作四大原则；"今后卫生工作，应首先加强工业卫生工作和城市卫生工作，并继续开展爱国卫生运动，防治对人民危害最大的疾病，有步骤地结合互助合作运动，开展农村卫生工作，为增进人民健康，加强国家的经济建设和国防建设而奋斗"。1966～1976年，在"文化大革命"中，由于"四人帮"的疯狂破坏，全国卫生事业发展缓慢，有的停滞不前，有的被严重摧残。

伴随着我国卫生事业起步，我国卫生立法开始萌芽，如1963年，卫生部制发了《关于开业医生暂行管理办法》，该办法明确规定，"个体开业医生是独立脑力劳动者，是社会主义卫生事业的补充……可允许极少数适合开业的医生个体开业"。但在这一阶段，我国尚未制定一部严格意义上的专门卫生立法，也缺乏患者（病人）权利的表述，患者（病人）权利主要体现在《共同纲领》和1954年《宪法》中。如《共同纲领》第48条规定："提倡国民体育。推广卫生医药事业，并保护母亲、婴儿和儿童的健康。"1954年《宪法》第93条规定："中华人民共和国劳动者在年老、疾病或者丧失劳动能力的时候，有获得物质帮助的权利。国家举办社会保险、社会救济和群众卫生事业，并且逐步扩大这些设施，以保证劳动者享受这种权利。"

（二）起步阶段（1977～1991年）

粉碎"四人帮"后，中国的社会主义建设进入了新的历史时期。我国卫生事业也迎来了春天，开始逐步发展。1979年，全国卫生厅局长会议召开，探讨并制定的现阶段卫生工作的具体方针是：贯彻预防为主方针，坚持中医、西医、中西医结合三支力量并存、都要发展的方针，将卫生工作的重点放在农村，同时加强工矿和城市的医疗卫生工作。解决好8亿农村人口的防病治病问题是当前中国医疗卫生工作的重点。1982年，根据国民经济调整改革的方针，卫生部制定的卫生工作任务增加了认真做好计划生育技术指导工作，加强妇幼保健工作；加强卫生队伍建设和医学科学研究工作，大力培养卫生技术人才和管理人才；加强经济管理、技术管理和行政管理；搞好医药结合，加强药政管理，确保药品质量；加强党的领导，努力做好思想政治工作等内容。1985年，全国卫生厅局长会议上探讨了如何按照中共中央、国务院的改革精神进行卫生工作体制改革的问题；会议决定取消"赤脚医生"这一名称，规定考试合格者为"乡村医生"，不合格者为卫生员。1988年，全国卫生厅局长会议中心议题是：学习贯彻党的十三大会议精神，加快和深化卫生改革，着重讨论了全面加强预防保健工作和加快培养农村卫生技术人才的问题。1991年，全国卫生厅局长会议明确预防保健、农村卫生和中医中药为全国卫生工作的战略重点。同年1月，中共中央提出《关于制定国民经济和社会发展十年规划和"八五"计划的建议》，关于卫生保健事业提出"贯彻预防为主、依靠科技进步、动员全社会参与、中西医并重、为人民健康服务的方针"。

　　随着我国卫生事业的发展，我国卫生立法开始起步。1982年，我国出现了第一个管理医院的法律性质文件《全国医院工作条例》[1]，该《条例》分总则、领导体制、医疗预防、教学科研、技术管理、经济管理和总务工作、政治思想工作七章，对医院进行了定义，并将医院管理纳入法制化轨道。该文件中全篇均使用了"病人"这一概念，并且首次在立法层面关注病人的权利。[2]

183

---

[1] 《全国医院工作条例》虽然名称叫"条例"，并且许多网站中将其归入国务院行政法规，但该文件系卫生部发布，目前尚未失效，但并未统计进国家卫生健康委规章库，因此，本文将其定性为法律性质文件。该文件是否符合《立法法》，本文因囿于篇幅问题，暂不加以论述。

[2] 《全国医院工作条例》第7条规定："医院设急诊室，并要有一定数量的观察床。挂号、收费、检验、放射、药剂、手术等科室，要密切配合，为急诊提供方便。有条件的医院可设急诊科。急诊科、室要配备技术熟练、责任心强的医务人员，主治医师或高年住院医师要相对固定。建立抢救室和传呼设施，常备必需的急救药品器材，制定抢救常规和抢救程序。保证抢救工作及时、准确、有效地进行。观察室要建立健全医疗、护理、查房等制度，留院观察病人应有病历、正式医嘱和观察记录。实行二十四小时开放应诊。危急病人不受划区分级分工医疗限制。可能在转院途中死亡的病人不应转院。门诊各科室各部门要按规定任务配足医疗力量，搞好协同配合，有秩序地安排就诊，简化手续，方便病人，尽可能缩短候诊时间。建立门诊病历，实行预约门诊、计划门诊和门诊一贯制。主任医师要定期参加门诊，主治医师和住院医师应保持一定比例，有条件的医院可设立专科或专病门诊。门诊病人经三次门诊不能确诊者，应请上级医师复诊。加强候诊教育，做好防治疾病、计划生育和科学育儿知识的宣传工作。除国家统一规定的节假日外，任何医院未经卫生行政部门批准不得停诊。"

这一阶段，我国共制定现行有效卫生法律 3 部，分别为《药品管理法》《国境卫生检疫法》《传染病防治法》；现行有效卫生行政法规 9 部，包括《国境口岸卫生监督办法》《公共场所卫生管理条例》《尘肺病防治条例》等；现行有效的规章有 3 部，分别为《各级妇幼保健机构编制标准（试行）》《禁止食品加药卫生管理办法》《精神疾病司法鉴定暂行规定》。此时，患者、病人的概念都开始在卫生立法中出现，患者（病人）权利开始正式从立法层面上得到关注（见表 1）。

表1　1977～1991 年卫生立法及病人（患者）权利立法情况统计

序号	效力层级	立法名称	通过年份	是否有病人（患者）概念及权利表述
1	法律	药品管理法	1984	无
2		国境卫生检疫法	1986	开始使用病人概念
3		传染病防治法	1989	使用病人概念
1	行政法规	国境口岸卫生监督办法	1981	开始使用患者概念
2		公共场所卫生管理条例	1987	无
3		尘肺病防治条例	1987	使用患者概念
4		医疗用毒性药品管理办法	1989	无
5		放射性药品管理办法	1989	使用患者概念
6		国境卫生检疫法实施细则	1989	使用病人概念
7		化妆品卫生监督条例	1989	无
8		学校卫生工作条例	1990	无
9		传染病防治法实施办法	1991	使用病人概念，并开始关注病人权利
1	部门规章	各级妇幼保健机构编制标准（试行）	1986	无
2		禁止食品加药卫生管理办法	1987	无
3		精神疾病司法鉴定暂行规定	1989	使用病人概念

（三）快速发展阶段（1992～2002 年）

1992 年，党的十四大提出我国经济体制改革的目标是建立社会主义市场经济体制，这是我国经济体制改革的又一个里程碑。适应社会主义市场经济体制的要求，深化卫生事业改革成为必然。1992 年，全国卫生工作会议讨论并通过了《中国卫生发展与改革纲要（1991—2000）》《公费医疗制度改革设想》和卫生部实施《90 年代中国儿童发展规划纲要》方案以及有关妇幼卫生工作问题。1993 年，全国卫生工作会议讨论了《国家工作人员公费医疗改革方案》。1994 年，国务院决定在江苏省镇江市和江西省九江市进行职工医疗制度改革试点，探索具有中国特色的社会统筹与个人账户相结合的社会医疗保险制度。1996 年，国务院决定在全国 57 个市扩大试点。这些措施为建立我国社会医疗保险制度迈出了可喜的一步。1997 年，党中央、国务院召开全国卫生工作会议，公布了《中共中央、国务院关于卫生改革与发展的决定》，强调了卫生事业的重要性，明确了"卫生事业是政府实行一定福利政策的社会公益事业"的指导方针，认识到了卫生投入不足，但未对卫生经费不足及医疗机构补偿问题作出具体规划。2000 年开始，各地纷纷效仿江苏宿迁，将医疗机构推向市场，以解决筹资问题，表面上盘活了医疗资源，但也淡化了医疗的公益性质。

随着市场经济的发展、我国医疗市场的放开和国家法制建设进程的加快①，我国卫生立法也进入了发展阶段。在此期间，我国共制定了现行有效卫生法律 5 部，分别为《红十字会法》《母婴保健法》《献血法》《执业医师法》《职业病防治法》；现行有效行政法规 13 部，包括《中药品种保护条例》《医疗机构管理条例》《血液制品管理条例》等；现行有效部门规章 33 部，包括《医疗机构管理条例实施细则》《卫生行政处罚程序》《医疗事故技术鉴定暂行办法》等（见表 2）。

---

① 1992 年，邓小平同志到南方视察发表了重要讲话；1992 年党的十四大确定，我国经济体制改革目标是实现社会主义市场经济。从此，我国立法工作进入了一个新的阶段。十四届三中全会通过了《关于建立社会主义市场经济体制若干问题的决定》，提出新阶段的立法任务是，"遵循宪法规定的原则，加快经济立法，进一步完善民商法律、刑事法律、有关国家机构和行政管理方面的法律，在本世纪末初步建立适应社会主义市场经济的法律体系"，立法重点是"要抓紧制订关于规范市场主体、维护市场秩序、加强宏观调控、完善社会保障、促进对外开放等方面的法律。要适时修改和废止与建立社会主义市场经济体制不相适应的法律和法规"。1997 年党的十五大根据法制建设的进展，提出要"进一步扩大社会主义民主，健全社会主义法制，依法治国，建设社会主义法治国家"，把依法治国作为党领导人民治理国家的基本方略。在立法方面，十五大进一步提出，要"加强立法工作，提高立法质量，到 2010 年形成有中国特色社会主义法律体系"。《回顾新中国法制建设的历程》，http://news.sina.com.cn/o/2004 - 09 - 07/14233607551s. shtml，最后访问日期：2019 年 3 月 23 日。

表2 1992~2002年卫生立法及病人（患者）权利立法情况统计

序号	效力层级	立法名称	通过年份	是否有病人（患者）概念及权利表述
1	法律	红十字会法	1993	无
2		母婴保健法	1994	无
3		献血法	1997	使用患者概念，并开始关注患者隐私权及健康权救济
4		执业医师法	1998	使用患者概念，已经有较多的患者权利规定
5		职业病防治法	2001	使用病人概念
1	行政法规	中药品种保护条例	1992	无
2		医疗机构管理条例	1994	使用患者概念，已经有较多的患者权利规定
3		食盐加碘消除碘缺乏危害管理条例	1994	无
4		红十字标志使用办法	1996	无
5		血液制品管理条例	1996	无
6		国内交通卫生检疫条例	1998	使用病人概念
7		医疗器械监督管理条例	2000	无
8		计划生育技术服务管理条例	2001	无
9		母婴保健法实施办法	2001	无
10		医疗事故处理条例	2002	使用患者概念，已经有较多的患者权利规定
11		使用有毒物品作业场所劳动保护条例	2002	使用病人概念
12		社会抚养费征收管理办法	2002	无
13		药品管理法实施条例	2002	无
1	部门规章	卫生监督员管理办法	1992	无
2		外国医师来华短期行医暂行管理办法	1992	无
3		女职工保健工作规定	1993	无
4		医疗机构管理条例实施细则	1994	使用患者概念，已经有较多的患者权利规定
5		医疗机构诊疗科目名录	1994	使用患者概念和病人概念，但患者权利表述较少
6		医疗机构基本标准（试行）	1994	无
7		医疗机构设置规划指导原则	1994	使用病人概念
8		灾害事故医疗救援工作管理办法	1995	无

序号	效力层级	立法名称	通过年份	是否有病人（患者）概念及权利表述
9		医疗机构评审办法	1995	使用病人概念
10		母婴保健专项技术服务许可及人员资格管理办法	1995	无
11		医用氧舱临床使用安全技术要求	1996	无
12		妇幼保健机构评审实施规范	1996	无
13		卫生行政处罚程序	1997	无
14		乡（镇）卫生院评审标准	1997	使用病人概念
15		医院乡（镇）卫生院评审结论判定标准	1997	无
16		全国卫生统计工作管理办法	1999	无
17		具有医学专业技术职务任职资格人员认定医师资格及执业注册办法	1999	无
18		医师资格考试暂行办法	1999	无
19		国内交通卫生检疫条例实施方案	1999	使用病人概念
20	部门规章	中外合资、合作医疗机构管理暂行办法	2000	无
21		医疗气功管理暂行规定	2000	使用患者概念，但患者权利表述较少
22		计划生育统计工作管理办法	2000	无
23		计划生育系统统计调查管理办法	2000	无
24		人类辅助生殖技术管理办法	2001	无
25		人类精子库管理办法	2001	使用患者概念，但患者权利表述较少
26		计划生育技术服务机构执业管理办法	2001	无
27		计划生育技术服务管理条例实施细则	2001	无
28		病残儿医学鉴定管理办法	2002	无
29		医疗美容服务管理办法	2002	无
30		国家职业卫生标准管理办法	2002	无
31		消毒管理办法	2002	使用患者概念
32		医疗事故技术鉴定暂行办法	2002	使用患者概念，已经有较多的患者权利规定
33		产前诊断技术管理办法	2002	无

在这一阶段卫生立法中，"病人"和"患者"两个概念交替使用，甚至在一部立法中混用，传统的以医方（含医疗机构和医务人员）为核心的一元立法理念开始向医方和患方并重的二元立法理念转变。卫生立法开始关注患者（病人）权利的规定、保护和救济，如《执业医师法》用4个条文，初步构建起了患者权利的基本框架，涵盖了患者的知情权、同意权、安全权、隐私权等基本权利。2002年国务院《医疗事故处理条例》对患者权利进行了进一步丰富和发展，涵盖了自主决定权，知情权，同意权，隐私权，平等医疗权，查阅、复印病历资料的权利、求偿权等内容，患者权利的内涵在立法上得到了拓展。同时，该条例在规定患者权利的同时也开始关注患者义务，如规定了尊重医务人员义务、执行医嘱的义务、维护医疗秩序义务等。

（四）逐步完善阶段（2003年至今）

2003年"非典"疫情后，中国开始反思公共卫生体系的漏洞，开始加强公共卫生建设，加强重大疾病防治，强化卫生执法监督。同时，围绕医疗机构的公益性，我国开始提高各种医保的覆盖面，改革卫生筹资渠道，引导医疗资源向农村合理流动。2004年，温家宝总理的政府工作报告明确了发展卫生事业的重点：一是加强公共卫生体系建设；二是把卫生工作重点放在农村；三是积极推进城镇医疗卫生体制改革试点，继续改革城镇职工医疗保险制度、药品生产流通体制和医院内部运行体制（医保、医药、医院）。2005年5月，我国开始提出"市场化非医改方向"，国务院发展研究中心和世界卫生组织"中国医疗卫生体制改革"合作课题组的研究报告提出："中国医疗体制改革基本不成功"。2007年，卫生部部长陈竺在十届全国人大常委会第三十一次会议上，报告了城乡医疗卫生体制改革的情况，引起了国内外的重视。2008年新一轮医改方案出台并公开向全社会广泛征求意见。2009年，中共中央、国务院发布《关于深化医药卫生体制改革的意见》，启动了我国以建立中国特色医药卫生体制、逐步实现人人享有基本医疗卫生服务的目标的新一轮"医改"。此轮医改强调通过改革构建起我国覆盖城乡居民的公共卫生服务体系、医疗服务体系、医疗保障体系、药品供应保障体系，形成"四位一体"的基本医疗卫生制度。为实现这一目标，明确了五项重点改革任务：加快推进基本医疗保障制度建设、初步建立国家基本药物制度、健全基层医疗卫生服务体系、促进基本公共卫生服务逐步均等化、推进公立医院改革试点。

与此同时，我国卫生立法也随着改革的深入进入大发展阶段。2003年，仅在"非典"发生后1个月我国即颁行了国务院行政法规《突发公共卫生事件应急条例》；同年，又出台了卫生部规章《传染性非典型肺炎防治管理办法》《突发公共卫生事件与传染病疫情监测信息报告管理办法》，至此我国突发公共卫生事件的相关法律制度基本建立。在此阶段，我国共制定现行有效卫生法律4部、行政法规19部、部门规章53部（见表3）。

表3　2003年至今卫生立法及病人（患者）权利立法情况统计

序号	效力层级	立法名称	通过年份	是否有病人（患者）概念及权利表述
1	法律	食品安全法	2009	使用病人概念
2		侵权责任法	2009	使用患者概念，且对侵害患者权利的行为给予民事救济
3		精神卫生法	2012	使用患者概念，增加了对患者人格权保护
4		中医药法	2016	无
1	行政法规	中医药条例	2003	无
2		突发公共卫生事件应急条例	2003	使用病人概念
3		医疗废物管理条例	2003	使用病人概念
4		乡村医生从业管理条例	2003	使用患者概念和病人概念，增加了患者享受健康教育的权利
5		病原微生物实验室生物安全管理条例	2004	使用病人概念
6		疫苗流通和预防接种管理条例	2005	无
7		麻醉药品和精神药品管理条例	2005	使用患者概念和病人概念，对患者权利规定较少
8		放射性同位素与射线装置安全和防护条例	2005	使用患者概念和病人概念，对患者权利规定较少
9		艾滋病防治条例	2006	使用病人概念
10		血吸虫病防治条例	2006	使用病人概念
11		人体器官移植条例	2007	使用患者概念，对患者权利规定较少
12		国务院关于加强食品等产品安全监督管理的特别规定	2007	无
13		护士条例	2008	使用患者概念，对患者权利规定较少
14		乳品质量安全监督管理条例	2008	无
15		流动人口计划生育工作条例	2009	无

序号	效力层级	立法名称	通过年份	是否有病人（患者）概念及权利表述
16	行政法规	食品安全法实施条例	2009	使用病人概念
17		女职工劳动保护特别规定	2012	无
18		残疾预防和残疾人康复条例	2017	无
19		医疗纠纷预防和处理条例	2018	使用患者概念，对患者权利进行了较为细致的规定
1	部门规章	流动人口计划生育管理和服务工作若干规定	2003	无
2		传染性非典型肺炎防治管理办法	2003	使用患者概念，对患者权利规定较少
3		医疗卫生机构医疗废物管理办法	2003	使用病人概念
4		突发公共卫生事件与传染病疫情监测信息报告管理办法	2003	使用病人概念，着重于规定病人义务
5		卫生行政许可管理办法	2004	无
6		关于卫生监督体系建设的若干规定	2004	无
7		医疗机构传染病预检分诊管理办法	2004	使用病人概念，着重于规定病人义务
8		医师外出会诊管理暂行规定	2004	使用患者概念，对患者权利规定较少
9		传染病病人或疑似传染病病人尸体解剖查验规定	2004	使用病人概念，着重于规定病人义务
10		血站管理办法	2005	无
11		可感染人类的高致病性病原微生物菌（毒）种或样本运输管理规定	2005	无
12		放射诊疗管理规定	2005	使用患者概念和病人概念，对患者权利规定较少
13		尸体出入境和尸体处理的管理规定	2006	无
14		医院感染管理办法	2006	使用患者概念和病人概念，对患者权利规定较少
15		计划生育药具工作管理办法（试行）	2006	无
16		人间传染的高致病性病原微生物实验室和实验活动生物安全审批管理办法	2006	无
17		传统医学师承和确有专长人员医师资格考核考试办法	2006	无

序号	效力层级	立法名称	通过年份	是否有病人（患者）概念及权利表述
18		处方管理办法	2006	使用患者概念，对患者权利规定较少
19		放射工作人员职业健康管理办法	2007	使用病人概念
20		《中外合资、合作医疗机构管理暂行办法》的补充规定	2007	无
21		单采血浆站管理办法	2007	无
22		护士执业注册管理办法	2008	无
23		预防接种异常反应鉴定办法	2008	无
24		《中外合资、合作医疗机构管理暂行办法》的补充规定二	2008	无
25		香港、澳门特别行政区医师在内地短期行医管理规定	2008	无
26		台湾地区医师在大陆短期行医管理规定	2008	无
27		新生儿疾病筛查管理办法	2008	无
28		人间传染的病原微生物菌（毒）种保藏机构管理办法	2009	无
29	部门规章	食品添加剂新品种管理办法	2010	无
30		护士执业资格考试办法	2010	无
31		托儿所幼儿园卫生保健管理办法	2010	使用患者概念，但无患者权利规定
32		食品安全国家标准管理办法	2010	无
33		公共场所卫生管理条例实施细则	2011	无
34		抗菌药物临床应用管理办法	2012	使用患者概念，对患者权利规定较少
35		医疗机构临床用血管理办法	2012	使用患者概念，对患者权利规定较少
36		卫生行政执法文书规范	2012	无
37		性病防治管理办法	2012	使用患者概念和病人概念，对患者权利规定较少
38		职业病诊断与鉴定管理办法	2013	使用病人概念，对病人权利规定较少
39		结核病防治管理办法	2013	使用患者概念和病人概念，对患者权利规定较少
40		新食品原料安全性审查管理办法	2013	无
41		院前医疗急救管理办法	2013	使用患者概念，对患者权利规定较少

序号	效力层级	立法名称	通过年份	是否有病人（患者）概念及权利表述
42	部门规章	医师资格考试违纪违规处理规定	2014	无
43		职业健康检查管理办法	2015	使用病人概念
44		国家卫生计生委关于修订《单采血浆站管理办法》的决定	2015	无
45		国家卫生计生委关于修改《外国医师来华短期行医暂行管理办法》等8件部门规章的决定	2015	无
46		禁止非医学需要的胎儿性别鉴定和选择性别人工终止妊娠的规定	2016	无
47		医疗质量管理办法	2016	使用患者概念，对患者权利规定较多
48		涉及人的生物医学研究伦理审查办法	2016	使用患者概念，对患者权利规定较少
49		国家卫生计生委关于修改《医疗机构管理条例实施细则》的决定	2017	无
50		医师执业注册管理办法	2017	无
51		卫生计生系统内部审计工作规定	2017	无
52		中医诊所备案管理暂行办法	2017	使用患者概念，对患者权利规定较少
53		中医医术确有专长人员医师资格考核注册管理暂行办法	2017	使用患者概念，对患者权利规定较少

可以看出，这一阶段卫生立法中"病人"与"患者"这一概念同时出现，使用"病人"这一概念的14部立法主要与特殊疾病相关，如传染病防治、职业病等，侧重于强调病人的义务；使用"患者"的16部立法，则主要分布在医疗领域，更为注重患者权利。这一阶段卫生立法进一步拓展了患者（病人）权利的内涵，把患者（病人）权利从狭义的医疗领域引向公共卫生服务领域，同时，不再单纯关注患者（病人）看得见、摸得着的实体性权利，逐渐开始关注患者（病人）的精神性权利，而《侵权责任法》的出台，不但完善了患者（病人）的救济性权利，也改变了患者（病人）在寻求救济时的绝对不利地位。

三 我国患者（病人）权利立法的特点

（一）随着卫生事业发展而不断变化

结合卫生事业发展和卫生立法发展历史两条主线可以发现，我国患者（病人）权利的立法与我国卫生事业的发展，尤其是深化医药卫生体制改革和我国法治进程深入推进息息相关。究其原因在于医药卫生体制改革的深入，打破了原有公立医院一统天下的局面，逐步形成了公有制为主体、多种形式、多种渠道办医的新格局，这倒逼公立医院改变纯粹父权式的服务方式，使患者（病人）在医疗行为中有更多的发言权和参与权。而我国法治进程的深入推进，社会主义法制体系的逐步形成，民众法治意识的提升，也为患者（病人）权利立法打下了法治基础。

（二）主要以医方义务反向推定方式体现

目前，美国、英国、法国、德国、日本等医疗水平较高的国家均有关于患者权利的专门立法。如 1973 年，美国医院协会制定并颁行《病人权利法案》，该法案涵盖了患者有权利接受妥善而有尊严的治疗、有权利拒绝治疗、有权利检查他的住院费用并且得到解释等 12 项权利，这些权利覆盖了查账、资料保密、知情同意、转院、康复、护理、医疗等多个方面。[1] 1991 年英国出台了《患者宪章》，由 9 个全国基准以及 10 项权利[2]构成，对患者的权利进行了比较集中的规定。4 年后英国对该宪章进行了修改，对服务的全国基准进行了提升，对权利的范围进行了扩大，涵盖了药局、眼科以及牙科等。[3] 目前，我国并没有关于患者权利的专门立法，我国的患者权利散见于各项卫生立法中，据统计，我国目前有 62 件立法对患者（病人）权利有所表述，占卫生立法总量的 43.4%。这些立法中关于患者（病人）权利的表述鲜有直接规定，主要从法律规定的医方义务反向推定方式予以体现。

---

① 《病人权利法案》，https://baike.so.com/doc/8878060 - 9203578. html，最后访问日期：2019 年 3 月 20 日。

② 英国《患者宪章》中，患者的 10 项权利不仅规定了患者享有提出意见、接触保健记录、获得说明、获得知情同意等权利，还特别规定了在等待者名册上记载后 2 年之内获得医疗等英国独有的权利。

③ 刘姿言：《患者权利构建研究》，四川师范大学，2015。

（三）我国现有患者（病人）权利立法法律位阶较低

如前文所述，我国尚无针对患者（病人）权利的专项立法，对患者（病人）权利的规定散见于各类卫生立法当中，缺乏统一的原则和规范，使患者（病人）权利保护工作杂乱且无序。据统计，现行有效卫生法律法规中，关于患者（病人）权利表述的法律有 8 部，行政法规有 21 部，部门规章有 33 部（详见表 4）。上位法效力高、知晓度高，但数量较少；下位法效力低、知晓度低，但数量多，导致当前患者权利保护正逐渐陷入一个"怪圈"。一方面，患者对自身拥有什么权利、如何行使权利普遍缺乏了解；另一方面，作为知晓患者权利的医疗机构及其医务人员，对患者权利采取忽视、漠然甚至规避的态度，这些都是导致医患纠纷的重要原因。

表 4　我国卫生立法中关于患者（病人）权利规定法律位阶统计

	使用患者概念并规定相应权利	使用病人概念并规定相应权利	混用二者概念并规定相应权利	合计
法律	4	4	0	8
行政法规	8	10	3	21
部门规章	16	12	5	33
合计	28	26	8	

（四）不同立法对患者（病人）权利规定不尽一致

根据统计，我国现行有效卫生立法中使用"患者"概念的立法有 28 部；使用"病人"概念的立法 26 部，因为我国卫生立法中两个概念缺乏界定且长期混用，导致学术界多年争论不休，更为严重的是，我国同一卫生立法中甚至同时使用患者和病人两种概念，且此种情况为数不少，据统计约有 8 部（见表 5）。

表 5　患者和病人概念在我国卫生立法中的出现情况

阶段	出现患者概念的数量	出现病人概念的数量	二者都出现的数量
1977～1991 年	3	5	0
1992～2002 年	9	7	1
2003 年至今	16	14	7
合计	28	26	8

在概念表述不一致的同时，患者权利的表述也不尽一致，如关于患者知情权的表述，《执业医师法》第 26 条规定："医师应当如实向患者或者其家属介绍病情，但应注意避免对患者产生不利后果。医师进行实验性临床医疗，应当经医院批准并征得患者本人或者其家属同意。"《乡村医生从业管理条例》第 27 条规定："乡村医生应当如实向患者或者其家属介绍病情，对超出一般医疗服务范围或者限于医疗条件和技术水平不能诊治的病人，应当及时转诊；情况紧急不能转诊的，应当先行抢救并及时向有抢救条件的医疗卫生机构求助。"《侵权责任法》第 55 条规定："医务人员在诊疗活动中应当向患者说明病情和医疗措施。需要实施手术、特殊检查、特殊治疗的，医务人员应当及时向患者说明医疗风险、替代医疗方案等情况，并取得其书面同意；不宜向患者说明的，应当向患者的近亲属说明，并取得其书面同意。医务人员未尽到前款义务，造成患者损害的，医疗机构应当承担赔偿责任。"不难看出，这三部立法中对医务人员告知义务的规定不尽一致，因而反向推导出的患者知情权的内涵自然也会存在差异。此类问题在我国现有卫生立法中一定程度地存在，这既影响了患者权利的行使，也影响了医方义务的履行，造成卫生行政管理中时常面临法律适用的选择困惑，也为医疗安全及医疗纠纷埋下隐患。

（五）没有体现权利义务对等原则

现实生活中人们常把患者归为弱势群体，并要求在法律上给予其一定的倾斜保护。但这并不意味着患者的"零义务"，患者应有对他人和社会的最低限度的法律和道德义务，这才符合权利义务对等的法律基本原则。但是我国目前卫生立法中较少涉及患者义务的规定，仅在少量的立法中有所体现，如《执业医师法》第 3 条规定"全社会应当尊重医师"，《医疗纠纷预防和处理条例》第 20 条规定"患者应当遵守医疗秩序和医疗机构有关就诊、治疗、检查的规定，如实提供与病情有关的信息，配合医务人员开展诊疗活动"。从患者的权利角度观察，笔者认为至少可以归纳患者的以下基本义务：保持和恢复生命健康的义务；积极接受和配合医疗机构治疗的义务；遵守医疗机构各项规章、制度及准则的义务；支付医疗费用的义务；尊重医务人员、执行医嘱的义务；不传播、不扩散传染性疾病的义务；接受隔离检查、诊断及医治的义务；等等。

四 对《医疗机构投诉管理办法》第47条的简要评析

2019年3月，国家卫生健康委部门规章《医疗机构投诉管理办法》第2条规定："本办法所称投诉管理，是指患者就医疗服务行为、医疗管理、医疗质量安全等方面存在的问题向医疗机构反映情况，提出意见、建议或者投诉请求，医疗机构进行调查、处理和结果反馈的活动。"第47条规定："本办法所称患者，包括患者及其近亲属、委托代理人、法定代理人、陪同患者就医人员等有关人员。"原《医院投诉管理办法（试行）》第2条规定："本办法所称投诉，主要是指患者及其家属等有关人员（以下统称投诉人）对医院提供的医疗、护理服务及环境设施等不满意，以来信、来电、来访等方式向医院反映问题，提出意见和要求的行为。"

对比两件立法，不难发现《医疗机构投诉管理办法》有以下亮点。一是丰富了可投诉的内容。原办法对患者可以投诉的内容限定在"对医院提供的医疗、护理服务及环境设施等不满意"，修订后的办法将患者可投诉的内容拓展到"医疗服务行为、医疗管理、医疗质量安全等方面"。二是拓展了投诉权行使主体。原办法将投诉权享有主体规定为"患者及其家属"，修订后的办法将投诉权享有主体规定为"患者及其近亲属、委托代理人、法定代理人、陪同患者就医人员等有关人员"，投诉权主体更加宽泛，语言表述更精准且符合法律语言表述习惯。三是发展了投诉权的行使方式。原办法将患者的投诉权行使方式限定在"来信、来电、来访等方式向医院反映问题，提出意见和要求"。修订后办法将患者投诉权拓展到"提出意见、建议或者投诉请求，医疗机构进行调查、处理和结果反馈"。可见后者不但有更为丰富的实体请求，还增加了程序要求。

但是，该条存在的立法技术问题也十分明显。一是该条的位置摆放不当。根据《全国人大常委会法制委员会立法技术规范（试行）》"2.1贯穿法律始终的基本概念，在总则中或者法律第一条立法目的之后规定。如果规定适用范围的，定义条款在适用范围之后规定。2.2涉及多个法律条款的专业术语，一般在附则中规定"，本条作为"患者"这一概念的解释，应当放在适用范围之后更为恰当。二是本条运用定义法律概念的写法失当。根据《全国人大常委会法制委员会立法技术规范（试行）》，2.4定义条款表述为："本法（本章、本节、本条）所称，××，是指（包括）……"

可见第47条是对患者概念进行定义。但根据法理学通说，法律概念是指法律对各种具有法律意义的事物、状态、行为进行概括而形成的专门术语。对比该条款前后两个部分，该条事实上并不是关于"患者"这一概念的解释，而是规定享有投诉权的权利人，将本条改写为授权性条款更符合立法者的初衷。

分析这一条立法及其立法过程中的概念争论，笔者认为这还是与长期以来我国卫生立法中患者、病人概念纠缠，患者（病人）权利缺乏清晰界定有着直接关系，但其极大地拓展了投诉权行使主体的立法态度值得称道。

五 完善我国患者权利的立法建议

（一）在《基本医疗卫生与健康促进法》中设立专章规范患者权利义务

纵观各国及地区对患者权利保护的实践，多是通过立法来保障患者权利的实现，从而实现了患者权利保障的法治化。长期以来，针对我国采取统一式还是分散式等何种立法模式规范患者权利，学术界一直争论不休。多数学者认为我国有必要制定《患者权利保护法》，在具体制度设计上可以参考芬兰1992年制定的《患者的地位和权利法》。①

笔者认为虽然目前我国患者权利分散式立法模式存在一定的弊端，但其也照顾到了不同疾病患者的权利差异，如一般疾病患者、精神疾病患者、传染病患者、艾滋病患者、性病患者等。鉴于不同患者权利的差异性，笔者认为采取折中式的立法更为合适，即以制定我国《基本医疗卫生与健康促进法》为契机，在第2章"公民基本医疗卫生服务"中增加患者权利义务的共性内容，患者基于特殊疾病而具有的权利义务仍由《传染病防治法》《精神卫生法》《艾滋病防治条例》等单行法来规定。

（二）直接正向规定患者权利并丰富患者权利内涵

目前，我国公民健康权利直接正向规定的相对较少，大多数患者权利是通过医疗机构及其医务人员的义务规定间接或反向推定而来，这为患者

---

① 王志鑫：《论我国患者权利的立法保护》，《卫生经济研究》2017年第5期。

权利的行使与救济都带来一定的困扰。因此，笔者认为下一步完善患者立法时，宜多采用正向规定的立法模式，直接将相关权利赋予患者。在完成正向体系化现有卫生立法中可推导出的患者权利的同时，参考国外立法经验及我国卫生事业发展实际，逐步完善我国患者权利内涵。笔者认同我国多数学者归纳的患者权利内涵，即包括医疗卫生服务获得权、基本医疗保险参加权、健康教育获得权、国家免疫规划疫苗接种权、知情同意权、临床试验或医学研究参与权、隐私权、个人信息权（益）、转诊权等。[①] 但同时，笔者认为应当丰富相关救济性权利，如患者投诉权、病历查阅权和复制权、处方质疑权、申请鉴定权、证据保全权等内容。

（三）规范患者、病人概念，并探索拓展权利的享有主体

虽然时至今日，无论理论界还是实务界，都很难得出患者和病人两个概念孰优孰劣，但如果两个概念同时出现在一个立法当中势必会造成理解和适用的混乱。因此笔者认为可以搁置这一争议，但对于患者、病人同时出现的立法，应当及时修订，以避免法律概念混乱。同时，目前我国多数立法是将患者（病人）权利的享有主体界定为患者（病人）本人，患者（病人）以外的人的权利主要来源于《民法总则》《民事诉讼法》等法律推演，这不利于实务中的法律适用。笔者认为可以借鉴此次《医疗机构投诉管理办法》第47条的做法，针对不同患者（病人）权利，适当拓展权利的享有主体，并在立法上明确规定。

（四）注意患者（病人）权利与义务的同步性

法谚云"有义务然后权利生，权利生而义务益重"，有学者指出目前我国公民在基本医疗卫生领域的义务可以分为三个层次，即作为普遍意义上的公民应当负有遵守医疗机构医疗秩序的义务；作为患者的公民应当负有支付医疗费用的义务、配合医生诊疗的义务、遵守医嘱的义务等；作为特殊患者的公民应当负有特别义务，如患有严重遗传性疾病暂缓结婚的义务等。[②] 笔者认为，未来我国在制定患者（病人）权利立法时，应当同步考虑义务的正向规定，并且注意一般疾病患者和特殊疾病患者不同的法律

---

① 刘炫麟：《公民健康权利与义务立法研究 ——兼评〈基本医疗卫生与健康促进法（草案）〉第2章》，《法学杂志》2018年第5期。

② 刘炫麟：《公民健康权利与义务立法研究——兼评〈基本医疗卫生与健康促进法（草案）〉第2章》，《法学杂志》2018年第5期。

义务，即制定《基本医疗卫生与健康促进法》时，匹配修订相关单行法，做到卫生立法的协调一致。

六 结语

当前，在我国医疗卫生领域共有 12 部法律、41 部行政法规和 93 部部门规章，目前我国正在制定一部具有总领作用的《基本医疗卫生与健康促进法》，该法是卫生与健康领域第一部基础性、综合性的法律，旨在落实宪法关于国家发展医疗卫生事业、保护人民健康的规定。患者（病人）作为所有医疗卫生制度设计的出发点和落脚点，其权利理应得到法律的关注。因而，有必要抓住此次立法机会，认真总结、定义、规范、丰富患者权利，精准定义、规范、界定、充实患者义务，并逐步理顺这一母法与其他单行法之间的关系，推动卫生行业法治建设。

Comment on the Legislation of Patient Rights in the Process of Health Care Development in China

Zhou Lin Cheng Xuelian Zhang Lin

(Chongqing Health and Health Committee, 401147; Chongqing Medical University, 400016)

Abstract: During the past 70 years, China's health service has been developing, the reform of the medial and health system has been deepening, the health legislation has been perfecting. In the process of the legislation and reform, the rights of patients deserve more attention. With detailed historical facts and data, the author outlines the history of the development of China's health legislation and the clues of patient rights legislation in China. Inspired by article 47 of The Measure For The Administration Of Complaints Against Medical Institutions, the author puts forward the suggestion of improving the legislation of the patient's rights in China.

Keywords: the Development of the Health Services; the Health Legislation; Patient's Right

实 务 前 沿

新时代司法队伍建设的目标与路径[*]

高一飞　王美懿^{**}

（西南政法大学法学院；重庆，401120）

摘　要：习近平总书记认为我国司法队伍整体上是好的，但当前加强司法队伍建设具有必要性，因为目前我国司法队伍存在人才流失严重、腐败现象突出、工作作风不正、业务能力不足的现象。习近平总书记指出，司法队伍建设目标是政治过硬、业务过硬、责任过硬、纪律过硬、作风过硬。习近平总书记提出了司法队伍建设的具体措施，包括加强思想政治建设和信念教育、加强职业道德与职业纪律教育、加强司法能力建设、注重职业保障。自党的十八大以来，在习近平总书记关于司法队伍建设理论的指导下，我国司法队伍建设取得了丰富的实践成果，我们党和国家正在打造一支信念坚定、执法为民、敢于担当、清正廉洁的政法队伍。

关键词：司法队伍；五个过硬；信念教育；职业道德；职业保障

一　引言

2013年1月7日，习近平总书记在全国政法工作电视电话会议中就做好新形势下政法工作作出重要指示：全国政法机关要顺应人民群众对公共安全、司法公正、权益保障的新期待，全力推进平安中国、法治中国、过硬队伍建设。① 这是习近平总书记首次就政法队伍建设作出相关指示，把政法队伍建设同平安中国、法治中国作为新形势下政法工作的三大重点。习近平总书记在2013年的中央政治局集体学习时指出，司法工作人员应

---

*　本文为2017年度司法部重点课题"优化司法机关职权配置研究"（17SFB1006）及2018年度国家社科基金课题"看守所法立法研究"（18BFX078）的成果。

**　高一飞（1965～　），西南政法大学诉讼法与司法改革研究中心教授，博士生导师，主要研究方向为刑事诉讼法，电子邮箱：490742919@ qq. com。

　　王美懿（1995～　），西南政法大学法学院2017级刑事诉讼法硕士研究生。

①　《就做好新形势下政法工作作出重要指示》，《人民日报》2013年1月8日，第1版。

该"改进司法工作作风""密切联系群众""加强忠诚教育和职业培训，特别是要加强基层队伍建设"，把"努力让人民群众在每一个司法案件中都感受到公平正义"① 当成司法机关的工作宗旨与工作目标。2014 年 1 月 7 日，习近平总书记在中央政法工作会议中指出："许多案件，不需要多少法律专业知识，凭良知就能明断是非，但一些案件的处理就偏偏弄得是非界限很不清楚。"② 针对实践中存在的各种现象，习近平总书记开始深度探索政法队伍建设的相关问题。也是在这次会议上，他强调："要按照政治过硬、业务过硬、责任过硬、纪律过硬、作风过硬的要求，努力建设一支信念坚定、执法为民、敢于担当、清正廉洁的政法队伍。"③ 此外，习近平总书记还提出了政法队伍建设的目标和基本要求，这也成为司法队伍建设理论最核心的内容。

在随后的多次会议上，习近平总书记对司法队伍建设作了多次论述，从宏观方向到具体操作，理论逐渐成熟与深化。习近平总书记将法治专门队伍分为"立法、执法、司法"④ 3 支队伍，对司法队伍不仅提出"五个过硬""四个忠于"的要求，还进一步强调司法队伍要牢固树立社会主义法治理念，恪守职业道德，心中要秉持公平正义的理念。2015 年 3 月 24 日，习近平总书记又对法官与检察官的工作提出了更深入的要求，指出法官和检察官"要紧紧牵住司法责任制这个牛鼻子"，坚持"在司法一线办案，对案件质量终身负责"，加强监督，保证法官、检察官做到"以至公无私之心，行正大光明之事"⑤。2015 年 6 月 5 日，中央全面深化改革领导小组第十三次会议落实习近平总书记建设高素质社会主义法治工作队伍的理论，提出了"完善国家统一法律职业资格制度、建立从政法专业毕业生中招录法官与检察官助理的规范机制、规范司法人员与其他相关人员的接触行为等具体措施"⑥，这对司法队伍的人才流向及往来上作出了要求，有助于提高司法队伍的整体素质。

值得注意的是，2016 年 4 月 25 日召开的全国政法队伍建设工作会议，

---

① 《习近平主持中共中央政治局第四次集体学习》，人民网，http://cpc.people.com.cn/n/2013/0225/c64094-20583750.html，上传日期：2013 年 2 月 25 日，引用日期：2017 年 11 月 9 日。

② 《十八大以来重要文献选编》（上），中央文献出版社，2014，第 718 页。

③ 《习近平谈治国理政》，外文出版社，2014，第 149 页。

④ 《习近平谈治国理政》（第二卷），外文出版社，2017，第 122 页。

⑤ 《习近平谈治国理政》（第二卷），外文出版社，2017，第 131 页。

⑥ 习近平：《树立改革全局观积极探索实践 发挥改革试点示范突破带动作用》，《人民日报》2015 年 6 月 6 日，第 1 版。

是我国近 17 年来首次就全国政法队伍建设召开的专题会议，这次会议贯彻习近平总书记重要指示精神，再次明确了对政法队伍建设各项要求，其总任务是维护社会大局稳定、促进社会公平正义、保障人民安居乐业；总目标是政治过硬、业务过硬、责任过硬、纪律过硬、作风过硬；方向是正规化、专业化、职业化；动力是司法体制改革；支撑是现代科技手段；保证是制度建设。① 习近平总书记在 2019 年 1 月 16 日召开的中央政法工作会议上再次强调"加快推进政法领域全面深化改革，加快推进政法队伍革命化、正规化、专业化、职业化建设"②，这为政法队伍建设进一步指明了方向。

需要指出的是，习近平总书记在论述司法队伍建设的相关理论时，在不同的场景下使用了不同的术语，分别包括法治队伍建设、政法队伍建设以及司法队伍建设。从广义上看，法治队伍主要是指法治专门队伍、法律服务队伍、涉外法治人才队伍、法学专家队伍③；"我国专门的法治队伍主要包括立法人员、执法人员、司法人员"④。而政法队伍主要包括法官、检察官、警官⑤；司法队伍属于法治专门队伍之一，具体包括参与侦查、起诉、审判、执行等司法活动各个环节的公安干警、检察官、法官、司法行政机关干警等国家工作人员。政法队伍和司法队伍均属于法治队伍中的法治专门队伍，政法队伍与司法队伍在广义上差异较小。

司法队伍建设是推进全面依法治国的重要环节。第一，司法队伍建设能够为社会主义法治提供高素质人才保障。法治事业的各个主体都有亮剑的本领和克敌制胜的能力，只有形成专业化的队伍，提升职业素质，才能保障办案质量，更好地履行政法工作各项任务，更好地服务人民。习近平总书记在庆祝澳门回归祖国十五周年大会暨澳门特别行政区第四届政府就职典礼上的讲话指出："要在全社会弘扬法治精神，共同维护法治秩序，

205

---

① 《习近平就政法队伍建设作出重要指示》，《人民日报》2016 年 4 月 26 日，第 1 版。
② 《习近平出席中央政法工作会议并发表重要讲话》，新华网，http://www.xinhuanet.com/politics/leaders/2019-01/16/c_1123999899.htm，上传日期：2019 年 1 月 16 日，引用日期：2019 年 1 月 17 日。
③ 《中共中央关于全面推进依法治国若干重大问题的决定》，人民网，http://cpc.people.com.cn/n/2014/1029/c64387-25927606.html，上传日期：2014 年 10 月 29 日，引用日期：2017 年 11 月 17 日。
④ 《习近平谈治国理政》（第二卷），外文出版社，2017，第 122 页。
⑤ 张文显：《习近平法治思想研究（下）——习近平全面依法治国的核心观点》，《法制与社会发展》2016 年第 4 期，第 37 页。

培养造就一大批熟悉澳门特别行政区基本法、具备深厚专业素养的法治人才，为依法治澳提供坚强人才保障。"①人才对于社会发展有着重要且不可替代的作用，故而我们应该重视对人才的培养。第二，司法队伍建设能为中国特色社会主义事业的顺利进行提供环境保障。司法队伍建设贯穿侦查、起诉、审判、执行等司法活动各个环节，以促进社会公平正义为核心价值追求的司法队伍能够保障人民安居乐业，促进社会和谐，使社会安定有序地向前发展。

本文将对习近平总书记关于司法队伍建设相关理论的背景、内容、改革实践等进行分析，以期对未来司法队伍的建设提供理论参考。

二 司法队伍建设的必要性

习近平总书记指出："法律是治国之重器，法治是国家治理体系和治理能力的重要依托。"② 全面推进依法治国需要法治工作水平的提高，而司法队伍建设则可以为此提供人才保障，建设一支高素质的司法队伍，有利于全面推进社会主义法治国家建设，推动我国经济社会持续健康发展，实现中华民族伟大复兴的中国梦。"得其人而不得其法，则事必不能行；得其法而不得其人，则法必不能济。人法兼资，而天下之治成。"建设社会主义法治国家，不单单需要我国法制的健全，更需要有一支高素质的司法队伍，二者兼得，有机统一，方能达到最佳效果，才能更好地落实依法治国的基本方略。根据习近平总书记关于司法队伍建设的理论，笔者认为，加强司法队伍建设的必要性体现在四个方面。

（一）司法队伍人才流失严重

习近平总书记曾在欧美同学会成立 100 周年庆祝大会上的讲话中强调，"没有一支宏大的高素质人才队伍，全面建成小康社会的奋斗目标和中华民族伟大复兴的中国梦就难以顺利实现……我们也比历史上任何时期

---

① 《习近平在庆祝澳门回归祖国 15 周年大会暨澳门特别行政区第四届政府就职典礼上的讲话》，人民网，http://cpc. people. com. cn/n/2014/1221/c64094 - 26246398. html，上传日期：2014 年 12 月 21 日，引用日期：2017 年 11 月 12 日。

② 《关于〈中共中央关于全面推进依法治国若干重大问题的决定〉的说明》，新华网，http://www. xinhuanet. com//politics/2014 - 10/28/c_1113015372. htm，上传日期：2014 年 10 月 28 日，引用日期：2017 年 11 月 12 日。

都更加渴求人才"①。可见，人才对于全面建成小康社会和实现中国梦具有关键作用，同样，司法人才在建设社会主义法治事业中亦发挥着关键作用。然而当前司法系统人才流失问题十分严峻，以北京、上海、深圳为例：从 2010 年到 2014 年，北京超过 500 名法官辞职，年流失人员数量逐年上涨。深圳市中级人民法院的数据显示，从 2009 年到 2013 年底，深圳法院系统有 34 人辞职，237 人调走，相当于两级法院政法编制人员的 15.5%。2014 年，上海法院共流失 86 名法官，其中很多是业务骨干，呈现高学历、年轻化的特质。② 2015 年全国"两会"期间，最高人民法院院长周强在工作报告中指出，一些经济发达地区一线法官年人均办案高达 300 多件，案多人少、人才流失问题突出。③

在 2014 年 1 月 7 日中央政法工作会议上，习近平总书记对司法队伍人才流失问题进行了深刻阐述："长期以来我国把司法人员定位于公务员，实行与公务员基本相同的管理模式，带来不少弊端，我看了一些资料，一些法官、检察官为了晋升行政职级，愿意到办公室等非业务部门去工作，或者离开办案一线去做管理工作。全国法院系统有近三十四万人，但有法官资格的不到二十万人，在一线办案的更是不足十七万人……基层广大法官、检察官、人民警察一方面任务重、压力大，另一方面职级低、待遇差、发展空间有限，于是有的就提出调往其他党政部门，有的当律师，有的下海经商，造成流失和断层现象比较突出。这样下去，专业队伍的形成、职业素质的提升、办案质量的保障都无从谈起。"④ 习近平总书记深刻了解当前司法队伍的状况以及存在的问题，深切关心年长司法人员的去向、年轻司法人员的成长以及他们的职级升迁、待遇情况和发展空间，对司法人员有深厚的感情，同时对司法队伍人才的流失深感遗憾和惋惜，并对其给司法工作造成的影响表示担忧。这体现了习近平总书记对司法队伍建设存在问题的深刻洞察和无比关切。

---

① 《在欧美同学会成立 100 周年庆祝大会上的讲话》，人民网，http://politics. people. com. cn/n/2013/1022/c1024 - 23279205. html，上传日期：2013 年 10 月 22 日，引用日期：2017 年 11 月 12 日。

② 《人才流失考验中国司法改革》，新华网，http://www. xinhuanet. com//politics/2015 - 05/25/c_1115399272. htm，上传日期：2015 年 5 月 25 日，引用日期：2017 年 11 月 28 日。

③ 周强：《最高人民法院工作报告——2015 年 3 月 12 日在第十二届全国人民代表大会第三次会议上》，最高人民法院网，http://gongbao. court. gov. cn/Details/41bf882b379cb6f24540 decdf70250. html，上传日期：2015 年 3 月 12 日，引用日期：2017 年 11 月 13 日。

④ 《习近平关于全面依法治国论述摘编》，中央文献出版社，2015，第 102～103 页。

（二）司法队伍腐败现象突出

司法腐败是指司法工作人员在行使司法职权或者从事司法活动时为了自己或单位的不正当利益，滥用职权实施的违纪、违法或者犯罪，有损司法公正的行为。习近平总书记曾说："'物必先腐，而后虫生。'近年来，一些国家因长期积累的矛盾导致民怨载道、社会动荡、政权垮台，其中贪污腐败就是一个很重要的原因。"[①] 只有政治清明，百姓才能安居乐业，贪污腐败是影响政清人和的社会顽疾，它严重影响了一个国家的长治久安。

习近平总书记强调："由于多种因素影响，司法活动中也存在一些司法不公、冤假错案、司法腐败以及金钱案、权力案、人情案等问题。这些问题如果不抓紧解决，就会严重影响全面依法治国进程，严重影响社会公平正义。"[②] 在司法活动中如果出现司法腐败，就会造成司法不公，这也与让每一位百姓切实感受到公平正义的追求相悖，使百姓对司法失去应有的信任与信心，故而我们要坚决反对和抵制司法腐败。

从法院系统来看，2013年"各级法院共查处利用审判执行权违纪违法干警381人，其中追究刑事责任101人"[③]。2014年"各级法院共查处违纪违法干警2108人，结案处理1937人，同比分别上升154.3%和172.8%"[④]。2015年"各级法院查处违纪违法干警721人，其中移送司法机关处理120人……"[⑤] 2016年"各级法院查处利用审判执行权违纪违法干警656人，其中移送司法机关处理86人"[⑥]。2017年"各级法院查处利

[①] 《习近平在十八届中共中央政治局第一次集体学习时的讲话》，新华网，http://www.xinhuanet.com/politics/2012-11/19/c_123967017_3.htm，上传日期：2012年11月19日，引用日期：2017年11月13日。

[②] 《习近平谈治国理政》（第二卷），外文出版社，2017，第130页。

[③] 周强：《最高人民法院工作报告——2014年3月10日在第十二届全国人民代表大会第二次会议上》，最高人民法院网，http://gongbao.court.gov.cn/Details/77f1998fd7b5aa189535c55bb37d30.html，上传日期：2014年3月10日，引用日期：2017年11月13日。

[④] 周强：《最高人民法院工作报告——2015年3月12日在第十二届全国人民代表大会第三次会议上》，最高人民法院网，http://gongbao.court.gov.cn/Details/41bf882b379cb6f24540decdf70250.html，上传日期：2015年3月12日，引用日期：2017年11月13日。

[⑤] 周强：《最高人民法院工作报告——2016年3月13日在第十二届全国人民代表大会第四次会议上》，最高人民法院网，http://gongbao.court.gov.cn/Details/6ce239a82c31348f8856a986e9eb45.html，上传日期：2016年3月13日，引用日期：2017年11月13日。

[⑥] 周强：《最高人民法院工作报告——2017年3月12日在第十二届全国人民代表大会第五次会议上》，最高人民法院网，http://gongbao.court.gov.cn/Details/9ec8c0cddd12d82ecc7cb653441b36.html，上传日期：2017年3月12日，引用日期：2017年11月13日。

用审判执行权违纪违法干警 3338 人，其中移送司法机关处理 531 人"①。

从检察系统来看，2013 年"全国检察机关共查办违法违纪检察人员 210 人，其中移送追究刑事责任 26 人，同比分别上升 26.2% 和 13%"②。2014 年"立案查处违纪违法检察人员 404 人，同比上升 86.2%，其中移送司法机关处理 17 人"③。2015 年"严肃查处违纪违法检察人员 465 人，同比上升 15.1%，其中最高人民检察院 4 人"④。2016 年"坚决查处违纪违法检察人员 474 人，严肃追究 121 名领导干部失职失察责任"⑤。2017 年"严肃查处违纪违法检察人员 2089 人，其中最高人民检察院 11 人，违反中央八项规定精神 543 人。严肃追究 531 名领导干部失职失察责任"⑥。

在《中国司法文明指数报告 2016》中"司法腐败遏制"一项在 10 个指标中排名倒数第一，反映群众对公平正义的期待和现实仍有差距，遏制司法腐败的任务依然任重而道远。反腐倡廉对于社会的稳定发展具有重要作用，故而应将其置于各项工作的重中之重，我们必须坚持"有案必查、有腐必惩，任何人触犯了党纪国法都要依纪依法严肃查处，决不姑息，党内决不允许腐败分子有藏身之地"⑦。自党的十八大以来，以习近平同志为总书记的党中央，坚持无禁区、全覆盖、零容忍，下定决心要遏制住腐败蔓延势头，让全党全社会感受到了新一届中央领导集体持之以恒正风反

---

① 周强：《最高人民法院工作报告——2018 年 3 月 9 日在第十三届全国人民代表大会第一次会议上》，最高人民法院网，http://gongbao.court.gov.cn/Details/69d3772d9e94aae3ea2af3165322a1.html，上传日期：2018 年 3 月 9 日，引用日期：2018 年 4 月 13 日。

② 曹建明：《最高人民检察院工作报告——2014 年 3 月 10 日在第十二届全国人民代表大会第二次会议上》，最高人民检察院网，http://www.spp.gov.cn/tt/201403/t20140318_69216.shtml，上传日期：2014 年 3 月 10 日，引用日期：2017 年 11 月 13 日。

③ 曹建明：《最高人民检察院工作报告——2015 年 3 月 12 日在第十二届全国人民代表大会第三次会议上》，最高人民检察院网，http://www.spp.gov.cn/spp/gzbg/201503/t20150324_93812.shtml，上传日期：2015 年 3 月 12 日，引用日期：2017 年 11 月 13 日。

④ 曹建明：《最高人民检察院工作报告——2016 年 3 月 13 日在第十二届全国人民代表大会第四次会议上》，最高人民检察院网，http://www.spp.gov.cn/spp/gzbg/201603/t20160321_114723.shtml，上传日期：2016 年 3 月 13 日，引用日期：2017 年 11 月 13 日。

⑤ 曹建明：《最高人民检察院工作报告——2017 年 3 月 12 日在第十二届全国人民代表大会第五次会议上》，最高人民检察院网，http://www.spp.gov.cn/spp/gzbg/201703/t20170320_185861.shtml，上传日期：2017 年 3 月 12 日，引用日期：2017 年 11 月 13 日。

⑥ 曹建明：《最高人民检察院工作报告——2018 年 3 月 9 日在第十三届全国人民代表大会第一次会议上》，最高人民检察院网，http://www.spp.gov.cn/spp/gzbg/201803/t20180325_372171.shtml，上传日期：2018 年 3 月 9 日，引用日期：2018 年 4 月 13 日。

⑦ 《以零容忍态度惩治腐败，坚决遏制腐败现象蔓延势头》，人民网，http://theory.people.com.cn/n/2015/0122/c392503-26433662.html，上传日期：2015 年 1 月 22 日，引用日期：2017 年 11 月 13 日。

腐的决心、意志和信心。"人民群众反对什么、痛恨什么,我们就要坚决防范和纠正什么。"① 当前,司法腐败已经是一个人民密切关注、影响恶劣的严重问题,自党的十八大以来,我国的反腐进程在加快,力度也有所增强,这都表明了以习近平总书记为核心的党中央对反腐的决心与勇气。

(三) 司法队伍工作作风不正

司法队伍工作作风不正主要体现在以下三个方面。

一是存在三类案件。习近平总书记指出,由于多种原因以及各种不当因素的干扰,在司法活动中存在三类案件,影响了司法的公正,造成了司法的不公。这三类案件分别指金钱案、权力案、人情案。司法人员为了某些不正当的利益,收受贿赂,徇私枉法。习近平总书记在 2014 年的中央政法工作会议上指出:"我们的一些律师和法官、检察官相互勾结,充当'司法掮客',老百姓说是'大盖帽两头翘,吃了被告吃原告',造成了十分恶劣的影响。"② 习近平总书记在党的十九大报告中再次强调了司法工作作风不正,贪污腐败之风、奢靡之风盛行,对此我们应该坚决予以抵制。这是习近平总书记对我国当前司法腐败的深刻洞察,并且表明了我们党坚决反腐的决心。此外,从我国司法机关已经处理的有关司法腐败的案件来看,大部分法官属于经济型犯罪,罪名以受贿罪为主,此外还涉及滥用职权罪、巨额财产来源不明罪等。可以看出,大部分案件仍是以金钱为纽带将司法人员与违法犯罪连在了一起。

党的十八大再次强调了各级领导干部与普通民众一视同仁,绝不允许搞特权的现象存在。党的十八届四中全会指出,"一些国家工作人员特别是领导干部依法办事观念不强、能力不足,知法犯法、以言代法、以权压法、徇私枉法现象依然存在"③。"一些党政领导干部出于个人利益,打招呼、批条子、递材料,或者以其他各种明示、暗示方式插手干预个案,甚至让执法司法机关做违反法定职责的事。"④《领导干部干预司法活动、插

---

① 《中国共产党第十九次全国代表大会报告》,人民网,http://cpc.people.com.cn/n1/2017/1028/c64094-29613660.html,上传日期:2017 年 10 月 28 日,引用日期:2017 年 11 月 13 日。

② 《十八大以来重要文献选编》(上),中央文献出版社,2014,第 720 页。

③ 《中共中央关于全面推进依法治国若干重大问题的决定》,人民网,http://cpc.people.com.cn/n/2014/1029/c64387-25927606.html,上传日期:2014 年 10 月 29 日,引用日期:2017 年 11 月 17 日。

④ 《十八大以来重要文献选编》(上),中央文献出版社,2014,第 720~721 页。

手具体案件处理的记录、通报和责任追究规定》的颁布就是为了应对司法实践中出现的这些状况，该规定对领导干部干预司法作出了具体要求，各级领导干部应树立法律至上的观念，遵守宪法法律，依法行使职权，只能依照工作程序了解案件情况，不得利用自己的身份去插手处理和干预案件，任何违反法律的事情都要坚决抵制。习近平总书记对司法干预的现象深恶痛绝，他在党的十九大报告中也再次强调了"任何组织和个人都不得有超越宪法法律的特权，绝不允许以言代法、以权压法、逐利违法、徇私枉法"[①]。任何人的任何行为都应该以法律为准绳，尤其是国家工作人员和领导干部更应该严格要求自己，不能因为自己国家公职人员身份而插手司法工作，不能滥用自己的权力与地位去干预司法。

习近平总书记在出席中央政法工作会议上就人情案的相关问题也做了说明。我国社会的一个整体现象就是人情社会，许多人遇事情第一反应不是寻求法律的救助，而是在想是否有熟人。在司法实践中，当事人不管自己是不是有理的一方，都喜欢找关系、请客送礼，这已经成为一种常态，似乎只有有了熟人的照应自己才可以赢得官司。随着社会的发展，这种现象非但没有遏制，反而愈演愈烈。当人情与关系介入权力与法律领域，那么权力与法律就会发生变质，它们不再是维护社会公平正义的法门，反而成为助长不正之风的帮凶。"发生这种问题，关键还在政法机关。如果通过正常程序不能得到公平正义，群众对政法机关不托底、不信任、不放心，那光说加强法治观念也没有用。"[②] 就我国是一个人情社会的现实国情而言，人情关系充斥在社会的各行各业，而这种关系往往会影响司法公正。

二是滥用职权。在现代社会中，滥用职权的现象频频发生，公安干警、司法人员本该作为同黑恶势力对抗的一方，但是这其中却有一部分人背向而驰，不仅不惩处他们，反而充当他们的保护伞，长此以往，黑恶势力自以为背后有人撑腰，便愈加地无法无天。习近平总书记也指出："一些黑恶势力杀人越货，不但没有被惩处，其头目反而平步青云，甚至戴上'红顶'……"[③] 某些司法工作人员滥用职权，枉法裁判，造成了司法不公，这些都说明了我们的司法队伍作风存在很多问题。习近平总书记强

---

① 《中国共产党第十九次全国代表大会报告》，人民网，http://cpc. people. com. cn/n1/2017/1028/c64094 - 29613660. html，上传日期：2017 年 10 月 28 日，引用日期：2017 年 11 月 13 日。

② 《十八大以来重要文献选编》（上），中央文献出版社，2014，第 721 页。

③ 《习近平关于全面依法治国论述摘编》，中央文献出版社，2015，第 75 ~ 76 页。

调："各级领导干部特别是高级干部要自觉遵守廉政准则，既严于律己，又加强对亲属和身边工作人员的教育和约束，决不允许以权谋私，决不允许搞特权。"① 这既体现了习近平总书记对于滥用职权行为的担忧，又表明了其反对特权的决心，对于一切滥用职权的行为，都应该坚决抵制；对于一切违反国家法纪的行为，都必须严肃处理。

三是作风不良。现实中，许多领导干部不仅不再秉持着艰苦朴素的作风，反而愈加喜欢奢靡之风，同时形式主义、官僚主义、享乐主义的问题更加突出。这主要表现在"理想信念动摇，宗旨意识淡薄，精神懈怠；贪图名利，弄虚作假，不务实效；脱离群众，脱离实际，不负责任；铺张浪费，奢靡享乐，甚至以权谋私、腐化堕落"②。目前存在的普遍的一种现象就是领导干部不尊崇法律，不敬畏法律，甚至还有些漠视法律，取法律而代之的是金钱和权力，对金钱与权力的向往和追求，使得整个风气都偏离了正轨。权钱交易、权色交易成为再正常不过的现象，遵守法律、依法办事反而成为他人眼中的木讷与不近人情，长此以往，政治生态势必会被搞得乌烟瘴气。作风问题都与公私问题有联系，都与公款、公权有关系。③司法队伍中的部分工作人员存在作风不良的问题，这对于权力的行使有着莫大的危害性。还有一部分司法人员不关心群众的司法诉求，对民众的要求置之不理，对民众的困难漠不关心。④ 此外，部分司法人员为尽快完成办案任务，对犯罪嫌疑人、被告人实施刑讯逼供或者使用暴力手段逼取证人证言，这些做法严重损害了当事人的合法权益，也损害了司法公正。

（四）司法队伍业务能力不足

习近平总书记在 2014 年 1 月 7 日中央政法工作会议上指出，"同面临的形势和任务相比，政法队伍能力水平还很不适应，'追不上、打不赢、

---

① 《习近平在十八届中共中央政治局第一次集体学习时的讲话》，新华网，http://www.xinhuanet.com/politics/2012-11/19/c_123967017.htm，上传日期：2012 年 11 月 19 日，引用日期：2017 年 11 月 20 日。

② 《中共中央政治局召开会议，习近平主持》，人民网，http://cpc.people.com.cn/n/2013/0419/c64094-21205977.html，上传日期：2013 年 4 月 19 日，引用日期：2017 年 11 月 20 日。

③ 《习近平强调：要以深化改革推进党风廉政建设和反腐败斗争》，共产党员网，http://news.12371.cn/2014/01/15/ARTI1389734964624863.shtml，上传日期：2014 年 1 月 15 日，引用日期：2017 年 11 月 20 日。

④ 安秀萍：《我国司法作风建设的问题及对策》，人民论坛网，http://www.rmlt.com.cn/2013/0925/156199.shtml，上传日期：2013 年 9 月 25 日，引用日期：2017 年 11 月 20 日。

说不过、判不明'等问题还没有完全解决。"① "当前，干部队伍能力不足，'本领恐慌'问题是比较突出的。比如，在纷繁复杂的形势变化面前，耳不聪、目不明，看不清发展趋势察不出蕴藏其中的机遇和挑战……面对信息化不断发展，不懂网络规律、走不好网上群众路线、管不好网络阵地，被网络舆论牵着鼻子走，等等。"② 这些都说明了我们的司法队伍，尤其是干部队伍都存在很大的问题，故而必须要把提高司法队伍的能力建设作为重中之重。在司法机关行使审判权过程中，由业务能力、各方干预、舆论压力等多种原因而导致的错判、误判情况时有发生，使得司法应有的权利救济、定分止争的功能有所折损，进而影响了司法公正。

虽然司法队伍存在上述问题，但是仍然要看主流，不能以偏概全。正如习近平总书记所强调的那样："我们的政法队伍主流是好的，是一支听党指挥、服务人民、能打硬仗、不怕牺牲的队伍，是一支党和人民完全可以信赖的有坚强战斗力的队伍。"③ 我们要对我们的政法队伍充满信心，相信它是一支全心全意为人民服务的队伍。

三　司法队伍建设的目标

习近平总书记关于司法队伍建设的论述层次分明，笔者将其分为司法队伍建设的整体目标、司法队伍建设的措施两个层次进行分析。对整体目标，又有政治过硬、业务过硬、责任过硬、纪律过硬、作风过硬五项具体指标。

（一）政治过硬

政治过硬是指"不断打牢高举旗帜、听党指挥、忠诚使命的思想基础，坚持党的事业至上、人民利益至上、宪法法律至上，铸就'金刚不坏之身'，永葆忠于党、忠于国家、忠于人民、忠于法律的政治本色"④。坚持党的领导，是社会主义法治的根本要求，是全面推进依法治国题中应有之义。司法人员在党的领导下依照宪法和法律履行职务，切实地保障人民

---

① 《习近平关于全面依法治国论述摘编》，中央文献出版社，2015，第101页。
② 《努力造就一支忠诚干净担当的高素质干部队伍》，新华网，http://www.xinhuanet.com/politics/2019-01/15/c_1123994727.htm，上传日期：2019年1月15日，引用日期：2019年1月17日。
③ 《习近平谈治国理政》，外文出版社，2014，第149页。
④ 《习近平关于全面依法治国论述摘编》，中央文献出版社，2015，第99~100页。

群众的利益，真正地做到以党、国家、人民、法律为利益出发点和落脚点。司法人员在面对重大的政治考验时，必须要坚定信念，坚守本位，敢于直面挑战与困难。对于司法工作人员而言，政治纪律始终是最重要的底线，不管什么时候，政法队伍都必须坚守政治纪律的底线，用政治纪律严格要求自己的一言一行。全面推进依法治国，要求司法队伍必须提高思想政治素质，突出政治标准，提高政治警觉，严肃政治生活，严明政治纪律和政治规律，此外司法人员还要坚守法治信仰。习近平总书记对司法人员的政治素养也作了要求："要信仰法治、坚守法治，做知法、懂法、守法、护法的执法者，站稳脚跟，挺直脊梁，只服从事实，只服从法律，铁面无私，秉公执法。"① 司法队伍要始终坚守社会主义的法治信仰，坚决拥护社会主义法治，坚守自己的政治底线，严于律己。

（二）业务过硬

业务过硬有两个方面。一是执法水平过硬。习近平总书记强调："全国政法机关要进一步提高执法能力，进一步增强人民群众安全感和满意度，进一步提高政法工作亲和力和公信力。"② 人民群众的满意度就是评价我们司法工作人员工作质量的重要指标，作为一支为人民服务的队伍，司法人员要提高自己的业务水平，使人民群众信得过、放下心。"推进严格执法，重点是解决执法不规范、不严格、不透明、不文明以及不作为、乱作为等突出问题。"③ 执法过程中出现的各种不规范问题，我们都要予以重视，并且能够引以为戒。政法队伍运用法治思维和法治方式开展工作、破解难题，做到既守住政策法律底线，不以牺牲法律为代价换取一时一事的解决，又正确处理公平与效率、秩序与活力的关系。二是能力过硬。能力释放战斗力，能力激活创造力，能力汇集凝聚力。要做到能力过硬，司法队伍要不断掌握新知识、熟悉新领域、开拓新视野，全面提高自己的业务能力。

（三）责任过硬

责任过硬有两点。一是承担起对人民群众的责任。人民群众的事情就是我们的事情，不论大事小事，司法工作人员都应该尽己所能，努力帮助

---

① 《习近平谈治国理政》，外文出版社，2014，第149页。
② 《就做好新形势下政法工作作出的指示》，《人民日报》2013年1月8日，第1版。
③ 《习近平谈治国理政》（第二卷），外文出版社，2017，第121页。

人民群众解决困难，"为人民群众安居乐业提供有力法律保障"①。坚持以人民为中心，努力满足人民日益发展的多元司法需求。二是要勇于担责。敢于担责就是要忠诚履责、尽心尽责，强化政治担当，面对大是大非的政治考验，能够旗帜鲜明、挺身而出，坚定不移地做中国特色社会主义事业的建设者、捍卫者。习近平总书记强调："司法人员要刚正不阿，勇于担当，敢于依法排除来自司法机关内部和外部的干扰，坚守公正司法的底线。"② "政法队伍尤其要敢于担当。俗话说'养兵千日，用兵一时'，对政法队伍来说则是'养兵千日，用兵千日'，面对重大政治考验，必须旗帜鲜明、挺身而出，绝不能当'骑墙派'；面对歪风邪气，必须敢于亮剑、坚决斗争，绝不能听之任之；面对急难险重任务，必须豁得出来、顶得上去，绝不能畏缩不前。"③ 司法工作人员要以服务人民为己任，担负起自己的职责，排除干扰，勇于前进。

习总书记指出："促进社会公平正义是政法工作的核心价值追求。"④ 站在司法最前线的司法工作人员尤其要有责任感，他们肩上有着人民对于司法公正的希冀，有着党和国家对于司法工作的期许，每一个司法工作人员都应该用自己的实际行动去维护社会的公平与正义，用自己心中的道德律为社会和人民主持公道，让每一个公民都不再惧怕与孤单，让人民群众真正地感受到公平与正义。"举直错诸枉，则民服；举枉错诸直，则民不服。"⑤ 司法人员就是要有刚正不阿、勇于担当的精神，这样他们才敢于排除来自司法机关内部和外部的干扰，坚守公正司法的底线。

（四）纪律过硬

纪律过硬有两个点。一是从严治己。在 2015 年中央政法工作会议上，中央政法委书记孟建柱传达了习近平总书记的指示："要坚持从严治警，严守党的政治纪律和组织纪律，坚决反对公器私用、司法腐败，着力维护社会大局稳定、促进社会公平正义、保障人民安居乐业。"⑥ 二是纪律执行机制健全。在 2014 年中央政法工作会议上，习近平总书记强调："要加

---

① 《习近平谈治国理政》，外文出版社，2014，第 148 页。
② 《习近平谈治国理政》（第二卷），外文出版社，2017，第 121 页。
③ 《习近平关于全面依法治国论述摘编》，中央文献出版社，2015，第 100 页。
④ 《习近平谈治国理政》，外文出版社，2014，第 148 页。
⑤ 《论语》，中华书局，2017，第 20 页。
⑥ 《习近平就政法工作作出重要指示》，新华网，http://www.xinhuanet.com/politics/2015-01/20/c_1114065786.htm，上传日期：2015 年 1 月 20 日，引用日期：2017 年 11 月 25 日。

强纪律教育，健全纪律执行机制，以铁的纪律带出一支铁的政法队伍。"①只有执行机制更加健全，相关规定更加完善，才能使得司法人员的行为更有规则、有纪律可循，司法人员也能更严格地要求自己。

（五）作风过硬

作风过硬是指广大政法干警能够把群众观点深深植根于思想中，把执法为民的观念深深铭刻在灵魂中。司法队伍做到干警清正、队伍清廉、司法清明，具备执法为民的良好形象。习近平总书记强调："全国政法机关要顺应人民群众对公共安全、司法公正、权益保障的新期待，全力推进过硬队伍建设，坚持从严治警，坚决反对执法不公、司法腐败，进一步提高执法能力。"② 习近平总书记对司法队伍提出了新要求，作出了新期待，并指出要切实解决人民群众关心的事情，使每一个公民都拥有充足的获得感与安全感。

2013年12月26日，习近平总书记在纪念毛泽东同志诞辰120周年座谈会上指出："我们党的执政水平和执政成效都不是由自己说了算，必须而且只能由人民来评判。人民是我们党的工作的最高裁决者和最终评判者。"③ 人民是评判司法改革是否成功的主体，司法改革的每一步都是为了让人民受到更好的司法保障，这正是体现了习近平总书记以人民为中心的司法理念。

习近平总书记强调："保障人民安居乐业是政法工作的根本目标。"④习近平总书记深切关注人民的诉求，并要求广大司法人员自觉履行职责，维护社会治安，将预防犯罪与惩治犯罪相结合，将人民的事情当作自己的事情，努力保障每一个公民的合法权益。

四　司法队伍建设的路径

全面推进依法治国，必须大力提高法治工作队伍思想政治素质、职业道德水准、业务工作能力，着力建设一支忠于党和国家、忠于人民和法律

---

① 《习近平关于全面依法治国论述摘编》，中央文献出版社，2015，第101页。
② 《习近平就做好新形势下政法工作作出的指示》，《人民日报》2013年1月8日，第1版。
③ 《在纪念毛泽东同志诞辰120周年座谈会上的讲话》，新华网，http://www.xinhua-net.com/politics/2013-12/26/c_118723453.htm，上传日期：2013年12月26日，引用日期：2017年11月25日。
④ 《习近平谈治国理政》，外文出版社，2017，第148页。

的社会主义法治工作队伍。习近平总书记在历次的讲话中对司法队伍建设的具体措施进行了阐述，笔者将其总结为：加强思想政治建设和信念教育；加强职业道德建设与职业纪律教育；加强司法能力建设；注重职业保障。下文将对这四项措施进行具体的分析。

（一）加强思想政治建设和信念教育

苏格拉底曾言："世界上最快乐的事，莫过于为理想而奋斗。"加强对政法队伍的思想政治建设与信念教育，使其更加坚定自己前进的方向，认清自己的位置，更好地为人民服务，更好地守护司法的公正。司法队伍主要从以下三个方面加强对自身的建设。

第一，着力进行思想政治建设。要旗帜鲜明地把政治建设放在首位，努力打造一支党中央放心、人民群众满意的高素质政法队伍。① 思想政治建设不仅仅体现在对司法队伍的要求上，更加体现在我们党对于司法队伍中领导干部的要求上。领导干部手中都掌握一定权力，一旦指针偏离，很容易在各种诱惑考验中败下阵来。② 领导干部在一个部门、一个团体中起着至关重要的作用，作为一个部门的带头人，其一言一行都影响着整个部门。故而我们党对领导干部也作出了更严格的要求。"首先是政治上的要求。选拔任用干部，首先要看干部政治上清醒不清醒、坚定不坚定。"③ 整个司法队伍都要紧紧围绕在以习近平同志为核心的党中央周围，坚决维护党的权威，服从党的集中统一领导，严守政治纪律和政治规律，坚决做到维护核心、绝对忠诚、勇于担责。司法人员要认真贯彻习近平总书记讲话的系列精神，严格要求自己，提升自己的政治素养。

第二，加强理想信念教育。习近平总书记强调："坚定的理想信念是政法队伍的政治灵魂。理想信念是共产党人精神上的'钙'，精神上'缺钙'就会得'软骨病'。这对政法机关来说更有现实意义。'疾风知劲草'、'烈火见真金'，政法队伍是和平年代面对'疾风'、'烈火'最多的

217

---

① 《习近平在中央政法工作会议上的讲话》，新华网，http://www.xinhuanet.com/politics/leaders/2019-01/16/c_1123999899.htm，上传日期：2019年1月16日，引用日期：2019年1月25日。

② 《学员热议习近平总书记在中央党校（国家行政学院）中青年干部培训班开班式上的重要讲话》，新华网，http://www.xinhuanet.com/2019-03/02/c_1124185150.htm，上传日期：2019年3月2日，引用日期：2019年3月5日。

③ 《努力造就一支忠诚干净担当的高素质干部队伍》，新华网，http://www.xinhuanet.com/politics/2019-01/15/c_1123994727.htm，上传日期：2019年1月15日，引用日期：2019年1月25日。

一支队伍。"① 理想信念是人精神世界的核心，对个人世界观、人生观、价值观的形成有着重要的作用，一个人是否有理想信念、有什么样的理想信念，决定了人生是充满意义还是碌碌无为。司法工作人员手握公平正义之剑，解决社会上的各种纠纷，这就要求每一位司法工作人员都应该有坚定的理想信念，让理想信念指引着人生的目标，指引着前进的方向。在这样和平的年代，司法工作人员面对了最多的"疾风"与"烈火"，故而他们要更加坚定，更能抵抗诱惑，能够用更高的标准来要求自己，而理想信念教育又是一切之中最基本的，所以要把这一建设摆在队伍建设的第一位。

第三，培育法治精神。英国哲学家培根说过，一次不公正的裁判，其恶果甚至超过十次犯罪。因为犯罪虽是无视法律——好比污染了水流，而不公正的审判则毁坏法律——好比污染了水源。这其中的道理不言而喻。司法机关是与百姓接触最多、关系最密切的机关，如果司法机关行为不当失去了百姓的信任，那么百姓也不会再相信党和政府了。当前存在许多执法不严、司法不公、枉法裁判的现象，归其根本还是司法工作人员缺少对法律的崇敬，缺少法治精神。政法干警"要把法治精神当作主心骨，做知法、懂法、守法、护法的执法者，站稳脚跟，挺直脊梁，只服从事实，只服从法律，一是一、二是二，不偏不倚，不枉不纵，铁面无私，秉公执法"②。广大司法工作人员面对诱惑要坚决抵制，心中要坚守正义，维护法律的权威。只有这样，我们的司法队伍才是一个真正为人民服务、代表公平与正义的化身。

(二) 加强职业道德建设和职业纪律教育

职业道德是整个社会道德的主要内容。职业道德承载了一个人对于职业的追求，加强司法队伍的职业道德建设，有助于其增强职业认同感，更好地服务于人民群众，为此要求司法队伍主要做到以下三点。

第一，加强职业道德建设。"法治和德治不可分离、不可偏废，国家治理需要法律和道德协同发力。"③ 司法队伍建设不单单需要相关法律的完善与保障，更加需要用内心的道德律来严格要求每一位司法工作人员。

---

① 《习近平关于全面依法治国论述摘编》，中央文献出版社，2015，第99页。
② 《十八大以来重要文献选编》（上），中央文献出版社，2014，第719页。
③ 《新时代全面依法治国的根本遵循》，《求是》2019年第4期。

"政法机关的职业良知，最重要的就是执法为民。"① "职业良知来源于职业道德。要把强化公正廉洁的职业道德作为必修课，教育引导广大干警自觉用职业道德约束自己，认识到不公不廉是最大耻辱，做到对群众深恶痛绝的事零容忍、对群众急需急盼的事零懈怠，树立惩恶扬善、执法如山的浩然正气。"② 习近平总书记强调了职业良知和公正廉洁的重要性，并指出这两点是司法工作人员最应该坚守的两项职业道德，这是习近平总书记对司法工作人员加强职业道德建设的最基本要求。政法干警要坚守职业道德，面对艰难险阻，要有战胜一切的决心，坚决破除各种潜规则，杜绝办事主要依靠关系的现象。

第二，坚持以民为本。"坚持人民主体地位，是社会主义法治的基本属性。人民是依法治国的主体和力量源泉。"③ 司法工作要密切联系人民群众，坚持以人民为中心，努力为人民服务，做让人民满意的事情。习近平总书记强调："要坚持司法为民，改进司法工作作风，通过热情服务，切实解决好老百姓打官司难问题。特别是要加大对困难群众维护合法权益的法律援助。"④ 司法活动要想造福于民，必须满足两个方面的要求：一是要树立以人民为中心的工作导向；二是要创造便利的司法条件。

第三，加强职业纪律教育。政法工作的性质决定了政法队伍必须严明纪律。广大干警要做维护和遵守各种纪律的模范和表率。要加强纪律教育，健全纪律执行机制，用纪律规范行为，用纪律约束干警，用纪律保护干部，引导广大干警把遵守纪律铭刻在灵魂中，熔铸在血液里，以铁的纪律带出一支铁的政法队伍。⑤建设一支纪律过硬的司法队伍，要加强职业纪律教育，用纪律规范干警的言行举止，坚持从严治警不动摇，努力营造风清气正、干事创业的良好生态。

（三）加强司法能力建设

法律专业精神和专业素养是法治工作队伍的根基，法治工作队伍只有具备良好的专业素质和专业能力，才能担当起依法治国中坚力量的重大使命，才能赢得社会信誉，赢得人民尊重。司法能力建设对于提高司法工作

219

① 《十八大以来重要文献选编》（上），中央文献出版社，2014，第718页。
② 《十八大以来重要文献选编》（上），中央文献出版社，2014，第718~719页。
③ 《新时代全面依法治国的根本遵循》，《求是》2019年第4期。
④ 《习近平关于全面依法治国论述摘编》，中央文献出版社，2015，第68页。
⑤ 《习近平关于全面依法治国论述摘编》，中央文献出版社，2015，第100~101页。

人员的职业素养与专业水平具有重要作用，故而各级政法机关要把能力建设置于重要位置，确保司法工作人员可以更好地完成政法工作的各项任务。习近平总书记在 2019 年中央政法工作会议上强调，全面提升政法干警的法律政策运用能力、防控风险能力、群众工作能力、科技应用能力、舆论引导能力。① 为此，政法队伍建设要以能力建设为重点，着力提升做好新形势下群众工作能力，着力提升维护社会公平正义能力，着力提升新媒体时代社会沟通能力，着力提升科技信息化应用能力，着力提升政法队伍拒腐防变能力。加强对司法队伍的司法能力建设，主要从以下三个方面入手。

第一，加强法学理论教育。中共十八届四中全会指出，创新法治人才培养机制，形成完善的中国特色社会主义法学理论体系、学科体系、课程体系，推动中国特色社会主义法治理论进教材进课堂进头脑，培养造就熟悉和坚持中国特色社会主义法治体系的法治人才及后备力量。② 抓好科学理论武装，教育引导广大干警学深悟透新时代中国特色社会主义思想，增强"四个意识"、坚定"四个自信"、做到"两个维护"，矢志不渝地做中国特色社会主义事业的建设者、捍卫者。③ 建设司法队伍的关键就是要把握好人才，人才才能兴国、强国，所以我们要加强对法学人才的培养，加强法学理论教育的普及，注重理论的体系化、科学化，牢牢把握中国特色社会主义法治理论，用理论武装头脑，用理论指导实践。习近平总书记2017 年在中国政法大学考察时也曾说道："没有正确的法治理论引领，就不可能有正确的法治实践。高校作为法治人才培养的第一阵地，要充分利用学科齐全、人才密集的优势，加强法治及其相关领域基础性问题的研究，对复杂现实进行深入分析、作出科学总结，提炼规律性认识，为完善中国特色社会主义法治体系、建设社会主义法治国家提供理论支撑。"④

---

① 《习近平出席中央政法工作会议并发表重要讲话》，新华网，http://www.xinhuanet.com/politics/leaders/2019 - 01/16/c_1123999899. htm，上传日期：2019 年 1 月 16 日，引用日期：2019 年 1 月 25 日。

② 《中共中央关于全面推进依法治国若干重大问题的决定》，人民网，http://cpc.people.com.cn/n/2014/1029/c64387 - 25927606. html，上传日期：2014 年 10 月 29 日，引用日期：2017 年 11 月 17 日。

③ 《习近平出席中央政法工作会议并发表重要讲话》，新华网，http://www.xinhuanet.com/politics/leaders/2019 - 01/16/c_1123999899. htm，上传日期：2019 年 1 月 16 日，引用日期：2019 年 1 月 25 日。

④ 《习近平在中国政法大学考察》，新华网，http://www.xinhuanet.com/politics/2017 - 05/03/c_1120913310. htm，上传日期：2017 年 5 月 3 日，引用日期：2017 年 11 月 25 日。

这是习近平总书记对高校、教师与学生所做的要求，高校作为为社会输送人才的摇篮，要充分利用自身的优势，为建设社会主义法治国家作出自己的贡献。

第二，加强实践经验的培养。司法人员的实践经验是司法能力的一部分。在对法律储备人才的教育上，习近平总书记也强调实践的作用，理论与实践是不可分割的。习近平总书记指出："司法活动具有特殊的性质和规律，司法权是对案件事实和法律的判断权和裁决权，要求司法人员具有相应的实践经历和社会阅历，具有良好的法律专业素养和司法职业操守。"[①] 重视实践的作用，认识到实践经历的重要性，做到司法人员都有司法实践的经历，并且能够学以致用。从目前司法机关正在推进的司法体制改革举措来看，司法人员单独职务序列改革，法官、检察官统一招录制度改革，建立预备法官、检察官制度改革，法官、检察官逐级遴选制度改革，从律师、法学家中招录法官、检察官改革，建立法官、检察官遴选委员会制度改革等，均是落实党中央和习近平总书记建设高素质的法治工作人才队伍、加强实践经验培养的具体行动。此外，法学学科不能单单停留在理论层面，其最终还是要应用于司法实践。法学教育要深刻认识到这一点，处理好理论和实践的关系。对于高校和社会而言，都不应该故步自封，打破它们之间的体制壁垒，将法官、检察官、律师在实践中积累的优秀经验引入高校，加强法学教育理论研究者与法治实际工作者之间的交流。

第三，养成在新媒体监督下办案的习惯。随着时代的发展，新媒体的发展也出现了日新月异的变化。在新时代下，自然对政法工作也提出了新要求。2018年召开的政法工作会议指出，新媒体时代，政法干警既要有智商、情商，又要有媒商，善于以主动坦诚姿态与社会沟通，以开放包容心态面对新媒体，养成在新媒体监督下执法办案的习惯。[②] 在2019年的政法工作会议上，习近平总书记又指出"推动大数据、人工智能等科技创新成果同司法工作深度融合"[③]。这是习近平总书记在新时代背景下对政法

---

① 《习近平关于全面依法治国论述摘编》，中央文献出版社，2015，第102页。

② 《习近平主持召开2018年中央政法工作会议》，中国长安网，http://www.chinapeace.gov.cn/zhuanti/node_54887.htm，上传日期：2018年1月22日，引用日期：2018年1月27日。

③ 《习近平出席中央政法工作会议并发表重要讲话》，新华网，http://www.xinhuanet.com/politics/leaders/2019-01/16/c_1123999899.htm，上传日期：2019年1月16日，引用日期：2019年1月25日。

队伍人员提出的新要求，政法工作应该越来越朝着专业化、专门化、精细化的方向去发展。政法队伍要根据时代的要求关注政法工作的需要，坚持干什么学什么，缺什么补什么，弥补知识欠缺、能力不足、经验盲区，以确保政法工作紧跟时代的节拍。在新媒体时代，政法队伍不但不能惧怕新媒体与舆论，要充分利用新媒体，在新媒体的监督之下公正司法。在出台重要政策、改革方案、法律解释时，政法干警要做好信息发布工作、政策解读工作，让人民不止看得懂而且还要深入了解政策、方案，以增强司法工作的亲和力与执行力。

（四）注重职业保障

习近平总书记指出："政法队伍是和平年代奉献最多、牺牲最大的队伍。对这支特殊的队伍，要给予特殊的关爱，做到政治上激励、工作上鼓劲、待遇上保障、人文上关怀，千方百计帮助解决各种实际困难，让干警安身、安心、安业。"[1] "要通过改革建立符合职业特点的司法人员管理制度，完善司法人员分类管理制度，建立法官、检察官、人民警察专业职务序列及工资制度，增强司法人员的职业荣誉感和使命感。"[2] 加强司法队伍建设，不仅要从体制机制上进行整改，而且要注重对司法人员的职业保障，使司法人员拥有更好的工作条件和生活条件，不仅可以解决他们的后顾之忧，而且还能提高他们工作的积极性。习近平总书记还强调，各级党委要及时研究解决政法队伍建设重大问题。要真情关心和爱护政法干警，建立健全职业保障制度。[3] 良好的职业保障是政法工作健康发展的前提和基础，注重职业保障有利于稳定司法队伍，保障干警权利，激发干警工作的积极性，增加整个干警队伍的凝聚力。

五 结语

十八届三中全会提出"建立符合职业特点的司法人员管理制度，健全

---

① 《习近平出席中央政法工作会议并发表重要讲话》，新华网，http://www.xinhuanet.com/politics/leaders/2019-01/16/c_1123999899.htm，上传日期：2019年1月16日，引用日期：2019年1月25日。

② 《习近平关于全面依法治国论述摘编》，中央文献出版社，2015，第103页。

③ 《习近平就政法队伍建设作出重要指示》，人民网，http://cpc.people.com.cn/n1/2016/0425/c64094-28303184.html，上传日期：2016年4月25日，引用日期：2017年11月29日。

法官、检察官、人民警察统一招录、有序交流、逐级遴选机制"①。中央深改组在第22次会议上也通过了《关于建立法官检察官逐级遴选制度的意见》，进一步规范和完善具体的工作机制，让优秀审判人才向办案一线聚集，实现在司法队伍管理中的优胜劣汰。

近年来推行了"员额制改革"，目前，"全国法院按照以案定额、按岗定员、总量控制、省级统筹的原则，经过严格考试考核、遴选委员会专业把关、人大依法任命等程序，从原来的211990名法官中遴选产生120138名员额法官。"②"经严格考试考核、遴选委员会审议、人大常委会依法任命等程序，全国检察机关遴选出员额内检察官84444名，占中央政法专项编制的32.78%。"③ 但是我们也应当看到，由于一些地方入额的法官、检察官办案量的大幅度增加，带来的更为突出的案多人少的矛盾。另外，"有的未入额人员仍继续独立办案，有的入额领导干部不办案或办简单案、挂名案"④，因此，应当不断健全员额法官、检察官的进退机制，形成良性的职业发展机制。

习近平总书记对政法队伍建设的论述包括政法队伍建设的总任务、总要求、建设方向、建设动力、建设支撑以及建设保障，整个理论科学系统，具有层次性，不仅在宏观上作出指导，而且在具体细节上也有体现。习近平总书记关于司法队伍建设的思想正是取之于复杂现实，经过时间打磨，经过实践检验而形成的科学理论，是新时代司法队伍建设必须坚持的科学理论。5年来，在这一理论的指导下，我国司法队伍建设取得了一定的成就，然而，也不可避免地存在部分问题，新时代的司法队伍依然要按着"四个过硬"的要求而不懈努力。

223

---

① 《中共中央关于全面深化改革若干重大问题的决定》，中国政府网，http://www.gov.cn/jrzg/2013 - 11/15/content_2528179.htm，上传日期：2013 年 11 月 15 日，引用日期：2017 年 11 月 29 日。

② 周强：《最高人民法院关于人民法院全面深化司法改革情况的报告》，中国法院网，https://www.chinacourt.org/article/detail/2017/11/id/3036918.shtml，上传日期：2017 年 11 月 1 日，引用日期：2017 年 11 月 29 日。

③ 曹建明：《最高人民检察院关于人民检察院全面深化司法改革情况的报告》，中华人民共和国最高人民检察院网，http://www.spp.gov.cn/zdgz/201711/t20171102_204013.shtml，上传日期：2017 年 11 月 2 日，引用日期：2017 年 11 月 29 日。

④ 曹建明：《最高人民检察院关于人民检察院全面深化司法改革情况的报告》，中华人民共和国最高人民检察院网，http://www.spp.gov.cn/zdgz/201711/t20171102_204013.shtml，上传日期：2017 年 11 月 2 日，引用日期：2017 年 11 月 29 日。

应用法学评论 2019年第1辑 总第3辑

The Target and Path of Judicial Team Construction in the New Era

Gao Yifei   Wang Meiyi

(Law School Southwest University of Political Science and Law;

Chongqing, 401120)

Abstract: Chairman Jinping Xi gives an overall affirmation to our judicial team. However, currently, it is necessary to strengthen the construction of judicial team because there are some undesirable phenomenon among the judicial teams such as rapid outflow of talents, noticeable corruptions, improper working style and insufficient operational capability. Xi believes a targeted judicial team should have solid political quality, excellent operation capacity, strong sense of duty and strict discipline as well as high quality of working style. Xi also came up with concrete measures including improving the ideological and political construction as well as belief education, improving the professional ethics and discipline education and judicial capacity construction and focusing on the job security. At present, the key issues for our country's judicial team construction to solve are: Implement the sequence management of the individual functions of judges and prosecutors and the reform of staffing system, optimizing the job security for the judges and prosecutors, propelling the unified management of staff and properties on local courts under the province level and deeply promoting the reform people's police management system. Since the eighteenth national congress of the party, under the guidance of Xi Jinping's theory on constructing judicial team in our country, the constructing process has reached abundant practical achievements. Our country and party are building a politics and legislation team with attic faith, people-oriented law enforcement, a higher sense of duty and honest execution system.

Keywords: Judicial Team; Five "Strong"; Faith Education; Professional Ethics; Job Security

检察机关提起民事公益诉讼的现实
困境及完善路径

李成成　张　淼*

（浙江省桐乡市人民检察院；嘉兴，314500）

摘　要：2017 年 6 月 27 日，十二届全国人大常委会第二十八次会议表决通过了关于修改《民事诉讼法》的决定，检察机关提起民事公益诉讼明确入法，我国正式以立法形式确立了检察机关提起民事公益诉讼制度。总体看来，检察机关提起民事公益诉讼仍面临诸多现实困境，包括案源相对较少、案件办理阻力大、案件办理难度大、有关组织提起民事公益诉讼能力有待提高、理论研究精深度与办理案件能力尚待提升以及执行难度较大等。本文在深度剖析检察机关提起公益诉讼制度的发展历程，积极查找检察机关提起民事公益诉讼存在现实困境基础上，努力探寻检察机关提起民事公益诉讼的完善路径。如拓展民事公益诉讼线索来源、形成合力破解案件办理阻力、完善检察机关调查取证制度、引导社会组织快速成长、培养民事公益诉讼专业人才、检察机关积极跟进执行监督。

关键词：公益诉讼；民事公益诉讼；现实困境；完善路径

一　引言

公益诉讼，是指为保护公共利益，对损害社会公共利益的行为，法律规定的机关和有关组织可以提起的诉讼，具体到司法实践中，公益诉讼又分为民事公益诉讼和行政公益诉讼。在我国当前发展阶段，随着大规模工业化的快速发展，社会关系与社会结构也随之发生着变化，基于生产技术的不断更新及规模的扩大，各种侵害公共利益的行为不断产生，造成了严

李成成（1990 ~ ），浙江省桐乡市人民检察院民行科检察官助理，主要研究方向为民事法律适用，电子邮箱：125875798@ qq. com。
张淼（1992 ~ ），浙江省桐乡市人民检察院民行科检察官助理，主要研究方向为民事法律适用。

重的社会问题。① 这些行为的出现与人民群众对美好生活的向往严重背离，国家和社会亟须开展公益诉讼工作来维护社会公共利益。检察机关作为我国的法律监督机关，具有维护国家利益和社会公共利益的重要使命，自全国人大常委会赋予检察机关开展公益诉讼的试点工作以来，我国检察机关在保护国家和社会公共利益方面起到了积极的作用。它一方面使社会公众形成了爱护环境的理念和同损害公益行为做斗争的勇气，另一方面促使行政机关和组织进一步提高了依法行政、遵纪守法的意识和能力，使社会各方面的运行大都进入了一个较为良性的循环轨道。有学者认为，检察机关提起公益诉讼作为具有中国特色的一种管理模式，为世界有关国家解决此类问题提供了相应的参考依据。特别是在 2017 年末，我国立法机关通过对《民事诉讼法》和《行政诉讼法》的修改，更加明确了检察机关职能权限。从各地的实践情况来看，检察机关参与或提起公益诉讼取得了显著的成效②，但是其也存在一些困境，需要我们在具体的司法实践中予以解决。

二　我国检察机关提起民事公益诉讼的发展历程

（一）检察机关提起民事公益诉讼初探阶段

早在 20 世纪 90 年代，检察公益诉讼就已经有了相应的司法实践，从某种程度上来说，在我国公共利益保护机制匮乏的情况下，检察机关担负起了公益守护人的角色。③ 当时在 "转换国有企业经营机制，建立现代企业制度" 经济体制改革中出现了大量国有资产被廉价变卖导致国家利益受损的现象，检察机关针对该现象主动作为，以原告身份向法院提起民事诉讼，有效地防止了大量国有资产流失。但 2004 年最高人民法院在《关于恩施市人民检察院诉求张苏文返还国有财产一案的复函》中叫停了检察机关以原告身份提起民事诉讼的尝试，随后最高人民检察院出台了相关通知，鉴于检察机关以原告身份起诉的做法没有法律依据，明确规定检察机关不得对民事行政纠纷案件提起诉讼。然而国有资产流失、公共利益受损等现实问题依然非常严峻，检察机关在履行职责过程中仍然不断发现此类

---

① 刘田原：《公益诉讼原告主体资格研究：现实困境、域外经验及完善路径》，《福建江夏学院学报》2018 年 2 月。

② 王亚新：《检察机关民事职能的再定位》，《中国法律评论》2017 年第 5 期。

③ 刘艺：《检察公益诉讼的司法实践与理论探索》，《国家检察官学院学报》2017 年第 2 期。

线索。为了解决上述实际问题，检察机关转而通过刑事附带民事诉讼的方式保护国家利益及社会公共利益。此外，检察机关还积极探索建立督促起诉制度，针对正在流失或即将流失的国有资产，监管部门不行使或怠于行使自己的监管职责的，检察机关以监督者的身份督促有关监管部门履行其职责，依法提起民事诉讼。①

（二）检察机关提起民事公益诉讼试点阶段

2014 年 10 月 23 日，党的十八届四中全会通过的《中共中央关于全面推进依法治国若干重大问题的决定》中明确提出"探索建立检察机关提起公益诉讼制度"。2015 年 7 月 1 日，第十二届全国人大常委会第十五次会议作出《关于授权最高人民检察院在部分地区开展公益诉讼试点工作的决定》，授权最高人民检察院在生态环境和资源保护、国有资产保护、国有土地使用权出让、食品药品安全等领域开展提起公益诉讼试点，试点地区确定为北京、内蒙古、吉林、江苏、安徽、福建、山东、湖北、广东、贵州、云南、陕西、甘肃 13 个省、自治区、直辖市，并确定试点期限 2 年。自此，检察机关作为"国家力量"登上了公益诉讼的舞台，我国公益诉讼的探索进入了一个新的发展阶段。② 试点期间，各试点地区检察机关提起了 1150 件公益诉讼案件，人民法院审结 918 件，其中一审 903 件，二审 15 件。一审案件中，检察机关因行政机关整改到位或出现其他适格主体而撤回起诉 21 件，人民法院调解 20 件，裁定驳回起诉 2 件，判决 860 件（判决支持 858 件，判决驳回 2 件）。二审案件中，裁定撤销原判发回重审 2 件，判决维持 13 件。从诉讼类型看，民事公益诉讼 38 件，占 4.14%；行政公益诉讼 862 件，占 93.90%；从案件领域看，生态环境和资源保护领域 606 件，国有土地使用权出让领域 109 件，国有财产保护领域 195 件，食品药品领域 8 件。

（三）检察机关提起民事公益诉讼立法确立阶段

2017 年 6 月 27 日，十二届全国人大常委会第二十八次会议表决通过了关于修改《民事诉讼法》和《行政诉讼法》的决定，检察机关提起公益诉讼明确写入了这两部法律，标志着我国以立法形式正式确立了检察机

---

① 傅国云：《论民事督促起诉——对国家利益、公共利益监管权的监督》，《浙江大学学报》（人文社会科学版）2008 年第 1 期。
② 刘艺：《检察公益诉讼的司法实践与理论探索》，《国家检察官学院学报》2017 年第 2 期。

关提起公益诉讼制度，检察机关提起公益诉讼工作随即全面开展，2018年3月，最高人民法院、最高人民检察院公布了《关于检察公益诉讼案件适用法律若干问题的解释》，对检察机关提起公益诉讼作出了相应的具体性规定，为检察机关开展公益诉讼工作提供了规范性依据。①

自 2017 年 7 月检察公益诉讼工作全面推开以来，全国检察机关公益诉讼案件共立案 99441 件，提出检察建议和发布公告 87385 件，提起诉讼 2793 件。其中 2018 年 1 月至 11 月，全国检察机关公益诉讼案件共立案 89523 件，提出检察建议和发布公告 78448 件，提起诉讼 2560 件。检察机关进一步突出工作重点，聚焦公益保护难点，紧紧围绕中央重大决策部署，以环境资源、食品药品等领域为重点，以专项活动为抓手，共办理生态环境和资源保护领域公益诉讼案件 48847 件，占 54.56%，是试点期间的 7.5 倍；共办理食品药品领域公益诉讼案件 29916 件，在案件总数中的占比从试点期间不到 1% 增长到 34.02%，是试点期间的 360 倍。② 2018 年，检察公益诉讼办案量大幅上升，在保护国家利益和社会公共利益方面发挥着越来越大的作用，检察公益诉讼作为推动社会治理法治化的制度优势愈发显现。检察机关将继续把公益诉讼工作作为深入贯彻习近平新时代中国特色社会主义思想的重要抓手，在持续加大办案力度的同时，更加突出问题导向，更加注重办案的质量和实际效果，努力实现政治效果、法律效果和社会效果的有机统一，为切实维护国家利益和社会公共利益作出更大贡献。

检察机关作为国家的法律监督机关，是国家和社会公共利益的当然代表，检察机关积极主动行使法律监督权维护公共利益，是全面履行检察职能的必然要求。如今检察机关提起公益诉讼正在全国如火如荼地稳步开展，但作为新生制度的检察公益诉讼在开展过程中势必会存在种种现实困境，随着立法的逐步完善、经验的不断积累、学界的积极探讨，检察公益诉讼定会越走越远。为此，笔者选取检察机关提起民事公益诉讼为视角，从民事公益诉讼办案实际出发，积极查找检察机关提起民事公益诉讼存在的现实困境，并努力探寻检察机关提起民事公益诉讼的完善路径。

---

① 崔智友：《建议明确检察机关提起公益诉讼具体程序》，《民主与法制时报》2018 年 3 月 18 日，第 2 版。

② "检察公益诉讼工作深入发展，实现办案全覆盖"新闻发布会，最高人民检察院网，http://www.spp.gov.cn/spp/zdgz/201812/t20181226_403577.shtml，上传日期：2018 年 12 月 26 日，引用日期：2019 年 1 月 10 日。

三 检察机关提起民事公益诉讼面临的现实困境

（一）案源相对较少

检察机关在开展民事公益诉讼时，必须要有相应的案源作为支撑，倘若该部门在现实生活中并没有获得足够的有价值的线索，那么其相应职能的发挥就会受到阻碍。因此，保障好案件的来源是该机关开展公益诉讼的前提要件。此外，检察机关在行使职能时要将"公益"作为核心要件，并以维护国家和社会公共利益为主要工作目的。[①] 一方面，检察机关参与或提起民事公益诉讼的案件只能在其履行职责中来进行，这就极大地限制了案件的来源；另一方面，检察机关拟提起民事公益诉讼的应当依法公告，公告期满，法律规定的机关和有关组织不提起诉讼的，人民检察院才可以向人民法院提起诉讼，这就使得检察机关能提起民事公益诉讼的案源大大减少。随着国家对民事公益诉讼的宣传力度不断加大，法律规定的机关和有关组织对民事公益诉讼的重视程度逐步加深，其对民事公益诉讼的参与力度也得以进一步提高，这都会影响到检察机关办理民事公益诉讼的案源数量。

（二）案件办理阻力大

对于民事公益诉讼来说，其被告通常为当地政府重点扶持的相关企业。这些企业每年都为当地政府缴纳大量的税费，且提供了大量的就业机会，有效地缓解了本地区的就业压力，因此，当地政府一般都会给予这些企业特殊的保护。但是，这些政府重点扶持的企业有些是重型污染企业。倘若检察机关将其作为民事公益诉讼被告向审判机关提起诉讼，这一方面会使得当地政府在本地区民众心中的形象大打折扣；另一方面，如果该企业最终败诉，其往往会承担巨额的赔偿责任，甚至可能会导致企业直接破产，这就会对当地社会的发展和稳定造成一定的影响。与此同时，在办理一些涉及破坏生态环境和资源保护、食品药品安全领域的民事公益诉讼案件时，往往会发现相关领域负有监督管理职责的行政机关违法行使职权或者不作为的情况。这些主管机关为了维护自身的良好形象，不愿意看到自己监管范围内的企业以被告的身份出现在民事公益诉讼审判活动当中，它

[①] 孙晓茹：《检察机关提起公益诉讼出现的难题破解》，《中国检察官》总第 275 期。

们为避免该类诉讼的提起，往往会主动与其同级的检察机关进行沟通、协调，这势必会给检察机关的民事公益诉讼工作带来巨大的阻碍。

（三）案件办理难度大

与其他诉讼案件的证据收集情况相比，在民事公益诉讼案件的证据往往具有数目庞大、专业性强、不易固定等特点，这就在无形中增加了该类案件的办理难度。在涉及与环境有关的民事公益诉讼当中，由于污染具有较强的隐蔽性且持续时间比较长久，其所影响的范围、受侵害群众的具体数量以及对当地造成的经济损失都难以作出准确的计算。同时，对其中污染物成分的认定需要借助专业的设备进行检测，对于受侵害群众身体和物质方面的损失也同样需要专门的技术人员进行确定。以土壤的污染为例，我们在对其所遭受的污染情况进行鉴定时，该过程与其他污染的鉴定相比显得更加复杂。究其原因是土壤的污染可以来自诸多方面。例如，污染可以是空气中的废气沉淀形成的，也可以是过度使用化肥造成的，还可以是一些废水随意排放并渗透到土壤当中所引起的。由于土壤污染与社会公众健康权损害之间存在密切的关联，所以倘若没有专业的技术手段对两者之间的因果关系进行准确的界定，那么我们就无法断定社会公众健康权遭受到的侵害是由土壤污染造成的，这一系列问题都切切实实增加了民事公益诉讼案件的办理难度。

（四）有关组织提起民事公益诉讼能力有待提高

根据民事诉讼法的有关规定，只有当法定机关和符合条件的民间团体不提起公益诉讼时，检察机关才可以依法向审判机关提起民事公益诉讼。所以从某种程度上来看，检察机关对民事公益诉讼的提起是处于第二位的、补充性的地位，实为最后的救济手段，检察机关不能在有适当起诉主体的情况下代为行使诉权。但根据两年来的试点工作可见，有关组织向法院提起民事公益诉讼的情况较为少见，这可以充分表明我国职能部门应当加强其对公益诉讼的提起能力。我国民政部门统计显示，我国大约有700多家民间团体组织有资格提起民事公益诉讼。但令人遗憾的是，近年来真正主动提起该类诉讼的民间团体不超过10家，并且绝大多数集中在实力较为雄厚且具有官方色彩的组织当中。有关组织的调查显示，现阶段在我国众多的民间团体当中，只有不到1/3的组织将民事公益诉讼的提起作为他们主要的业务活动，并且有超过半数的组织对该类诉讼的提起持谨慎态度。因此我国民间团体对该类诉讼的提起缺乏主观上的积极性，并且在客观方面这些组织的应诉能力也稍显不足。① 对于该类组织内部的成员来说，其大都以兼职身份存在，这就导致他们很难抽出大量的时间投入民事公益诉讼案件当中。另外从资金保障方面来看，我国多数环保组织一整年的财政预算不足 50 万元，但对于一个普通的民事公益诉讼案件来说，单其前期的鉴定费用往往就达到了 10 多万元，这对于一些资金相对紧张的民间环保组织来说是无法承受的，因此面对高昂的诉讼成本，这些组织往往显得力不从心。

（五）理论研究精深度与办理案件能力尚待提升

检察机关对民事公益诉讼相关理论的掌握不够透彻，尤其对诉讼权利的来源、地位、具体的行使方式等都缺少深入而细致的研究，且没有形成一套完整的、系统的并具有现实指导意义的体系化制度。对于整个民事公益诉讼而言，检察机关在具体行使相应职能时大都处于摸索的状态，稍有不慎工作就会出现瑕疵，从而影响到整个案件的处理结果。在此种标准之下，该类案件对检察机关工作人员的专业知识、临场应变能力等都提出了较高的要求，亟须检察队伍提升办理民事公益诉讼案件的能力。

（六）执行难度较大

执行作为诉讼活动的最后一个环节，其有效地实施能够确保社会稳定和他人合法权益的实现。但是在司法实践中，生效判决执行困难的问题十分常见并且长期困扰着司法机关。而对于民事公益诉讼来说，其维护的是社会公共利益且执行的标的额通常比较大，因此执行该类诉讼的生效判决就显得更加困难，其中以生态环境类案件的执行难度最为巨大。对于生态环境来说，其一旦遭受损失，就需要花费很长时间来恢复，并且这一恢复过程需要消耗大量的人力、物力以及财力。此类案件生效判决的执行需要诸多部门共同协作才能完成。另外，我们在对一些受损的生态环境修复时，通常需要依靠专业的技术人员，所以对于一些普通的人员来说，其往

---

① 中华环保联合会、国际自然资源保护协会：《民间环保组织在环境公益诉讼中的角色及作用》，中国发展简报网，http://www.chinadevelopmentbrief.org.cn/news - 16773.html，上传日期：2014 年 11 月 11 日，引用日期：2019 年 1 月 13 日。

往难以胜任此种专业的修复工作。①

四 检察机关提起民事公益诉讼的完善路径

（一）拓展民事公益诉讼线索来源

就拓展民事公益诉讼线索来源而言可以从三个方面着手。一是检察机关民行部门应加强同内部各业务部门之间的工作协调。建立信息共享、案件线索、处理结果双向移送与反馈以及办案协作等制度，并与其内部的侦监、控申等部门加强协作。检察机关民行部门应大力推进民行检察工作及公益诉讼工作的宣传和法律咨询，通过申诉解答、息诉化解等工作，及时发现可能属于民事公益诉讼案件的相关线索。二是建立"两法衔接平台"，加强大数据应用。检察机关应与环保、食药监、国土等行政部门探索建立行政检察与行政执法衔接的信息平台，共享环保、食药监、国土等行政执法部门执法信息、执法动态，确保政府执法部门能够将民事公益诉讼的案件线索及时提供给检察机关。检察机关发现行政执法部门可能存在履职问题时提前预警。三是建立联席会议机制。检察机关可与行政执法机关建立联席会议制度，双方定期或不定期召开联席会议，共同研讨环保、食药、国土资源等领域涉及民事公益诉讼工作中存在的具体问题，对于达成一致的事项，以会议纪要等形式予以明确，指导和推动民事公益诉讼工作。在联席会议基础上建立日常联络机制，双方确定相应联络人员，负责检察机关与行政执法机关之间的日常联络及文件传输等工作，探索建立重大情况通报制度，任何一方获得的涉及民事公益诉讼的重大舆情，应当及时相互通报，共同研究处置方法，回应社会关切。

（二）形成合力破解案件办理阻力

面对民事公益诉讼案件办案阻力大的问题，行政机关、有关组织、检察机关应形成合力破解。在实践中，政府职能部门的监管措施有着高效、专业、便捷等特点，它是提高社会环境质量、加快生态文明建设的重要途径。但该种监管模式并非没有任何缺陷，其中"公地悲剧"的现象是其监管失灵的最主要体现。因此，我们必须要加强行政部门与民间公益团体的

---

① 迟晓燕：《行政公益附带民事公益诉讼的诉讼请求及判决执行》，《中国检察官》2017年第18期。

双轨制建设，保证两者之间能够相互监督、相互协作。现阶段由于我国行政体制改革并没有完全结束，所以任何一种缺乏监督的单独保护体制，都极有可能会导致权力"寻租"的现象发生。检察机关应当与民间公益团体加强沟通与协作，并通过提供法律援助，协助他们收集相关证据材料等方式，来支持那些具有诉讼资格的民间团体向审判机关提起民事公益诉讼，并最终在保护社会公共利益方面形成工作合力。[1]

（三）完善检察机关调查取证制度

民事公益诉讼案件的取证难度决定了案件办理难度，检察机关应从完善调查取证制度入手对其进行破解，应采取以下两个方面的措施来确保调查取证权的行使。

一方面，检察机关要明晰自己在行使该职权时的相关责任。根据最高检出台的公益诉讼试点工作实施办法的有关规定，检察机关内部的民事行政部门有权查询、调阅政府职能部门执法活动的相关卷宗，并可以对相关责任人员进行询问、取证等。除以上规定之外，我们还应当对检察机关调查取证的行为进行实质性保障，明确其在行使该职权时的相关责任。从本质上来看，该类诉讼的核心要件在于对公权力的限制，因此必须要有强有力的监督，这就要求我国立法机关制定具有实质性意义的监督规则。例如对于那些不积极配合调查取证工作的部门，检察机关可以向其主管部门发出检察建议，建议追究相关责任人员的行政责任。与此同时，同级财政、民政、环保等部门也应当积极配合检察机关的相关工作。

另一方面，要对鉴定、评估、审核等制度进行完善。民事公益诉讼案件尤其是涉及生态环境的案件，有关部门的鉴定、评估、审核等工作需要借助于专业的检测评定机构来完成，需要确保这些工作的科学性与合理性。但令人遗憾的是，现阶段我国绝大部分地区并没有专业的生态损害鉴定机构，并且该种评定模式需要大量的资金支持，而这对于普通的基层检察机关来说是难以承受的。因此最高检可以在全国范围内建立一个生态环境损害评定专家库，并实现跨区域的评定模式，充分利用专家学者的专业知识来为该类诉讼的发起提供保障。对于现场取证，我们应当将其具体工作细化，规范取证行为，以此来保障相关证据的效力性。[2]

233

---

[1] 颜运秋：《我国环境公益诉讼的发展趋势》，《求索》2017 年第 10 期。

[2] 王玎：《检察机关提起行政公益诉讼的举证责任》，《行政与法》2017 年第 7 期。

（四）引导社会组织快速成长

从本质上来看，提起民事公益诉讼的主体应当为民间公益组织和其所代表的广大人民群众，检察机关应当扮演法律援助者和支持者的角色。但是由于我国现阶段国民的法律素养普遍不高，因此检察机关还应当发挥诉讼引导者的作用。对于民间组织来说，其参与民事公益诉讼必然是要经历初探到主动发起的整个过程，在此阶段检察机关应当发挥好引导作用，帮助这些民间组织迅速成长，及时解决这些组织在行使权利时所遇到的问题。从更为深层的角度来看，该种引导者身份也是检察机关积极发挥监管职能的具体表现。① 由于现阶段我国民间组织提起民事公益诉讼的能力普遍低下，检察机关应当采取相应的措施努力提高该类组织参与民事公益诉讼的能力。首先应当正确引导社会舆论的发展方向，保障法定职能机关、民间公益组织和检察机关三者的良性运转；其次，要大力宣传民事公益诉讼有关的法律法规，使广大人民群众对其立法目的、立法精神进行全面了解；最后，要加强对法定职能部门和社会民间组织的法律培训，鼓励相关人员积极学习与民事公益诉讼有关的法律知识。②

（五）培养民事公益诉讼专业人才

当前，检察机关提起民事公益诉讼制度尚处于起步阶段，无论在理论界还是实务界皆存在诸多问题值得探索，检察机关应把民事公益诉讼的理论研究作为公益诉讼探索方案的组成部分。检察机关可以与当地高等院校进行深入合作，建立以公益诉讼为主的研究中心，并结合本地的具体实践案例，对该诉讼提起的相关理论进行细致的研究，努力解决检察机关在司法实践中遇到的诸多问题，从而提高该类诉讼案件的办理质量。此外，要依托当地高校的教育环境，努力培养出一批具备专业知识技能的人才，同时在司法实践中加强公益诉讼业务知识的学习和交流，提高检察人员调查取证、庭审应诉等实务操作技能；举办公益诉讼专题培训班，邀请该行业领域的权威学者、相关职能部门的具体负责人员授课，并通过开展举办专题讲座和案例分析的方式提高相关办案人员的专业知识技能。

---

① 李艳芳、吴凯杰：《论检察机关在环境公益诉讼中的角色与定位》，《中国人民大学学报》2016 年第 2 期。

② 王灿发、程多威：《新〈环境保护法〉下环境公益诉讼面临的困境及其破解》，《法律适用》2014 年第 8 期。

（六）检察机关积极跟进执行监督

根据最高人民法院《关于审理环境民事公益诉讼案件适用法律若干问题的解释》的有关规定，对于已生效的公益诉讼判决，其需要具体执行的应当交由执行部门来具体实施。以此我们可以清晰地看出，对于该类诉讼的具体执行仍然发生在法院内部。这就完全符合各部门之间共同维护国家权益、社会公共利益的根本目的。此外，在最新修订的《民事诉讼法》与《行政诉讼法》中，都赋予了检察机关对整个诉讼活动的监督权。"两高"联合发布的《关于民事执行活动法律监督若干问题的规定》明确规定，检察机关依法享有对民事执行活动的监督权，对于行政诉讼法或者司法解释中没有明确规定的，其具体办法应当参照本条规定。虽然检察机关提起的民事公益诉讼较其他诉讼有一定的特殊之处，但是根据现行法律的有关规定，检察机关对该类诉讼的提起并不妨碍其监督权的行使。倘若该机关在监督过程中发现审判机关存在执行不到位等现象，应当通过提出检察建议的方式督促审判机关及时改正，从而切实保障社会公共利益免受非法侵害。

五　结语

检察机关提起民事公益诉讼制度为公共利益的保护提供了一条新的路径，使得我国法治体系更加完善。同时我们应看到，该制度的立法规定只是个雏形，检察机关提起民事公益诉讼制度的完善还有待于配套制度的建立。作为我国专门的法律监督机关，检察机关应在现有的法律体制之内，深入研究检察机关提起民事公益诉讼制度的功能，不断完善该制度的运作程序，对检察机关提起民事公益诉讼的行为进行有效探索，时刻为该制度的健康快速发展提供有力帮助。

The Predicament and Perfect Path of Procuratorial Organs Bringing Civil Public Interest Litigation

Li Chengcheng　*Zhang Miao*

（The People's Procuratorate of Tongxiang；Jiaxing，314500）

Abstract：On June 27, 2017, the 28th meeting of the Standing Committee of the 12th National People's Congress passed a decision on the revision of the Civil Procedure Law and the Administrative Litigation Law. The procuratorial organs filed a public interest litigation and clearly wrote these two laws. Although China has formally established the procuratorial organ to initiate a public interest litigation system in the form of legislation, the provisions of the law are quite general. The procuratorial organs still have many practical difficulties to be solved in the public interest litigation. From the perspective of the procuratorial organ's civil public interest litigation, this paper deeply analyzes the development process of the procuratorial organ's public interest litigation system, actively finds the real dilemma of the procuratorial organ's civil public interest litigation, and tries to find a perfect path for the procuratorial organ to file a civil public interest litigation.

Keywords: Public Interest Litigation; Civil Public Interest Litigation; Practical Difficulties; Perfect Path

刑事拘留检察监督的实践探索与理论思考[*]

杨堰宁　秦　敏　周建新　陈珍建^{**}

（四川省简阳市人民检察院；成都，641400）

摘　要：刑拘检察监督存在较大被动性、滞后性和盲区等问题。加强刑拘监督的实践探索初步疏通了信息渠道，完善了监督机制，但离成熟还有很大差距。刑拘检察监督是检察机关的法定职权，是权力制约和人权保障的必然要求；价值目标是遏制和解决刑拘适用中的突出问题，实现保障侦查与维护人权相统一，为此必须抓住重点；要破解监督信息和监督时态严重滞后瓶颈，实行重点情形案件备案制具有明显优势。完善刑拘检察监督，还要更新监督理念，坚持刚柔并济，并加快顶层设计，加强智慧检务建设，强化当事人制约。

关键词：刑拘检察监督；现状考察；法理依据；难点解析；完善路径

一　引言

公安机关集刑事拘留的决定、执行、延长和变更大权于一体，刑拘不仅适用率高，而且几乎不受外界监督和制约。随着社会对执法规范化和人权保障的要求越来越高，如何加强刑事拘留检察监督，防止其滥用，正日益得到重视。本课题组对简阳市人民检察院近期开展的刑事拘留检察监督试点工作进行了专题调研，拟从实务的角度解析刑事拘留检察监督的困惑和难点，探讨加强和改进的对策。

---

  *　本文系四川省检察院 2017 年检察理论研究一般课题研究成果（JC2017C20）。

  **　杨堰宁（1970~　），四川省简阳市人民检察院检察长，主要研究方向为刑事法律适用。
秦敏（1970~　），四川省简阳市人民检察院副检察长，主要研究方向为刑事法律适用。
周建新（1966~　），四川省简阳市人民检察院副检察长，主要研究方向为刑事法律适用。
陈珍建（1955~　），四川省简阳市人民检察院检委会原专职委员、四川省检察业务专家，主要研究方向为刑事法律适用，电子邮箱：761032916@ qq. com。

二 刑拘检察监督存在的主要问题与实践探索

（一）刑拘检察监督存在的主要问题

刑事拘留是严厉性仅次于逮捕的强制措施，目前几乎不受外界监督和制约。检察监督面临知情难、查证难、纠正难等普遍问题，我们认为，刑拘检察监督存在如下问题。

1. 缺少具体可行的监督程序，监督被动性较大

目前对于刑事拘留的监督只有原则性的规定，检察监督的目标、原则、内容、路径、方式等，都没有明确、具体的操作程序，致使司法实践中监督意识弱化、监督工作茫然、远未形成常态化、制度化监督机制。一些地方尝试改进刑拘检察监督，都离不开与公安机关协商会签文件，以求得被监督者支持监督者给自己套"紧箍咒"。

2. 主要依赖于审查批捕环节，监督滞后性明显

目前，检察机关对刑拘信息的掌握主要依赖于报捕案件。一方面，刑拘信息严重滞后，即使错误刑拘被发现、纠正，当事人往往已经被拘留达7日或30日以上；另一方面，由于监督意识不强、监督标准不明，检察官对刑拘适用和延长是否得当一般不予仔细审查和评价。如（案例一）：公安机关在办理 W 等人涉嫌寻衅滋事案时，将与其一起来简阳但在酒店休息的 A、B 刑事拘留，并以结伙作案为由延拘至30日并报捕。检察院在审查批捕中发现，该案系突发案件，事前并无共谋，事发时 A、B 在酒店休息，没有任何证据证明 A、B 系共犯，对其刑拘并延拘至30日明显不当；C、D 当时虽然在场，但没有任何肇事行为，理应在24小时内讯问后，或最多3日内查明无违法行为即予以释放，但同样延拘至30日并报捕。虽经检察机关依法监督予以纠正，但当事人已被错误拘留30余日。

3. 信息来源狭窄，监督盲区较大

目前，刑拘检察监督的信息来源主要有三个方面：（1）在审查批捕中阅卷；（2）开展刑拘专项清理活动；（3）当事人控告申诉。前者不仅严重滞后而且漏掉相当一部分刑拘信息；后两者并非常态化机制，与刑拘适用的短期限、经常性形成强烈反差，不可能成为有力度的监督途径。大量刑拘后未报捕、未移诉案件成为监督盲区。据自贡市检察机关对2014年至2017年刑拘适用情况的专项调查，刑拘后不报捕不移诉（一般作撤案处理）占 24.2%，久侦不决占 16.6%。^① 这些案件多数不会进入检察机关的视野，刑拘适用及延长是否得当几乎就是"模糊账"。

（二）改进刑拘检察监督的实践探索

近两年来，四川省简阳市人民检察院按照上级检察院的安排和实际需要，开展了改进刑事拘留检察监督的实践探索。该院与市公安局会商并联合印发了《关于开展刑事拘留监督工作的实施办法》（以下简称《办法》），从而把刑拘检察监督作为一项"专门监督"工作提到了前所未有的高度，初步建立了检、公协调机制，重点解决了以下问题。

1. 强化了监督共识

在缺乏顶层设计的情况下，检、公达成共识是监督工作创新开展的基础。该院既注重依法履职、强化监督，又注意增进理解、消除隔阂，多次通过座谈会、联席会、推进会等方式，与公安中层以上干部进行深入、广泛沟通，逐步达成了共识：开展刑拘检察监督不是对侦查人员"找毛病""挑骨头"，而是共同促进依法办案，从而尽量消除抵触情绪，由检察机关"一头热"变为两家配合抓。《办法》明确了检察院对适用、延长、变更、撤销刑拘措施进行监督。

2. 疏通了信息渠道

及时、全面掌握刑拘适用信息是突破传统监督瓶颈的关键。目前，该院除了传统办案渠道外，还运用信息化建设成果较好地突破了刑拘信息严重滞后范围受限两大瓶颈。一是给公安机关法制部门配备检察专用电脑，与警务综合平台联网，赋予检察院进入警务综合平台的权限，可以查询、统计、分析刑拘适用的第一手信息；二是建立重点情形案件刑拘适用备案机制，对延拘至 30 日、刑拘后取保或撤案等几类案件，办案部门在决定后 24 小时内，填写电子式"适用（延长）刑事拘留备案表"和"刑事拘留后变更（撤销案件）备案表"，通过网络传输至法制部门，转送检察院备案。

3. 建立了监督机制

一是落实监督专人。检察院侦查监督科明确 1 名副科长和 1 名检察官，适当减少办案量，把更多精力用于办理监督事宜；公安局法制部门明

---

① 田丰：《刑事拘留检察监督实证研究》，载《信息化背景下的侦查活动监督论坛资料汇编》，2017，第 11 页。

确 2 名人员，负责加强刑拘适用审查、备案表传送、落实监督意见。二是明确监督方法。检察院对于刑拘中发现的问题，根据严重程度分别适用《纠正违法通知书》、《检察意见书》、《检察建议书》、《情况通报》（一般倾向性问题，不针对个案）予以监督纠正，同时说明依据和理由；公安机关接到监督文书后，应当立即进行调查核实，并及时回复检察院。三是明确监督责任。《办法》规定将刑事拘留检察监督的情况纳入对干警执法办案考核。

三　加强刑拘检察监督的法理依据和现实必要性

切实加强和改进刑拘检察监督具有充分的法理依据和现实必要性、紧迫性。

（一）加强刑拘检察监督是检察机关的法定职权

刑事诉讼法没有专门对刑事拘留检察监督进行规定，但不能就此认为检察监督缺少法律依据。《刑事诉讼法》第 8 条规定："人民检察院依法对刑事诉讼实行法律监督。"最高人民检察院《人民检察院刑事诉讼规则（试行）》第 564 条规定："人民检察院依法对公安机关的侦查活动是否合法实行监督"；第 569 条规定："人民检察院发现侦查机关或者侦查人员决定、执行、变更、撤销强制措施等活动中有违法情形的，应当及时提出纠正意见。"《公安机关办理刑事案件程序规定》第 6 条规定："公安机关进行刑事诉讼，依法接受人民检察院的法律监督。"综上法律法规表明，对刑事拘留实施监督是法律赋予检察机关的职责和职权，是检察权的组成部分。

（二）加强刑拘检察监督是权力制约和人权保障的必然要求

刑事拘留对人身自由的限制程度仅次于逮捕，适用是否得当与惩治犯罪和保障人权关系十分密切。在现代法治国家中，法律不再是国家专制的工具，保障人权是每一项法律制度存在的正当性、合理性之根据。[1] 为了防止滥用强制措施，保障公民的合法权益不受侵犯，对刑拘适用进行"以权限权"的监督和制约，是不可或缺的制衡方式。

---

[1]　孙谦、童建明：《新刑事诉讼法理解与适用》，中国检察出版社，2012，第 98 页。

（三） 加强刑拘检察监督是现实状况的迫切需要

社会对执法规范化和人权保障的呼声，与刑拘适用的现状形成强烈反差。刑诉法对刑拘适用的证据标准没有提出任何要求，加之我国刑事诉讼中长期存在的职权主义和刑拘制约乏力，导致公安机关刑拘适用的自由裁量权过大。据统计，该市公安机关 2014 年至 2016 年，共刑事拘留 3043 人，其中提请批捕 1246 人（占刑拘数的 41%，未报捕占 59%）；1246 人中，延拘至 30 日的 776 人（占 62.3%），检察机关批准逮捕 697 人（占 55.9%），不批准逮捕的 549 人（占 44.1%，其中不构罪不捕 27 人）。另据湖北省武汉市江夏区检察院、自贡市荣县检察院的调查，当地刑拘、延拘、报捕和转捕的适用比例与简阳市大体相同。[①] 可见，一方面，刑拘适用率较高、延拘占比较大、刑拘转捕率较低、刑拘对象扩大化、延拘存在随意性和不规范性、刑拘后变更不当或未依法处理等问题，是普遍存在的现象。[②] 另一方面，检察监督的意识、机制、措施却是明显 "短板"，报捕案件虽然进入了检察视野，但不仅严重滞后，而且监督弱化；刑拘后不报捕不移诉的大量案件，成为监督盲区。

正是基于法理和现实需要，党的十八届四中全会以来，最高检与公安部紧密配合，共同推进了三项改革，其中之一就是探索建立对限制人身自由司法措施和侦查手段的司法监督机制。[③] 因此，改进和加强刑事拘留监督工作，是检、公两个部门针对现实问题达成的共识，其主要目的之一是完善刑拘权制约机制，共同解决刑拘适用中的突出问题，促进刑拘适用规范。

四　刑拘检察监督的困惑与难点解析

简阳市院对刑拘检察监督的探索虽然有了一个开端，但离成熟的监督体系还有较大差距。目前，探索开展刑拘检察监督工作的情况大同小异，但由于缺少顶层设计，都离不开与监督对象 "协商监督" 这一基本套路，

---

① 《信息化背景下的侦查活动监督论坛资料汇编》，2017，第 78、103 页。

② 薛正俭：《刑事拘留后未提请批准逮捕案件的检察监督》，《人民检察》2018 年第 7 期。

③ 曹建明：《最高人民检察院关于加强侦查监督、维护司法公正情况的报告（摘要）》，《检察日报》2016 年 11 月 7 日，第 2 版。一是探索建立对公安派出所刑事侦查活动的监督机制；二是探索建立对限制人身自由司法措施和侦查手段的司法监督机制；三是探索建立重大疑难案件侦查机关听取检察机关意见和建议制度。

使监督者缺少底气、超脱和坚韧；此外，刑拘监督的价值目标、重点选择，监督的信息、时点，监督机制的有效构建、运行等，在理论上、实践中都还有不少困惑和难点需要厘清、解决。

（一）刑拘检察监督价值目标的定位

刑拘检察监督的具体实施，必须综合考虑合法性、必要性和可行性，这就需要研究在现有法律框架下，监督工作的价值取舍，以及亟须解决且能够解决哪些问题。只有厘清思路，才能找准刑拘监督的着力点和落脚点。

我们认为，刑拘检察监督理想的价值目标是：遏制和解决刑拘适用中的突出问题，实现保障侦查与保障人权相统一，前移防范冤假错案关口。但是，适用和监督是一对矛盾统一体，保障侦查与保障人权的统一，不仅是适用者和监督者共同作用的结果，而且只能达到相对平衡的程度，避免严重偏向某一方的情形普遍化、常态化。这样理解并不是要降低监督工作的权威和成效，而是基于案件情况的复杂性、刑拘适用和监督的非标准性、适用者和监督者认知的差异性及能力的有限性，回归监督理性。换句话说，公安机关不可能精准适用刑拘，检察机关也不可能精准监督或通过监督达到精准适用刑拘；只能抓住违法和侵犯人权中的突出问题予以监督解决，而容忍一定程度的"偏差"，如同审判监督（畸轻畸重可以抗诉，偏轻偏重则容忍）一样，不可能把判决监督到精准的程度。如果把追求"精准"适用作为监督目标，则只会适得其反。

（二）刑拘检察监督中三对关系的协调

基于刑拘检察监督的价值目标，需要厘清和处理好以下关系。

一是保障侦查与维护人权。惩罚犯罪和保障人权是刑事诉讼目的不可分割的两个方面。尊重和保障人权是我国宪法确定的重要原则，也是现代刑事司法理念的核心价值；检察机关的法律监督就是人权保障机制和权利救济机制的组成部分。① 从适用和监督这对矛盾统一体来看，公安适用刑拘首先会从自身工作出发，保障侦查需要；而检察监督则应着眼于保障人权防止刑拘滥用，如此形成制衡。也就是说，刑拘检察监督的主要任

① 孙谦：《新时代检察机关法律监督的理念、原则与职能》，《检察日报》2018 年 11 月 3 日，第 3 版。

务是发现和纠正严重侵犯人权的情形，即不当刑拘、不当延拘（至30日）；对可以刑拘（延拘）而没有刑拘（延拘）的，一般不纳入监督范围（除非达到严重破坏诉讼程序的程度）。这既符合监督的价值目标，便于实务操作，又符合刑事诉讼法规定的"可以拘留""可以延长"而不是"应当"①。检察机关在着眼于保障人权实施监督行为时，注意掌握分寸、策略和方式，不干扰侦查权、刑拘权的正当行使，就是对侦查活动的依法保障。

二是合法性监督与合理性监督。合理性（必要性）比合法性具有更高的要求和判断难度。我们认为，刑拘检察监督主要是合法性监督，违法适用或违法延长属于监督范围，但可以兼顾对合理性的引导，确有特殊情况严重不合理的，可以提出引导意见、建议。有人主张，检察机关要对刑拘适用或延长是否合理实施监督，甚至主张对刑拘开展羁押必要性审查。我们认为，这既缺少法律依据，也难以行得通。首先，法律赋予的侦查监督权是对"侦查活动是否合法实行监督"，"有违法情形的，应当及时提出纠正意见"②，合理性监督显然超越了法律的授权，而且可能因"指责"过多形成对侦查权的重大干扰，引起反感；其次，合理性没有明确标准，其判断的难度远远大于合法性；最后，刑拘适用的紧急性、临时性、证据不充分性，决定了侦查机关应当具有较大的自由裁量权，如果限制太严、太死有违立法初衷，这与逮捕必要性的评估根本不同。

三是程序监督与实体监督。在执法日趋规范的大环境下，刑拘程序上严重侵犯人权的情形较少发生。因此，我们认为，刑拘检察监督主要是实体监督，即对是否符合刑事诉讼法规定的适用条件或延拘（至30日）条件进行审查和评价；其次是对刑事诉讼法明确规定的必经程序，如出示拘留证、立即送达看守所羁押、限时讯问和告知亲属等，也应当审查和评价，这些程序同样关系到人权保障。至于公安机关内部呈报、审批手续等形式上不完善、不规范的，一般不予专门监督，因为难以用"违法"来评价。

---

① 《刑事诉讼法》第82条规定，"公安机关对于现行犯或者重大嫌疑分子，如果有下列情形之一的，可以先行拘留"；第91条规定，"对于流窜作案、多次作案、结伙作案的重大嫌疑分子，提请审查批准的时间可以延长至30日"。
② 参见最高人民检察院《人民检察院刑事诉讼规则（试行）》第564条、569条。

（三）刑拘检察监督的重点选择

刑拘适用面广，量大，若逐案全部审查、监督，企图解决大大小小所有问题，既不可能也不必要，必须有所为有所不为。检察机关只有把有限的人力、精力、能力、时间，聚焦到少数重点事项上，才能既解决突出问题，又不干扰刑拘权、侦查权正当行使，实现监督的价值目标。我们认为，监督重点要围绕防止、发现和纠正严重侵犯人权、严重破坏诉讼程序来选择和确定。这与最高检关于"纠违"的有关精神是一致的。① 综合比较各地开展工作的情况，我们认为，刑拘检察监督的重点包括：（1）没有法定事由不应当刑拘而刑拘。这是侵犯人权最严重的情形，理应作为监督和纠违的重点。如前述案例一对 A、B 的刑拘。（2）虽有一定法定事由刑拘，但已经或应当很快查明不构成犯罪或者依法不需要追究刑事责任，仍然不撤销刑拘甚至延拘至 30 日。② 如前述案例一对 C、D 延拘至 30 日报捕。（3）没有法定事由或法定事由认识错误而延拘至 30 日。如（案例二）：付某通过攀爬入室的方法盗窃一部苹果 6 手机；几天后又窜入郑某（房东）与徐某（租客）共同居住的室内行窃被抓获。公安机关将付某 1 次在同一户内盗窃房东和租客认定为 2 次，属于认识错误，并以多次盗窃为由将刑拘延长至 30 日，既是违法又降低了诉讼效率，也是监督和纠违的重点。此外，延拘 1 至 4 日，由于"特殊情况"难以掌握判断，且时间很短，只要不属于第（1）种情形，可以不予监督；符合法定延拘至 30 日事由，但确实没有延拘必要性的，可以建议或督促公安机关尽快报捕、取保或移送起诉，但不能纠违，因为不违法。（4）刑拘后未报捕、未移诉而撤案，或者变为取保候审不了了之。这些案件往往不进入检察机关的视野，属于"漏斗"案件，容易"藏匿"问题。检察监督的主要任务是堵塞"漏斗"，发现和纠正不当刑拘（延拘）或有罪不究。（5）违反法律规定的刑拘执行程序导致较严重后果。如没有立即送看守所羁押致嫌疑人逃跑、自杀；没有限时讯问致错误羁押延长等。

---

① 最高检侦查监督厅《关于进一步规范书面纠正违法适用工作的通知》明确：判断侦查违法行为是否达到性质恶劣、情节严重的程度，主要看违法行为是否严重侵害当事人及其辩护人、诉讼代理人的人身权利、财产权利或者诉讼权利，是否严重破坏诉讼程序、妨害刑事诉讼依法公正进行。

② 《刑事诉讼法》第 86 条：公安机关对被拘留的人，应当在拘留后的 24 小时以内进行讯问。在发现不应当拘留的时候，必须立即释放，发给释放证明。

（四）刑拘检察监督的信息来源及监督时态

1. 信息来源路径优化

在传统办案模式下，刑拘信息来源成为检察监督的制约瓶颈。突破瓶颈，必须创新信息来源常态化机制，解决及时性、全面性、针对性（重点刑拘信息）、有效性问题。

从试点单位看，检察机关普遍与公安机关会签了文件，实现了信息来源共享，可以利用警务综合平台查询刑拘适用的总体情况，一定程度上解决了及时性、全面性难题。但是，平台信息量大、简单，如前述案例一、案例二的延拘事由分别为"结伙作案""多次作案"，根本不可能从中发现刑拘适用、延长有无不当，没有解决针对性和有效性问题，仍然不能满足刑拘监督的需要。

简阳市检察院试点的重点情形案件备案制较好地满足了信息来源的及时性、针对性和有效性，优势明显。一是抓住了监督重点，着力于解决刑拘适用和延长中的突出问题。有人主张全部备案，我们认为既无必要也不可能。二是充实了信息含量，备案表填写的简要案情和刑拘适用、延长、变更或撤销事由比平台更具体、详细，检察官能够更有效地了解并作出初步判断。三是公安机关在决定后 24 小时内报备案，使有效监督从严重滞后提前到"准同步"，便于及时发现和纠正违法刑拘、延拘。四是消除了监督盲区，将刑拘后未报捕、移诉而变更、撤销的案件，纳入了监督视野。五是检、公增加的工作量可以接受。重点情形案件数量约占刑拘量的一半左右，格式化、电子化备案表填写和传送相对容易。六是在现行法律框架下既不干扰刑拘权行使又优化了监督路径，只要最高检和公安部会商同意，就没有法律障碍，可以成为常态化监督机制。如前述案例二中，公安机关以多次盗窃为由将付某延拘至 30 日，并在次日向简阳市检察院备案。检察官审查备案表后发现疑点，及时到办案单位核实调查，认为付某除上述两起盗窃外无其他涉罪行为，不符合"多次作案"延拘至 30 日的法定事由，建议立即将案件提请审查逮捕，并对延拘不当发出了《纠正违法通知书》。

2. 监督时态体系优化

传统监督时态最早的环节就是审查批捕，严重滞后是固有的缺陷，优点是监督信息比较充分、完整。为此，有人主张改为事前监督或同步监督，通过提前介入或司法审查确保监督到位。我们认为，这既缺少法律依据，又没有必要性、可行性。现有法律框架下，事后监督仍然是基本的日常监督时态。如果再做细分，可以把平台查询和备案制称为"准同步"监督，把批捕环节称为事中监督（刑拘执行中），把刑拘后未报捕而撤销、变更称为事后监督，则形成了较为优化的监督时态体系，基本能够满足监督的需要。

五　刑拘检察监督的改进与完善路径

（一）强化监督理念

加强和改进刑拘检察监督，是检察机关的法定职责，既要敢于担当，又要坚守底线。针对当前的实际情况，按照"强弱项、补短板、重自强"的要求①，我们认为需要强化、践行三个理念。一是依法监督理念。刑拘检察监督是国家权力，必须遵循法定职能必须为、法无授权不可为的基本原理。依法监督主要包括两个方面：一方面，检察机关加强刑拘检察监督是履行法定职责。不监督是失职，监督不力是懈怠，有效监督是本分，从而增强监督自信、自觉。另一方面，刑拘检察监督的内容、手段等都应当依法进行，不越权、不越位、不违法。二是有限监督理念。坚持有所为有所不为，取大舍小，取重舍轻，着眼于突出问题，着力于重点情形，不纠缠于细枝末节，不吹毛求疵。三是理性监督理念。张军检察长强调：绝不能有监督就高人一等的想法；要树立双赢多赢共赢监督理念。② 监督与被监督只是一种制度设计，没有身份高低、地位高低之分，也不代表水平高低，双方职责不同，但目标一致；监督工作的开展不得干扰刑拘权正常行使；实施监督要注意策略和方式，坚持刚柔并济，主要对严重违法行为"亮剑"；检察机关通过依法正确履职维护公平正义，但不是公平正义的化身，更不可能天然正确，既要防止刑拘权滥用，又要防止监督权滥用，"既要防止疏于监督又要防止过度监督"③。

---

① 郑赫南、闫晶晶、姜洪：《首席大检察官释放哪些创新发展信号——张军检察长在大检察官研讨班上的讲话解读》，《检察日报》2018年7月26日，第1版。

② 郑赫南、闫晶晶、姜洪：《首席大检察官释放哪些创新发展信号——张军检察长在大检察官研讨班上的讲话解读》，《检察日报》2018年7月26日，第1版。

③ 孙谦：《新时代检察机关法律监督的理念、原则与职能》，《检察日报》2018年11月3日，第3版。

（二）加快顶层设计

各地单打独斗的"协商监督"具有天然缺陷，必须通过顶层设计予以解决。我们认为，在现有法律框架下，建议最高检借鉴立案监督的路子[①]，向全国人大常委会、中央政法委作专题报告，并在高层的主持或支持下会商公安部，联合制定《关于刑事拘留监督有关问题的规定》，弥补立法不足，细化刑拘检察监督的适用规则，使刑拘检察监督从各自为政地摸着石头过河，走向规范化、常态化，更具有现实操作性。

（三）提升信息化水平

在前述顶层设计的基础上，检、公联动、联网打造"互联网＋侦查监督"智慧信息系统，实现案件信息、刑拘动态信息、重点情形备案表等内容，全面、及时、直接进入检察监督视野，并利用智能分析手段进行监督信息筛选、提示、预警，从而由传统的"书面审查""实地核实"，转变为"电子审查"为主。这必将使刑拘检察监督更加便捷、准确、有效。

（四）提升备案制成效

247

备案制较好地提供了重点监督对象和基本案情、刑拘和延拘及变更、撤销事由，但为了减少侦查人员的麻烦，不能要求提供详细信息。因此，审查备案表有助于发现疑点，但还难以满足"判断"的需要。如前述案例二，如果简要列出作案时间、地点，则可显露疑点，但判断依据尚需进一步查明。因此，有必要建立备案审查机制。重点在三个方面。一是警务综合平台查询与备案核对，可以发现侦查机关备案是否有遗漏，如果有遗漏应及时督促备案，确保该备全备。二是备案审查与案件审查相结合，在收到备案表后，检察机关可以安排人员到办案单位查询较详细的案件情况，判断刑拘、延拘及变更、撤销是否合法、得当。备案较少的，可以逐案审查；备案较多的，可以重点审查或抽查。三是对备案审查实施案件化管理，由员额制检察官和助理检察员轮流负责，审核责任限期落实到人，计算工作量，纳入绩效考核。

---

① 2010 年，最高检、公安部联合印发了《关于刑事立案监督有关问题的规定（试行）》，不仅使立案监督具备了较细的操作规程，而且从应当立案而不立案的单向监督，完善为包括不应当立案而立案的双向监督。

（五）完善多层次监督体系

实施刑拘检察监督应当保持理性和谦抑，采用与不同程度问题相对应的、刚柔并济的多层次监督手段和方式。最高检《人民检察院刑事诉讼规则（试行）》第 569 条规定：对于情节较轻的违法情形，以口头方式提出纠正意见；对于情节较重的违法情形，应当报请检察长批准后，向公安机关发出纠正违法通知书。此外，简阳市检察院还设置了检察意见、检察建议、情况通报、分析报告等柔性监督方式，分别针对确定的较轻违法、一般倾向性问题和工作不到位问题（如备案不全、不回复监督事项）实施监督或督促。

（六）强化当事人制约机制

对刑事拘留加强检察监督是权力制衡的重要方面，但还需要强化当事人制约和救济。当事人是错误刑拘的直接受害人和利害关系人，不仅导致其阶段性失去人身自由，而且可能带来精神、名誉、经济的损害。因此，应当赋予和保障他们获得国家补偿和精神抚慰的权利，从而对公安机关刑拘权形成更有力的反向制约。不可否认，鉴于办案的复杂性和刑拘适用的特殊性，有时出错是难以避免的，但这不应成为国家机关理直气壮侵犯公民合法权利的免责依据。作为国家机关及工作人员，应当牢固树立惩治犯罪与保障人权并重理念，摒弃惩治犯罪事大、侵犯人权事小的偏见。具体可从以下两点加以着手：一是在宣布刑拘时，告知当事人及近亲属有申诉、申请变更等权利；二是对确属错误刑拘的当事人，书面告知有权依法申请国家赔偿。当然，这仅限于没有任何法定事由被错误刑拘的情形。这样做能够更有力地警示公权不能"太任性"，也彰显国家对人权的尊重和保障，有利于树立法治权威。

六 结语

党的十九大报告既要求加强人权法治保障，又要求加强对权力运行的制约和监督。对公安机关刑拘适用进行有效监督，是法律赋予检察机关的重要权能，对平衡保障人权和保障诉讼正常进行具有不可或缺的重要作用。为此，检察机关必须更新监督理念，改进监督措施，强化责任担当，依法主动作为，确保法定职权不懈怠、不越位，既要防止刑拘权滥用，也要防止监督权不用或滥用。提高认识，消除茫然，厘清思路，充分、恰当、规范、有效运用刑拘监督权，不仅需要基层实务工作者积极探索，也需要理论研究予以释疑指引，更需要最高检加强制度设计予以推动。

Practical Exploration and Research on the Supervision and Supervision of Criminal Detention in Public Security Organs

Yang Yanning   Qin Min   Zhou Jianxin   Chen Zhenjian
(The People's Procuratorate of Jianyang; Chengdu, 641400)

Abstract: Criminal prosecutorial supervision has problems such as greater passiveness, lag and blind spots. Strengthening the practice and exploration of criminal detention supervision has initially cleared the information channels and improved the supervision mechanism, but there is still a big gap from the maturity. Criminal detention supervision is the statutory authority of the procuratorial organs, and is an inevitable requirement of power restriction and human rights protection; the value goal is to contain and solve the outstanding problems in the application of criminal detention, to achieve the unity of safeguard investigation and protection of human rights, and must grasp the key points; The supervision information and supervision tense are seriously lagging behind the bottleneck, and the implementation of the record case system for key cases has obvious advantages. To improve the supervision of criminal detention, we must also update the concept of supervision, adhere to the rigid and flexible, and accelerate the top-level design, strengthen the construction of smart inspections, and strengthen the constraints of the parties.

Keywords: Criminal Detention Supervision; Status Quo Investigation; Legal Basis; Difficult Analysis; Perfect Path

小体量法院专业法官会议"简约化"建构研究

漆华一[*]

（重庆市石柱土家族自治县人民法院；重庆，409199）

摘　要：专业法官会议制度作为审判权运行机制改革的重要内容，通过数年的实践探索，不断演化、蜕变，从顶层制度概念设计向制度应用日臻完善。本文选择小体量法院，即案件基数少、法官配置低、专业化水平不高的法院作为研究对象，提出在其审判资源配置不足、议事需求不高的现实困境下，谋求对专业法官会议一般规则的修正，建构简约化的推进路径。即在建构小体量法院专业法官会议制度时，应向设置务实化、运行简约化、议事高效化的路径衍展，实现制度的自发生长和创新，回应司法实践的需要，回应法院健全完善专业法官会议工作机制意见，以发挥专业法官会议总结审判经验、统一裁判标准和指导司法实践以及服务、监督、规范审判工作的职能。

关键词：专业法官会议；小体量法院；"简约化"；个性剖析；制度建构

一　引言

2014 年审判权运行机制改革以来，法院围绕着"消除审判权运行机制的行政化问题"，取消院长、庭长审批权，实行员额制改革，还权于法官，"让审理者裁判、由裁判者负责"。专业法官会议制度应时勃兴，作为法官专业化"智库"和咨询机构，为法官办案提供裁判智力支持。经过制度的不断演化、蜕变，专业法官会议从顶层制度概念设计向制度应用实践的自然生长，取得实效，"成为完善审判权运行机制的一个重

---

* 漆华一，重庆市石柱土家族自治县人民法院法官助理，西南政法大学应用法学院法律硕士，邮箱：1375864220@qq.com。

要探索路径"①。"制度的生命在于实践。塑造符合审判工作特点、具有长效性的法律适用统一机制乃是专业法官会议制度构建的目的所在。"② 专业法官会议作为一项咨询服务制度，必须抓住咨询服务这一核心价值功能进行设计。但我国地域辽阔、人口分布不均、社会经济水平发展不均衡以及民族文化习俗的差异，导致我国司法样态千差万别。在专业法官会议制度现实运行中，也呈现运行多样化和差异化的实然"乱象"，这与各地法院自身实际差异相关。

从法院系统内部来看，因案件基数差异与司法资源供给不同，在一定区域内就存在大体量和小体量法院之区分，进而在法院内部根据审判工作需求优化配置司法资源——特别是在实行法院省级人财物统管后更便于审判资源的调节。小体量法院是相对于大体量法院而言的，其界定标准尚未明确，但小体量法院具有案件基数少、法官配置低、专业化水平不高等特点，法官群体人数少、学历低、业务弱，呈现在专业法官会议制度上的审判资源配置不足、议事需求不高的困境。为弥补自身短板，小体量法院往往结合实际对专业法官会议一般规则进行修正，衍生出具有一定特点的小体量法院专业法官会议"简约化"运行模式和规则设计。通过个性剖析比较研究，形成小体量法院专业法官会议在应然层面的制度建构，对如何有效运行专业法官会议制度，从而提供更优质的司法成品具有重要意义。

二 小体量法院法官专业会议相关概念的内涵界定

(一) 小体量法院的界定

因我国幅员辽阔，自然环境和社会环境差异较大，以及人口分布不均等因素，导致区域社会、经济发展不均衡，加之区域民族文化及地方习俗不同，使得我国司法环境存在复杂多样性。单就案件数量和司法资源供给而言，在一定区域环境内（一般以省级区域为划分），法院系统内部会相对划分出大体量法院和小体量法院，如重庆法院系统，以案件数量是否超过 1 万件为标准划分辖区内基层法院。大体量法院，一般位于经济较为发达、活跃地区，其特点是案件数量大，容易出现新型、复杂、疑难案件；

---

① 冯之东：《专业法官会议制度的相关问题研究——以司法改革为背景》，《北华大学学报》（社会科学版）2017 年第 1 期。

② 梁桂平：《论专业法官会议的功能定位及运行模式》，《法律适用》2016 年第 8 期。

法官配置充足、专业化程度高，具有一支高学历、高素质、专业化的法官队伍群体；司法资源供给充足，案件经费保障充分，当事人诉讼能力强，具有规则意识和法治思维。而反观小体量法院，一般位于相对欠发达、边远落后地区，案件数量偏少，重大、复杂、疑难案件发生概率小；法官配置较低、专业化水平不足，法官呈现人数少、学历低、业务弱的特点；司法资源供给不足，案件经费少，当事人诉讼能力低、缺乏规则意识和法律意识。这种法院系统内部的划分，在审判监督管理、审判资源供给配置和司法业务考核上具有其客观现实需要，但在理论研究上，明显缺乏区分的精确性，仅具有相对性。大体量法院与小体量法院的区分标准虽不明确，但又现实存在，能够在相对比较中实现认知与识别。

（二）小体量法院的主要特征

小体量法院的划分是相对于大体量法院而言的，这种划分是法院系统为便于审判监督管理、审判资源调适和司法业务考核采取的，虽客观存在但区分标准却不准确，理论研究也相当缺乏，尚无体系化理论支撑。但基于小体量法院专业法官会议研究与运行情况，有必要根据小体量法院的特点——案件基数少、法官配置低、专业化水平不高——明确界定标准。小体量法院所具有的特点主要表现在专业法官会议运行上，即审判资源不足和议事需求不高两大困境，具体阐述如下。

一是小体量法院议事需求不高系因案件基数较少，出现复杂、疑难、重大案件的概率较小。目前重庆法院系统以案件基数1万件作为区分大体量法院和小体量法院的硬性标准，具有一定经验性。所以，可以将案件基数是否超过1万件作为界定大、小体量法院标准之一，如果有更多经验总结，可以适当调整该标准。此外，每年专业法官会议议案数量也可以作为参考界定大、小体量法院的依据。从重庆市S法院的实践来看，每年议案数量均未超过100件，所以专业法官会议议案未达到100件的，可以认为议事需求不高，符合小体量法院特点。

二是小体量法院审判资源供给不足，主要表现在法官队伍的人数和专业化程度上，良好运行的专业法官会议需要配置一定数量、质量的法官人才，才能实现议案答疑的目的。从S法院专业法官会议运行实践来看，与会人数在7人以上，专业法官会议才得以召开，议事效果较佳。所以可以将专业化法官（资深法官）数量多寡作为界定标准之一。而S法院员额法官人数为33人，笔者以为法官数量少于40～50人或资深法官数量少于30

人的法院可以界定为小体量法院。

另外，还有一个重要的参考因素——地域。小体量法院在区域内往往位于相对欠发达、边远落后地区，所以在一省域内，居于相对欠发达、边远落后地区的法院可以视为小体量法院。需要注意的是，实践中小体量法院的界定具有经验性和现实需要性，准确识别比较困难，可以参考上述界定标准和参考因素，综合考虑专业法官会议制度运行现实需求和资源供给来确定。

（三）大体量法院与小体量法院专业法官会议关键差异

大体量法院和小体量法院的特性差异，一定程度上反映在专业法官会议制度运行和规则设置的差异上，特别是小体量法院在不断实践过程中对专业法官会议一般规则的"打磨"，实属无奈之举，却使得该项制度得以良好运行，发挥了制度价值作用。例如，大体量法院因"案多人多"和专业化审判需要，往往依托于其庞大的优质法官群体，在审判业务部门分别建立刑事、民事、执行、行政等专业法官会议，甚至增设商事、立案、审监等类别专业法官会议，或者建立劳动争议类、侵权类、公司类、合同类等审判专业程度化高的专业法官会议。大体量法院如此细化设置，既有充足的审判资源（法官数量、质量）供应，又有办案议事的现实需要，真正做到了会议的专业化，"让专业与专业之间对话"。小体量法院则不然，如一味追求专业法官会议形式上的专业性，设置多类别专业法官会议，导致的结果却可能是形而上的不切实际的人员交叉重合、闲置和议事低效、机构臃肿。如此，可见大体量法院和小体量法院区分研究对专业法官会议制度运行设计具有价值，二者的区分剖离有利于厘清实然层面的"乱象"，探索专业法官会议制度的应然状态。

三 小体量法院专业法官会议的理论基础

（一）专业法官会议制度博兴背景

"制度都是通过人类行动而不断演化的产物。"[①] 有学者认为，专业法官会议源于审判长联席会议。2000 年，最高人民法院出台《人民法院审

[①] 冯之东：《司法改革背景下的专业法官会议制度》，《哈尔滨工业大学学报》（社会科学版）2017 年第 1 期。

判长选任办法（试行）》，由此全国部分法院开始实行审判长联席会议制度，如福建厦门市思明区法院、四川省成都市高新区法院、北京市房山区法院。此后，经过2005年最高人民法院《二五改革纲要》的推进，审判长联席会议成为法院系统内部法律观点和认识的协调机制，旨在统一裁判尺度。其后该项制度有所衍生，如2006年，北京市朝阳区法院出台《法官会议制度规定》，正式建立法官会议制度。① 此外，还有学者认为，司法实践中长期存在的"通案制度"或"法官案件研究模式"② 也属于专业法官会议的实践来源。概言之，即司法实践中，当主审法官遇到复杂、疑难案件或者法律问题时，会自发、主动地向其他法官或者审判专家进行咨询，以简便、快捷的方式获得答疑，在某些法院内部逐步形成非正规、经常性的小范围法官群体之讨论。这既反映了司法实践中对专业法官会议案答疑的现实需要，又是专业法官会议可资借鉴追溯的实践经验来源。

专业法官会议制度的蓬勃"生长"，却因人民法院"四五改革"，其政策依据可以在最高人民法院《关于审判权运行机制改革试点方案》、最高人民法院《关于全面深化人民法院改革的意见——人民法院第四个五年改革纲要（2014－2018）》中找到，尤其在2015年9月最高人民法院颁布的《关于完善人民法院司法责任制的若干意见》中明确提出"人民法院可以分别建立由民事、刑事、行政等审判领域法官组成的专业法官会议，为合议庭正确理解和适用法律提供意见"。这三个文件是当前研究和实行专业法官会议不可逾越的政策依据。随着制度运行和学术研究的深入，学者普遍认为"专业法官会议生成背景是法院内部力图寻求一个不带有行政化的纯讨论案件的组织来协助法官独立办案，替审判委员会分担部分案件的研讨，使审判委员会实现'减负而精议'，期以提高案件质效⋯⋯"③

（二）专业法官会议制度功能价值

专业法官会议制度的勃兴，吸引了诸多研究者的目光，从其政策背

---

① 吴彬：《法官会议制度——北京市朝阳区法院法官培养方式的新探索》，《法庭内外》2007年第10期。

② 曹玉玉：《专业法官会议如何走出"形式化"怪圈》，《辽宁公安司法管理干部学院学报》2017年第1期；杨丽娟：《专业法官会议运行机制"仪式化"色彩之反思》，《东方法学》2016年第3期。

③ 张俊文、栗正均、彭婧捷：《专业法官会议咨询服务功能的实施机制研究——以部分审判权运行机制改革试点法院的专业法官会议运行现状为样本》，《深化司法改革和行政审判实践研究（上）——全国法院第28届学术研讨会获奖论文集》，人民法院出版社，2017，第282～293页。

景、功能价值、运行状况、制度完善、域外借鉴等方面展开研究。而目前研究者一般认为专业法官会议制度功能价值有四。一是辅助法官办案，为法官裁判案件提供内部智力支持，保障案件审判质量，认为"专业法官会议是为主审法官、合议庭审理案件提供业务咨询和参考意见的咨询平台"①。二是推进审判权运行机制改革，畅通审判权内部运行，在司改"还权"于法官后，因部分法官审判能力不足和裁判经验欠缺需要"借脑"办案，实现院长、庭长对个案的审判监督，司法改革得以顺利推行。三是协调法律观点，提炼裁判规则，统一裁判尺度，因法官有着不同的法学理论基础、价值判断尺度、道德品质素养、社会经验阅历以及法律的不确定性、抽象性和滞后性，会导致"同案异判"，而专业法官会议可以对之进行抑制，实现法律适用的统一。四是契合审委会制度改革，分担审委会议案压力，过滤审委会研讨的案件，消解外界对审委会"审而不判、判而不审"的质疑。

（三）专业法官会议制度理论依据

目前有针对性地研究专业法官会议制度的学者不多，其制度理论深度、广度尚嫌不足，主要的制度理论基础主要有二：一是集体智慧支持论，二是审判监督需要论。

1. 集体智慧支持论

持集体智慧支持理论观点的学者认为，无论认定事实还是适用法律，众多具有丰富审判经验的法官讨论会比单人思考或少数人合议更容易得出正确的裁判结果。特别是对于重大疑难复杂案件，讨论者从不同角度提出问题，展开充分的讨论甚至是争辩，更有利于弄清事实，把握案件的实质与关键，并在很大程度上能够保证法律适用的准确性和恰当性。② 有的学者借用"群体决策支持系统"理论，研究认为专业法官会议沿袭"增加决策者—扩大信息源—避免片面性/独断专行"的发展脉络，与审委会有序衔接，发挥着越来越重要的作用。③ 还有学者认为，当一般性的公共性知识在司法场域中遭遇来自法官对有关案件的个人化体验或者个性化认识

---

① 彤玉、余德厚：《司法改革背景下专业法官会议运行机制研究》，《南海法学》2017年第4期。
② 顾培东：《再论人民法院审判权运行机制的构建》，《中国法学》2014年第5期；梁桂平：《论专业法官会议的功能定位及运行模式》，《法律适用》2016年第8期。
③ 张闫婷：《专业法官会议机制的脉络梳理和路径探索——基于"群体决策支持系统"理论的视角》，《山东审判》第32卷。

时，尽管一般性的认识并非天然具有压倒个体化体验的优势，但仍能修正个性化认识的错误与瑕疵。① 集体智慧支持理论，要求建立一个合法、有效的案件讨论平台，能将司法集体智慧转化为对个案裁判的影响，以修正可能的错误与瑕疵，平衡个案正义。

2. 审判监督需要论

审判监督需要理论则旨在审判管理之需要，特别是在取消院长、庭长审批权后，如何才能保障案件质量，避免因部分法官审判经验不足、司法能力不强、道德品质瑕疵导致审判权恣意，引发司法不公。有学者认为"司法权是一项判断权，应当遵循司法公正的内在逻辑。然而，权力不可能完全独立，必须受到监督和制约才能保证其公正性"。"事实上，司法实践中普遍存在法官社会经验不足、司法能力参差不齐的现状，对法官的审判权进行监督管理则成为弥补司法知识不足、避免审判权恣意运行的必然要求。审判监督管理与法官独立并不冲突。"② 目前，改革虽然强化了法官司法责任，但我国精英法官群体尚在育成之中，完全依靠法官个人的自觉和能力尚不足以应对现实司法需求。通常院长、庭长为精英法官之代表，如果能够通过专业法官会议介入个案中，则既没有干涉法官独立裁判之嫌疑，又能把控案件之质量，实现审判监督之需要。

四 小体量法院专业法官会议"简约化"建构需求

（一）专业法官会议制度运行乱象

"四五"改革初期，重庆部分法院已成为专业法官会议制度探索的先行者。如2013年12月，重庆市秀山县法院正式确立专业法官会议制度；2014年初，重庆市第四中级人民法院制定专门的《专业法官会议规则》，并在辖区基层法院中积极推广运用；到2014年底，重庆法院系统，已基本全面建立专业法官会议制度，并出台相应的《专业法官会议规则》。从收集的部分专业法官会议规则文件来看，重庆法院专业法官会议规则并不统一（见表1）。

---

① 方乐：《审判权内部运行机制改革的制度资源与模式选择》，《法学》2015年第3期。
② 梁桂平：《论专业法官会议的功能定位及运行模式》，《法律适用》2016年第8期。

表 1　重庆部分法院专业法官会议规则情况

法院名称	出台时间	职能定位	人员构成	会议设置	事务机构	召集程序	召开时间
重庆高院	2014年4月	统一裁判尺度、提供咨询、审委会案件过滤审查、推介案例	分管院领导、审委会委员、庭长、审判长等	立案、刑事、民事、行政、审监、执行	会议秘书	承办人通过庭室负责人提出，分管院领导决定并主持	
丰都法院	2014年9月	统一裁判尺度；提供咨询意见；审委会案件过滤审查；推介案例；学习研讨；其他事务	分管院领导、审委会委员、副调研员、庭长（含副庭长）、资深法官，可邀请上级法院法官参加	刑事、民事、行政、执行	事务秘书、调研秘书	承办人通过业务庭负责人提出，分管院领导决定并主持	定期或不定期
丰都法院	2017年5月	统一裁判尺度；提供咨询意见；审委会案件过滤审查；推介案例；学习研讨；其他事务	分管院领导、审委会委员、副调研员、庭长、审判长、专业法官	刑事、民事、行政、执行	会议秘书	承办法官向业务庭负责人提出，分管领导决定并主持	相对固定
渝中法院	2018年3月	统一裁判尺度；提供咨询意见；审委会案件过滤审查；推介案例；学习研讨；其他事务	分管院领导、审委会委员、庭长、资深法官	刑事、民事、商事、行政、执行	法官助理兼任会议秘书	先经庭室法官联席会议讨论，承办人再向庭室负责人提出，报分管院领导决定并主持	
江北法院	2014年6月	统一裁判尺度、提供咨询、审委会案件过滤审查、推介案例、其他	相应的审委会委员、审判长和部分法官，可邀请专家参加	刑事、民事、商事、立案、行政、执行	设专业法官会办公室（设在审判管理办公室）	承办人申请经审判长联席会议召集人审查决定后，提交专业法官会办公室，由院长或副院长召集主持	不定期
重庆四中院	2014年3月	咨询服务、培养法官、审委会案件过滤审查、统一裁判尺度	相应审委会委员、庭长和资深法官	刑事、民事、行政	审委会办公室负责	向院长提出，由院长决定，院长或委托副院长主持	定期
石柱法院	2014年8月	咨询服务、培养法官、审委会案件过滤审查、统一裁判尺度	分管院领导、审委会委员、庭长、审判长、资深法官	刑事、民事、商事、行政、执行	会议秘书	承办人向部门负责提出，报分管院领导决定并主持	定期

法院名称	出台时间	职能定位	人员构成	会议设置	事务机构	召集程序	召开时间
石柱法院	2017 年 2 月	咨询服务、培养法官、审委会案件过滤审查、统一裁判尺度	员额法官组成,根据案件需要在员额法官中选取	刑事、民事及行政	会议秘书	承办人向分管院领导直接申请,由分管院领导决定并主持	不定期
酉阳法院	2015 年 7 月	提供咨询意见、审委会案件过滤审查、案件讨论、其他	审委会委员、庭长、资深法官(审判委员会选任)	刑事、民事、行政、执行	审委会办公室	相关议题人向院长提出,院长决定,院长或委托副院长主持	定期

根据调研的情况来看,专业法官会议目前尚无统一的适用规则,实践中法院在人员选任、会议设置、召集程序、议事规则、事务机构与配套制度等方面存在诸多差异,甚至有的法院在运行一段时间后对原有的规则进行了修订,专业法官会议在实然层面呈现差异"乱象"。

1. 人员选任和会议设置

一般认为专业法官会议的组成人员必须高度专业化和具有充分代表性,应当由有经验、业务强的精英法官和资深法官组成。[①] 但至于如何选任会议成员却有不同做法:有的法院为实现院长、庭长对案件的审判监督,直接规定院长、审委会委员、庭长、审判长为专业法官会议组成人员,将审判委员会或审判长联席会议成员直接划转为专业法官会议人员;有的法院则认为院长、庭长不必然是专业法官会议组成人员,为保证法官裁判权的独立性,防止院长、庭长干预案件,规定专业法官会议人员通过选举等方式产生;还有的法院在实行法官员额制改革后,认为员额法官是经过挑选的精英法官,就是资深法官的代表,规定将员额法官全部纳入专业法官会议,无须另行选任。不论如何选任,实践中均强调专业法官会议人员的专业性和权威性,选任具有相当资历和权威的法官。此外,部分法院规定可邀请外部人士(如专家学者、其他法院法官等)参加专业法官会议。专业法官会议人员选任的主要差异在于对资深法官的理解和范围大小的确定。

---

① 李兆杰、牛艳:《司法改革视域下专业法官会议的价值分析、存在问题及优化路径——基于全国 36 个地方法院的专业法官会议实践的研究》,《西华大学学报》(哲学社会科学版)2016 年第 2 期。

在会议设置上，通常按照审判业务类型划分设置刑事、民事、行政等专业法官会议，部分法院会增设商事、立案、审监、执行等专业法官会议，如表1中的重庆高院、江北法院等；还有的法院会按照案件类型，专门设置合同类、知识产权类专业法官会议，如辽宁省北镇市法院设置了合同类专业法官会议。也有少部分法院直接设置统一的专业法官会议，如早期北京市房山区法院设置的法官联席会议。① 专业法官会议设置的数量和类型的差异，也是实践"乱象"之一，是否专业法官会议划分越细就越有利于运行或效果更好呢？专业法官会议设置与司法资源供给、需求之间是否具有关联呢？都值得进一步探讨。

2. 召集程序和议事规则

多数法院规定专业法官会议的召集一般需由主审法官通过庭室负责人提请院长或分管院领导批准决定，具有层级申请的性质。这种层级提请启动程序，可以说基本参照审委会召集机制，一定程度上抑制了专业法官会议快速、高效发挥职能。为提高专业法官会议运行效率和职能发挥，实践中有个别法院调整减少中间报请层级，规定由主审法官向会议召集人直接提请。如重庆市石柱法院2017年调整规定合议庭、独任法官根据案件类型，直接向专业法官会议主任（负责会议召集、主持）提出书面申请，由专业法官会议主任决定召开。而会议召集时间分为定期和不定期两种，但从实际运行来看，多是根据案件报请情况和成员工作安排适时决定召开时间，具有不定期的特点。此外，多数法院均设置了较为规范、复杂的会议申报流程——申请法官需在会前通过办公系统或书面形式向专业法官会议事务机构提交专门的会议讨论报告或提纲（包含案件事实、证据认证、需讨论的问题、争议焦点、审判组织倾向意见及理由，并附相关法条、学界和实务界观点、判例等事项），有的法院还要求附配PPT，这些材料在会前需发送给会议成员。准备这些材料往往耗费承办人大量时间、精力，会议成员往往也因工作繁重无暇提前阅看。

在议事规则上——理想的议事规则是会议成员能够不受约束地、有秩序地自由发言，表达个人意见，充分地说明理由。这要求会议成员的平等性，但因为长期以来形成的"行政"色彩和"不相关"心理，使得会议成员不愿发表个人意见或随意附和他人意见。在发言规则上，分为自由发

---

① 曹玉玉：《专业法官会议如何走出"形式化"怪圈》，《辽宁公安司法管理干部学院学报》2017年第1期。

言和按顺序发言。但通常的议事流程是首先由申请法官陈述案件基本事实、情况，提出需要讨论的问题和参考意见；然后由会议成员自由发言、提问，发表个人意见，或者按照领导职务、审判资历由低到高发表意见；最后由会议主持人发表意见，归纳总结讨论意见。但不论哪种议事规则，均应避免因"行政"色彩或权威效应带来的"一言堂"或法官地位的不平等，形成附和领导意见或权威观点。此外，有的法院规定，专业法官会议通过表决的方式形成倾向性意见，在无法形成倾向性意见时，可以提交审委会讨论决定。

3. 事务机构与配套制度

从表1来看，专业法官会议一般设置会议秘书、办公室等作为事务机构负责日常运转，如重庆渝中法院规定，由专业法官会议组长指定一名法官助理兼任专业法官会议秘书，负责会议通知、记录、存档等日常事务。有的法院除设置一般会议秘书外，还另设调研秘书，负责总结经验、分析研究、进行调研等工作，如重庆丰都法院规定设置事务秘书和调研秘书，事务秘书负责建立专业法官案件数据库、进行会议联系、研究事项登记、记录、归档等日常事务，调研秘书负责对专业法官会议讨论的事项进行经验总结、分析研究，撰写会议纪要，每年完成1篇以上的调研成果。专业法官会议的事务机构设置具有内部性、临时性、附属性的特点，并非专职、常设的内设机构。

专业法官会议的配套制度则主要指设立激励机制和归责机制，从正向激励和负面惩戒两个方面，保障专业法官会议的有效运行。主张激励机制的学者认为，应当从物质激励和精神激励两方面着手，如给专业法官会议成员发放适当津贴、颁发荣誉证书，以鼓励法官参加专业法官会议，增加讨论积极性和参与度，弥补会议成员"不相关"心理。实践中，有的法院将法官参与专业法官会议讨论的案件按照一定比例折算为个人办案量，纳入法官业绩考核评价体系。主张归责机制的学者认为，为避免会议成员事前不进行充分准备或为逃避责任消极参加会议——随声附和、不发表意见或"乱"发表意见的情形发生，应建立责任机制，要求与会成员必须发表明确的讨论意见，并在会议记录上签字，对消极与会的成员进行追责。从调研情况来看，多数法院尚未设立完善的专业法官会议的配套制度，激励或归责的主要方式是纳入法官业绩考核评价制度中。

（二）小体量法院对专业法官会议运行的特殊期待

司法改革对专业法官会议制度具有纲领性的规定，初看起来明确，但当顶层制度设计向纵深实践应用转变时，制度运行的差异却凸显了制度规则的不确定性。专业法官会议所呈现的实然"乱象"是实践和理论必须面对解决的问题——部分（小体量）法院遭遇一般规则适用的困境，不得不求助于自身实际对一般规则进行修正。为便于说明问题，这里选取重庆市S法院为例，阐释专业法官会议制度在现实运行中结合区域审判实际进行的"个性"调适，以修正一般规则达到符合实际、有效运行专业法官会议的目的。

1. 重庆市S法院专业法官会议运行情况（见表2）

重庆市S法院是位于渝东南的少数民族和经济欠发达地区的基层法院，2016~2018年受理的案件数量依次是8486件、8671件、9568件，案件数量未超过万件，在重庆法院系统中属于案件量较小的法院，被划归为小体量法院范畴。现有员额法官33人（2017年首批员额法官为26人）、在编人员95人。从议案需求和审判资源供给来看，在重庆市域内，符合小体量法院特点。S法院自2014年8月开始运行专业法官会议制度至今，相关资料、数据完整，具有小体量法院专业法官会议制度代表性和可研究性。

表2　S法院2015~2018年专业法官会议召开情况

年份	会议召开次数	讨论案件数量	受理案件数量	讨论案件占比①
2015	34次	67件	8827件	0.76%
2016	32次	66件	8486件	0.78%
2017	37次	84件	8671件	0.97%
2018	40次	90件	9568件	0.94%
总计	143次	307件	35552件②	0.91%③

注：①讨论案件数量除以受理案件数量得出。
②其中包含重复累计的上年度旧案存量，2015~2018年实际受理案件总数量为33506件。
③此处以2015~2018年实际受理案件总数33506件为基础进行计算。

S法院自2015年以来，平均每年召开专业法官会议35~36次，平均每月召开约3次，平均每次讨论案件2件。另根据笔者亲身参与经历，每次会议时间为1~2小时，每件案件讨论时间约为1小时。4年来，S法院实际受理案件33506件，而经专业法官会议讨论的案件仅为307件，讨论案件占比为0.91%，这主要系因统计技术和方法将类案及集团案件仅按一件议案计算导致。但总体来看，随着案件数量的上升，S法院专业法官会议召开次数、讨论案件数量、讨论案件占比等三项指数均呈缓慢上升趋势，运行状态良好，职能作用发挥未流于形式或闲置。

2. 重庆 S 法院专业法官会议制度"困境"与"修正"

2014 年，S 法院实行专业法官会议之初即制定了《专业法官会议工作规则（试行）》，其后多次对专业法官会议设置和人员构成进行了调整（见表 3）。2017 年，又对《专业法官会议工作规则（试行）》进行大幅度修订，切合了当年的法官员额制改革。

表 3　S 法院 2014～2018 年专业法官会议设置及人员构成情况

年份	会议设置	人员设置	参会名单①	实际人数②
2014	刑事、民事、商事、行政、执行（5 个）	组长、副组长、成员、秘书	48 人	37 人
2015	刑事、民事一组、民事二组、行政、执行（5 个）	第一召集人、召集人、成员、秘书	33 人	32 人
2016	立案、刑事、民事一组、民事二组、人民法庭巡回（设四个巡回组）、行政、执行（7 个）	召集人、成员、秘书	61 人	43 人
2017	刑事、民事及行政（2 个）	主任、员额法官、秘书	26 人	27 人③
2018	刑事、民事及行政（2 个）	主任、员额法官、秘书	33 人	30 人

注：①按各专业法官会议组成人员名单相加得出，有人员重复。
②扣除重复人员后的实际人数，不含会议秘书。
③2017 年会议成员直接由员额法官组成，其间曾邀请中院退休法官 1 人参会。

2017 年，S 法院法官员额制改革后，首批入额法官仅为 26 名，而按照 2014 年的《专业法官会议工作规则（试行）》规定，应设置 5 个专业法官会议，则 1 个专业法官会议仅能配置员额法官 5 名，仅具有一个大合议庭的规模。此外，60% 以上的员额法官长期从事民商事审判，对行政、刑事、执行等业务领域缺乏了解和审判经验，行政、执行两个专业法官会议基本处于闲置状态，根本没有充足的法官人数参加会议，同时因行政案件数量较少，没有当量的议案需求，两个会议几乎流于形式。据此，S 法院在面对审判资源供给不足、议事需求不高两个困境时，主动修订了《专业法官会议工作规则（试行）》，重点更改了人员选任和会议设置方面的内容（见表 4）。

表 4　S 法院 2014 年和 2017 年的《专业法官会议工作规则（试行）》对比

年份	2014	2017
会议性质	研讨案件、提供咨询意见	相同
会议职能	咨询服务、培养法官、审委会案件过滤审查、统一裁判尺度	相同
会议设置	刑事、民事、商事、行政、执行（5 个）	刑事、民事及行政（2 个）
组成人员	分管院领导、审委会委员、庭长、审判长、资深法官	员额法官组成，根据案件需要在员额法官中选取
职务设置	组长（分管院领导兼任）、副组长、秘书	主任（分管院领导兼任）、秘书
召开时间	每周一次（定期）	根据情况召开（不定期）
召集程序	承办人向部门负责提出，报分管院领导决定并主持	承办人向分管院领导直接申请，由分管院领导决定并主持
议事规则	汇报案情—成员提问、发表意见（按资历由低到高发表）—组长发表意见、总结研讨情况、宣布研讨结果	相同
研讨结论	仅供参考，提出应否提交审委会倾向性意见	相同
记录归档	讨论记录应签名、随案备查、正卷归档	相同
秘书职责	会议联系、记录、归档	相同

注：2017 年，会议秘书实际已不再负责讨论记录，而由承办人自带书记员记录。

3. 小体量法院专业法官会议从"繁"到"简"的发展脉络

从 S 法院对专业法官会议的历次调整来看，小体量法院专业法官会议形成了由"繁"到"简"、由"粗"到"精"的演变脉络。S 法院在会议设置上，从最初的 5 个专业法官会议调整到 7 个，再最后仅设置 2 个专业法官会议。会议组成人员也呈精简趋势，避免了人员的臃肿重合，最后规定会议组成人员为员额法官，但讨论时根据案件需要在员额法官中选取，而非要求全体员额法官均参与讨论。这大大压缩了会议设置和人员组成，将有限的审判资源从分散的多个专业法官会议聚合到 2 个专业法官会议，实现了人员的去粗取精。直接规定员额法官即专业法官会议组成人员，构建专业法官"智库"，但又非不加甄别，避免非必要性参会与"无效"议事。如不具有刑事审判经历或智识的法官，则不会被选取参加刑事专业法官会议；同样，民事及行政专业法官会议在讨论行政案件时，一般选取具有行政审判经历的法官参会，破解了专职行政审判法官数量少的困境。同时，有甄别地选任法官参与对应领域的案件讨论，最大可能实现了会议的专业性——让对应领域的专业法官之间进行直接"对话"议事。此外，会议召集也从定期召开更改为不定期召开，从层级提请调整为直接提请，规则更具有灵活性和可操作性，省略了不必要的环节。可以说，S法院2017年对《专业法官会议工作规则（试行）》的修订，反映了小体量法院在遭遇专业法官会议运行的审判资源困境和议事需求困境时，不得不结合工作实际和运行需要，探索符合自身审判资源供给和办案实际需求的规则设定，向专业法官会议"简约化"运行模式转变。

五　小体量法院专业法官会议"简约化"建构思路

立足于我国基层法院尚存在小体量法院和大体量法院之区分，有必要基于两者在审判资源和议案需求上的差异，设置不同的专业法官会议召集机制和运行模式。考虑现实中小体量法院对专业法官会议一般规则的修正，在应然层面上为小体量法院摆脱审判资源供给不足、议案需求不高的困境，构建简约、高效的专业法官会议制度规则。

（一）缩减专业法官会议设置数量

因小体量法院案件基数小，在法官编制和机构设置上被限制，同时所需讨论的案件数量也相应较少，设置过多、过细的专业法官会议不切实际、流于形式，分散了有限的法官资源，导致会议设置的臃肿、人员的重合闲置、议事的非专业性，降低了专业法官会议的运行效率和有效性。为此有必要缩减专业法官会议设置的数量，精益求精，将法官资源进行优化聚合。规定人民法院根据审判工作需要设置民事、刑事、行政等专业法官会议，或者在员额法官较少的法院仅设立跨部门的综合专业法官会议。

（二）强化专业法官会议人员配置

专业法官会议要求与会者具有权威性和专业知识，达到集思广益、议案答疑的目标，所以应规定专业法官会议成员从相应审判业务领域的员额法官中产生，且从事审判工作不得少于5年，参加专业法官会议的法官地位平等。在员额法官数量较少、仅设立综合专业法官会议的法院，可以直接规定员额法官即为专业法官会议成员，议事时根据所需要讨论的案件类型和情况，由会议召集人或主持人邀请具有相关业务专长的员额法官参加。这要求会议召集人（主持人）对员额法官具有充分了解，能够知人善用。此外，为弥补小体量法院法官配置较低、司法资源不足的问题，可以规定优秀的法官助理、书记员和其他相关人员列席专业法官会议，列席人员可以发言建议。其他相关人员主要是高校教授、人大代表、政协委员、其他部门法律职业者、外院法官、退休法官等专业人士。引入外部人员参加专业法官会议应审慎选任，需考虑外部人员的履职能力和保密要求。

（三）合理设置专业法官会议召集机制

会议的有效运转，依赖于具体的人的实施，其中主要包含成员法官、召集人（主持人）和会议秘书。小体量法院召开专业法官会议，由主审法官或合议庭（以下称为承办人）直接向专业法官会议主持人申请，无须层层审批，由"他人"代劳。一个案件是否需要讨论，最清楚的莫过于承办人，那么当承办人认为案件需要讨论时，直接向主持人申请，并由会议秘书登记即完成提请程序。会议的召开时间由召集人根据待议事数量、缓急程度和工作进度决定。考虑会议主持人通常需要权威性和组织力，可规定由院长或主管院长召集并主持专业法官会议，参加专业法官会议的成员最低不得少于5人，由会议召集人根据讨论案件的需要在专业法官会议成员中选取，还可邀请其他人员列席。小体量法院专业法官会议秘书由会议主持人在相应领域内指定法官助理担任，负责会议排期、登记、通知、联系、纪要整理、资料上传和归档考核等项工作。符合回避情形的会议成员或其他人员应自行回避，或经发现具有回避情形的由会议主持人决定予以回避。此外，承办人在会议召开前应委派法官助理或书记员将简易的书面或电子申请材料提交参会人员，其中申请材料具备案件摘要、基本信息、待议问题、承办人观点或合议庭评议情况即可，不强制规定需附审理报告、关联案件检索报告等事项。

（四）优化专业法官会议议事规则

目前专业法官会议一般按照承办人汇报案情、提出需咨询的问题和参考观点及理由—参会人员提问、发表意见—主持人发表意见、征询、归纳成员意见、总结形成咨询意见的议事流程进行，而会议秘书负责记录和会议服务。但为保证参会人员能够独立、客观、公正、平等地发表意见，不受行政、权威等外在因素的干扰，有必要对发言顺序进行设定：（1）承办人向专业法官会议择要汇报案件事实、证据、争议焦点等情况，提出议题，其他成员或辅助人员可以进行补充；（2）参会成员可针对议题进行询问、讨论和发表意见，会议成员发表意见原则上按照资历由低到高进行，必要时可以跳过发言顺位，但应经会议主持人准许，优先由"特定"成员发言（如曾经处理过相同类似案例的法官），并保证其他成员的发言权利；（3）经会议主持人同意，可以征询列席人员意见，未出席会议的法官可以委托辅助人员代为表达意见；（4）会议主持人最后发表意见，并归纳、总结咨询情况。专业法官会议形成的多数意见为会议建议，由承办人自行决定是否采纳，形成的其他意见承办人也可以采用。专业法官会议作为咨询机构，所形成的咨询意见不具有决定性和唯一性，会议成员充分表达意见后形成多种意见，均可供承办人参考，最终采纳与否和采纳何种意见均由承办人自行决定，承办人对案件最终处理结果负责。会议讨论情况由承办人指派法官助理或书记员记录，记录要求完整、清晰，需要记录者熟悉了解案情、与承办人配合度高。与会人员均应在会议记录上签名，事后随案归入案卷，并将记录复印件交会议秘书存档备查。对统一裁判尺度、法律适用标准、总结审判经验具有重要意义的案件所形成的会议记录和材料，经会议主持人审核确认后，可适时上传内网，供参照适用。

（五）完善专业法官会议配套制度

任何制度都不可能孤立地发挥作用，必须与其他制度共同作用，方能发挥最大功用。专业法官会议的重要价值在于自由发表见解，贡献法官智力。从目前现实运行状况和长远运行需要看，不宜采取负面惩戒的方式，而当以正向激励为主。随着落实司法责任制和法院内设机构改革，审判权去行政化、法官保障不断完善、法官职业尊荣感提升，专业法官会议成员愿意也乐于贡献个人智力，并从中获得精神价值体验。对于小体量法院专业法官会议，应适时完善以下几方面的配套措施：（1）专业法官会议与会人员应当严格遵守保密规定，不得泄露会议议题、案件信息和讨论情况等，涉及国家秘密、商业秘密、个人隐私的需要做匿名处理和强调保密；（2）法官参加会议、其他人员列席会议应计入工作量，作为绩效考核内容，纳入业绩档案，简单的考核方式是将与会成员参与议案、议事的数量按一定比例折算为办案量，由会议秘书负责考核、登记工作，年终时形成专业法官会议成员工作量；（3）人民法院应提供必要的专业法官会议议事场所、议事条件，相对固定的专业法官会议秘书，在办案平台设置专业法官会议模块，附设专业法官会议资料上传和浏览功能；（4）在政策允许的条件下，划拨一定专业法官会议运行经费，用于激励外部人员参与专业法官会议，对作出贡献的人员颁发荣誉证书，对引入的外部专家发放聘书。

六　结语

目前，专业法官会议制度已普遍施行，并在司法活动中发挥着重要作用。最高人民法院也正拟适时出台涉及专业法官会议工作机制的意见，健全完善专业法官会议工作机制，保障法官依法公正独立行使审判权，促进法律适用统一，提高审判质效，提升司法公信力。而因基层法院大体量与小体量的区分，在拟定专业法官会议工作机制指导意见时，需要兼顾考虑：大体量法院完全可以依托其资源优势，向精细化、专业化、规范化方向发展；而小体量法院则必须应对审判资源配置不足、议案需求不高的现实困难，构建务实化、高效化、简约化的专业法官会议运行模式。

Research on the Construction of "Simplification" of the Small-scale Court Professional Judges Conference

Qi Huayi

(Chongqing Shizhu Tujia Autonomous County People's Court;
Chongqing, 409199)

Abstract: The professional judges conference system is an important part of the reform of the operational mechanism of judicial power. Through years of practice and exploration, it has evolved and evolved from the top-level institutional concept design to the perfect application of the system. This paper chooses a small-volume court, that is, a court with a small number of cases, a low judge's allocation, and a low level of specialization. As a research object, it proposes to seek professional judges from the perspective of the practical dilemma of insufficient allocation of trial resources and low demand for deliberation. Amend the general rules of the meeting to construct a simple path of advancement. That is to say, when constructing the conference system for professional judges of small-volume courts, it should be extended to the path of pragmatic, simple, and efficient, realizing the self-development and innovation of the system, responding to the judicial needs of practice, and echoing the soundness and perfection of the court. The opinions of the working mechanism of the judges' meeting shall be used to give full play to the professional judges' meeting to sum up the trial experience, to unify the standards of the referee, to guide the judicial practice, and to serve, supervise and standardize the trial work.

Keywords: Professional Judges Meeting; Small Mass Court; "Simplification"; Personality Analysis; System Construction

案外人执行异议之诉实证反思

——基于审理范围及判决主文表述的思考

牛玉洲　任　丽[*]

（成都市中级人民法院；成都，610031）

摘　要： 本文主要从实证的视角对案外人执行异议之诉进行反思，尤其是基于审理范围及判决主文表述的思考。主要提出案外人执行异议之诉案件中，判决主文表述为不得执行案涉标的，且不宜直接判令解除对案涉执行标的的强制措施。对案外人在执行异议之诉中一并提起的确认权利的诉请，当案外人主张的民事权益足以排除强制执行时，可以一并审理并在判决主文中予以确认。但对案外人一并提出的给付内容不应予以审理。同时针对执行标的的强制执行措施解除后，应裁定驳回案外人的起诉，涉及的确权之诉或给付之诉应另案主张。

关键词： 执行异议之诉；审理范围；诉讼请求；判决主文表述

一　引言

随着解决"执行难"工作的大力推进，执行中大量涉及案外人利益的情况，尤其是在执行标的涉及不动产的情况下，更是衍生出大量案外人执行异议之诉案件。案外人执行异议之诉旨在为案外人提供相应的救济途径，案外人以其对执行标的物主张实体权利并请求排除执行，性质上属于制约、监督和矫治执行行为的一种执行救济制度。[①] 在德国、日本和我国台湾地区，案外人执行异议之诉已经是相对成熟的制度。在我国大陆地区，案外人执行异议之诉则经历了一个从无到有的过程。继《中华人民共和国民事诉讼法》（以下简称《民事诉讼法》）第 227 条明确规定了案外人执行异议之诉后，《最高人民法院关于适用〈中华人民共和国民事诉讼

---

[*] 牛玉洲，成都市中级人民法院员额法官。任丽，成都市中级人民法院法官助理。

[①] 孔祥承：《第三人执行异议之诉性质理论之"回归"》，《西部法学评论》2017 年第 1 期。

法〉的解释》（以下简称《民事诉讼法解释》）执行异议之诉一章对执行异议之诉的管辖、起诉条件、当事人列明、审理程序、举证责任分配、法院判决结果、执行异议裁定效力以及案外人执行异议之诉对执行程序的影响等作出规定，但是在司法实践中仍然存在对该程序适用的混乱以及涉及具体判决主文内容表述纷杂的情况。本文以审判实践中一则较为典型的案外人执行异议之诉案件为例，就该诉讼程序审理范围及判决主文内容予以探讨。

二 实例反思：执行异议之诉审理范围及主文表述之规范

案外人执行异议之诉案件数量近年来翻倍增长，但是对于此类新型诉讼中案外人可以主张排除执行民事权益的类型、审理执行异议之诉案件的法律依据、执行异议之诉的审理范围、执行异议之诉与其他诉讼制度之间的关联等问题，我国法律规定仍然存在大量空白，而最高院关于执行异议之诉审理的司法解释也迟迟未出台。在司法实践中，大量执行异议之诉案件中均存在案外人的诉讼请求类型不确定，即案外人同时在执行异议之诉中提起多个诉讼请求，诸如排除法院强制执行，解除查封、扣押、冻结等强制措施，确认享有所有权或者涉及执行标的为不动产的要求协助办理过户等。同时，人民法院在执行异议之诉案件中亦存在对当事人的诉讼请求审理范围不一致、判决主文部分表述不统一等诸多问题。以下案例在案外人执行异议之诉的审理中具有典型代表，主要涉及执行异议之诉审理范围及判决主文的表述问题。

（一）基本案情

申请执行人周某某与浩林公司存在借款合同纠纷，经法院生效判决确认被执行人浩林公司归还周某某借款本金并支付违约金。因浩林公司未履行判决，周某某于 2015 年 11 月 17 日申请执行，一审法院受理后于 2015 年 11 月 23 日作出裁定将案涉房屋予以查封。案外人李某提出书面异议，认为其与浩林公司签订买卖合同，约定案涉房屋出售给李某，双方按照合同约定完成价款支付及房屋交付，但未办理产权过户。一审法院审查后裁定驳回了李某的异议请求。李某不服裁定，遂提起本案异议之诉，诉讼请求：（1）停止对案涉房屋强制执行，并解除查封；（2）案涉房屋归李某所有，浩林公司为其办理产权证。

一审审理过程中，周某某请求解除对案涉房屋的查封，法院审查后，裁定予以解除。此外，案涉房屋在房管部门备案登记信息中显示出卖人为浩林公司，买受人为成都银行西御支行，并非李某。因成都银行西御支行上级机构成都商业银行与浩林公司间存在借款合同关系，成都商业银行向法院申请强制执行生效判决，2007 年 6 月 26 日，双方自愿达成执行和解协议，主要内容是成都商业银行同意浩林公司等公司取得其开发的"金林·俊景"项目商品房（案涉房屋）预售许可证后，将销售款扣除开发成本后用于清偿债务，至商品房销售完毕。2009 年 11 月 18 日，成都银行与浩林公司再次签订《执行和解协议》，协议双方同意由成都银行西御支行与浩林公司签订抵偿房产的《商品房买卖合同》，并备案和预告登记到西御支行名下，再委托浩林公司对抵偿房屋进行销售，销售款项进入成都银行指定账户。在上述执行和解协议履行过程中，浩林公司与成都银行西御支行于 2009 年 11 月 18 日签订《商品房买卖合同》，并于 2009 年 11 月 20 日办理合同签约备案，2009 年 11 月 28 日办理预告登记。

（二）裁判结果

一审法院经审查认为，首先，李某与浩林公司签订的《商品房买卖合同》系双方真实意思表示，合法有效。浩林公司未按期为二人办理房屋产权证，应承担继续履行的违约责任。现浩林公司愿意为二人办理房屋产权证，但原来因案涉房屋处于法院执行查封状态，产权被限制登记无法办理。本案中，周某某申请解除了对案涉房屋的查封，故对李某第一项诉请"停止对案涉房屋的强制执行，并解除查封"，因情况变化已不存在争议，不再裁判。其次，案涉房屋所有权人仍然是浩林公司，浩林公司将案涉房屋出售获取售房款用于偿还债务是成都银行西御支行所追求的目的，该支行应接受出售结果。若浩林公司未按照约定将售房款用于向成都银行西御支行偿还债务，该支行可另案诉讼。在李某取得案涉房屋产权前，对其确认拥有案涉房屋所有权的请求不予支持。一审法院判令浩林公司协助李某办理案涉房屋不动产权证，驳回李某其他诉讼请求。

成都银行西御支行不服一审判决提起上诉，认为一审法院对李某与浩林公司之间是否存在真实购房行为及是否实际支付购房款认定不清，案涉房屋系浩林公司自愿抵偿所欠借款本金，请求撤销原判发回重审或者驳回李某的全部诉请。二审法院审理认为，案外人提起执行异议之诉必须在执行过程中,即在针对执行标的强制执行程序开始后、执行程序终结前。本案在执行异议之诉审理期间,申请执行人周某某自愿申请解除对案涉房屋的查封,即对执行标的的强制执行程序已经终结。故李某提起案外人执行异议之诉的前提已经不存在,其起诉不符合案外人执行异议之诉的受理条件。案外人执行异议之诉的直接目的在于解决执行问题,当申请执行人对执行标的的强制执行程序已经解除后,案外人执行异议之诉的基础不复存在,当事人李某如果要求对执行标的确认所有权和主张浩林公司协助办理转移产权登记,当属所有权确认纠纷或合同纠纷审理范畴,其应通过另案主张。

(三) 一、二审裁判思路冲突引发的思考

上述案外人执行异议之诉案件中,一审法院最终的判项中只有判令协助过户,其余诉讼请求均予以驳回;而二审法院认为,对案涉执行标的物的强制执行措施已经解除,本案案外人已经失去提起执行异议之诉的基础,对案外人提出的确认权利及给付的诉讼请求失去审查判断的基础而驳回原审原告的起诉。本案中一、二审不同裁判结果,体现了两审法院对于案外人执行异议之诉性质及其审理范围的不同认识。一审法院在申请执行人对执行标的的强制措施解除后,仍然对案外人在执行异议之诉中一并提起的其他诉讼请求继续予以审理,显然其认为执行异议之诉中,案外人一并提出的包括确认权益和给付内容的请求应一并处理。而二审法院在执行标的物的强制措施解除后,以执行异议之诉审理的基础不存在而驳回了案外人的起诉,其处理方式反映二审法院将确定执行异议之诉的审理范围限定在判断案外人主张的民事权益是否能够排除人民法院的强制执行。一、二审法院不同的处理方式,反映了两审法院对执行异议之诉设置目的、性质以及审理范围的不同认识,同时引发了笔者对于执行异议之诉审理范围及主文表述的再思考。

三 普适问题:案外人执行异议之诉设置目的、性质与审理范围

前述案例中,案外人在提起执行异议之诉时,其诉讼请求包括排除对案涉房屋的强制执行并解除查封,又要求确认房屋归其所有并协助办理过户登记。对于案外人提出的这些诉讼请求,哪些内容属于执行异议之诉的

审理范围，究竟如何裁判才更为妥当？案外人执行异议之诉的裁判主文究竟应如何列明？若在案外人执行异议之诉审理过程中，执行标的的强制措施解除后，是否应该对案外人提出的关于所有权确认以及保护给付内容等诉讼请求予以继续审理？回答上述问题需要解决执行异议之诉的审理范围，本部分将结合案外人执行异议之诉的特点、性质及诉讼标的来探讨。

（一）案外人执行异议之诉特殊设置目的

民事执行程序中，为保证执行的效率，执行机构主要基于"权利外观主义"和"登记公示"原则来认定被执行人的责任财产，但是由于经济活动的复杂性和我国在物权公示登记制度上的不完善，这种依照形式或权利外观的审查方式可能侵犯到案外人值得法律保护的财产权益。这种在执行程序中发生的对案外人实体权利的侵害，由于执行程序的本质及功能所限，不可能通过执行程序来消解。[1] 故而赋予具有实体财产权益案外人有效的救济途径显得非常重要。案外人异议之诉旨在为案外人提供相应的救济途径以对执行标的物主张实体权利并请求排除执行，属于执行救济制度的一部分。[2]

我国法律为了落实对案外人权利的保护，设置了执行异议、案外人执行异议之诉、第三人撤销之诉以及案外人申请再审等制度。其中案外人执行异议之诉是专门针对执行程序的案外人通过提起诉讼方式，主张对于执行标的具有实体权益而要求排除执行所设置的。案外人执行异议之诉在程序构造上有别于一般普通的民事程序。案外人异议之诉的特点主要体现在以下方面：（1）当事人具有特定性，案外人执行异议之诉的原告是对执行标的主张权利的案外人，被告一般为申请执行人，而被执行人依据其是否支持案外人的异议而区分为被告（反对案外人提出的异议）和第三人（不反对案外人提出的异议）；（2）管辖法院具有专属性，即只能由对执行标的采取首查封的执行法院管辖；（3）受理程序存在前置条件，即需要案外人先向执行法院提出异议并由法院对异议进行前置审查，且案外人的异议被裁定驳回；（4）诉讼请求的特殊要求，即要有明确的排除对执行标的的执行的请求；（5）起诉时间的限制，需自执行异议裁定送达之日起15日内提出；（6）案外人执行异议的诉讼结果将直接影响执行，如果案外人

---

① 唐力：《案外人执行异议之诉的完善》，《法学》2014年第7期。
② 章武生、金殿军：《案外人异议之诉研究》，《法学家》2010年第5期。

的诉请得到支持，那么将解除对执行标的的强制措施。在案外人异议之诉审理期间，人民法院也不得对执行标的进行处分。

案外人异议之诉之立法目的是消除法院对某项财产的执行可能给案外人所带来的不当损害，保证执行的正当性。[①] 案外人异议之诉的结果与执行行为之间具有直接关联性，影响执行行为能否继续进行。排除执行行为，是意图达到变更法院所实施的执行行为或者撤销法院所实施执行行为的法律效果，案外人对执行标的提起的给付之诉和确认之诉是无法达成这一目的的。[②] 案外人如果单独针对执行标的提起确认权益的确权之诉，即使在该确权之诉中确认案外人系执行标的的实际权利人，也不能通过该确认之诉排除法院对执行标的的强制执行。正是上述特殊的设置目的使得案外人执行异议之诉不同于一般确权诉讼或给付诉讼。

（二）理论界关于案外人执行异议之诉性质的争论

案外人执行异议之诉的诉讼请求范围的明确与案外人执行异议之诉这类诉讼的性质密切相关。不同类型的诉讼具有不同性质，案外人执行异议之诉的性质实质是案外人执行异议之诉与其他诉讼的异同问题。[③] 诉讼性质的确定不但影响着诉讼程序的构建，也影响着整个诉讼的进行。[④] 厘清某类诉的性质对于确定该类诉之标的和实体权利义务关系具有十分重要的意义。研究和分析案外人执行异议之诉的性质，有助于我们明确该类型诉讼中法院应予审理的诉讼请求的范围。

理论界关于案外人执行异议之诉的性质一直处于争论之中，形成了包括确认诉讼说、给付诉讼说、形成之诉说、救济诉讼说、命令诉讼说等学说。"确认诉讼说"认为执行异议之诉的目的在于要求法院确认案外人对执行标的享有排除执行的权益，但"确认诉讼说"不能解决为何能够排除法院的强制执行。"给付诉讼说"主张案外人有要求法院判决申请执行人不得为强制执行的不作为的给付请求权，但如何通过要求申请执行人为不作为的给付内容来等同于执行法院停止执行，以及执行依据所确立的既判力问题，成为"给付诉讼说"的缺陷。"形成之诉说"将案外人对抗执行

---

① 唐力：《论民事执行的正当性与程序保障——以第三人异议之诉为中心》，《法学评论》（双月刊）2009年第5期。

② 唐力：《案外人执行异议之诉的完善》，《法学》2014年第7期。

③ 张卫平：《案外人执行异议之诉》，《法学研究》2009年第1期。

④ 孔祥承：《第三人执行异议之诉性质理论之"回归"》，《西部法学评论》2017年第1期。

的异议权作为诉讼标的，案外人执行异议之诉的判决具有撤销执行程序或执行行为的法律效果，而这种异议权在性质上属于形成权，与形成诉讼的基本特点是一致的。相较于将异议之诉归为确认之诉的"确认诉讼说"与归为给付之诉的"给付诉讼说"，"形成诉讼说"更具有说服力。[1] 执行异议之诉审查中需要对案外人主张的实体权利是否成立予以判断，"形成诉讼说"的不足之处在于难以避免因执行异议之诉判决的既判力无法及于案外人与被执行人之间就诉讼标的间争议实体权利所引发的重复诉讼，既浪费司法资源，亦可能产生矛盾判决。

"救济诉讼说"和"命令诉讼说"是超越原有诉的种类而提出的一种全新的合并诉的概念，以此来解释案外人执行异议之诉的性质。这两种新的学说的相同之处在于，都认为案外人执行异议之诉具有双重性，都将实体法律关系的争议和能否排除强制执行两个问题纳入同一个诉讼程序加以解决，即是确认之诉和形成之诉的合成。这两类新学说的差别在于法院是否可以直接变更执行内容。诉讼救济说认为，法院可以直接变更执行的内容，之所以需要救济是因为执行机构的执行存在瑕疵，一旦确定瑕疵存在，法院即可判决变更执行行为，实现对权利的救济。而命令诉讼说认为执行机关是否有瑕疵不是该类诉讼的对象，异议之诉的胜诉判决为执行机关设定了相应的义务，即宣告执行机关须为一定行为。但是这两种学说因为突破传统诉的种类受到质疑。

上述各学说均未能终结各种争论，每种学说总是有或多或少的问题。但在德国、日本和我国台湾地区，学者所认为的通说是"形成诉讼说"，并且越来越多的学者对"形成诉讼说"进行阐释。

（三）我国法律关于案外人执行异议之诉的性质推定

我国在案外人执行异议之诉适用之初，实践中大量案外人作为原告提起异议之诉时，其诉讼请求只涉及确认其对执行标的的权益，并未包含要求排除法院执行的内容。之后 2015 年《民事诉讼法解释》对这一问题作出回应：（1）要求案外人提起异议之诉时，"有明确的排除对执行标的执行的诉讼请求，且诉讼请求与原判决、裁定无关"[2]；（2）在法院针对案

---

[1] 张卫平：《案外人执行异议之诉》，《法学研究》2009 年第 1 期。

[2] 详见《民事诉讼法解释》第 305 条。若与案外人提出排除执行异议的诉讼请求与原判决、裁定相关，并且实质上是对原判决、裁定（即执行依据）的否定，则应当根据《民事诉讼法》第 227 条和《民事诉讼法解释》第 423 条规定申请再审。

外人执行异议之诉裁判时，裁判结果主要为两种类型：一是案外人就执行标的享有足以排除强制执行的民事权益的，判决不得执行该执行标的；二是案外人就执行标的不享有足以排除强制执行的民事权益的，判决驳回诉讼请求。① 上述法律规定明确了案外人执行异议之诉中必须包含案外人对执行标的的排除执行的诉讼请求，且裁判结果要么判决不得执行该标的，要么驳回案外人的诉讼请求。上述规定已经否定单一的确认之诉说，案外人执行异议之诉中必须包括对执行标的的执行行为的异议权。

《民事诉讼法解释》第312条第2款规定"案外人同时提出确认其权利的诉讼请求的，人民法院可以在判决中一并作出裁判"。该款即认可案外人可以在异议之诉中提出确认实体法律关系的诉讼请求。这就意味着部分案外人执行异议之诉中可能既有审查对执行标的的物强制执行异议权的形成之诉，又有确认执行标的的实体权利的确认之诉。"形成诉讼说"的主要问题就是法院对案外人是否享有实体权益进行判断后，其只作为是否排除强制执行的理由而不在裁判主文中予以表述，因而不具有既判力，既浪费司法资源也可能引起矛盾的判决。笔者认为，我国明确将案外人执行异议之诉首要目的立足于为解决案外人与申请执行人、被执行人之间关于执行标的的物执行关系的争议，即审理案外人关于执行机构执行行为异议权的形成之诉，同时附带可以解决第三人与被执行人之间关于执行标的的物的实体权利的确认，即审理权益的确认之诉。

（四）案外人执行异议之诉的审理范围确定

我国现行法律将执行异议之诉的首要目的定位于判断案外人享有的民事权益是否足以排除人民法院的强制执行。而判断是否足以排除强制执行，需要首先判断案外人对执行标的的主张的民事权益是否成立，基于法律规定，如果案外人提起确认权利的诉讼请求可以一并裁判，案外人对执行标的的确认权利的诉讼请求也属于执行异议之诉的审理范围。值得注意的是该条款中规定的是"可以"一并作出，即在符合确认实体权利的情况下，人民法院根据当事人的诉讼请求可以一并作出确权之诉。在不能或不宜直接对确认权利的诉请作出直接判断，但根据法律规定可以排除强制执行时，现行法律并未强制要求对案外人提出的确认权利的诉请作出裁判。这样的规定体现在执行程序中，案外人排除对执行标的的物排除执行措施的迫

---

① 详见《民诉法解释》第312条。

切性，亦证明我国对案外人执行异议之诉制度设置的首要功能在于解决案外人能否依据其主张的实体权益排除执行的问题。此外，该条并未涉及确认之诉之外的内容，即不可以在异议之诉中审理是否应该继续履行合同等给付之诉的内容。

案外人欲确权的财产被人民法院采取强制措施的，应通过执行异议之诉主张权利。最高院于 2018 年 5 月 28 日发布的《关于人民法院立案、审判与执行工作协调运行的意见》第 8 条进一步明确，审判部门在审理确权诉讼时，应当查询所要确权的财产权属状况。需要确权的财产已经被人民法院查封、扣押、冻结的，应当裁定驳回起诉，并告知当事人可以依照《民事诉讼法》第 227 条规定主张权利。根据上述规定，实践中案外人无法就被法院采取强制措施的执行标的单独提起确权之诉，而需要通过《民事诉讼法》第 227 条规定的案外人执行异议之诉主张先排除执行，同时可以提出确权之诉。那么在执行异议之诉中对于确认权利的确认之诉应如何审理？若案涉执行标的的执行程序终结或者申请执行人解除强制执行措施后，又应该如何处理？

笔者认为，对于案外人在执行异议之诉中一并提出的确认权益的诉讼请求，应根据案外人主张排除强制执行的异议权是否成立而区别处理。只有在案外人排除强制执行的诉请成立的基础上，一并确认权益才有意义。而在驳回其诉讼请求的情况下，案外人主张的实体权益即使成立，因为其不具有排除强制执行的优先性，此时确认权益意义不大。该条款规定的确认其权利，其实质是认为可以一并审理确认之诉的内容，而确认之诉既包括确认所有权，也包括确认合同有效。有些执行异议之诉案件当事人要求确认其与被执行人之间签订的合同合法有效，但是最终经法院审查，案外人不具有排除执行的权益，此种情形下，并不适宜单独确认权利。

最高人民法院《关于人民法院办理执行异议和复议案件若干问题的规定》第 6 条第 2 款规定，案外人执行异议之诉提起的期间应该是在执行程序终结之前。案外人执行异议之诉最主要的功能在于停止对执行标的物的强制执行，而在执行标的物的强制措施解除或者执行程序已经终结的情况下，案外人执行异议之诉失去其继续审理的基础，应裁定驳回起诉。前述案例中，原审原告李某同时起诉请求确认对案涉房屋享有所有权，并要求协助过户，其关于确权的诉请是建立在排除强制执行权益是否成立的基础上，如果判令权属成立，并且能够排除执行的，那么一并确认权属具有合理性。但是如果经过审理其不具有排除强制执行的权益，此时作出确认权属判项并无现实意义。更为重要的是本案中申请执行人周某某对案涉执行标的的强制执行措施已经解除，案外人其他关于确认权属的纠纷和给付的纠纷无继续审理的基础，故二审法院驳回了其起诉。

四 对策建议：案外人执行异议之诉的判决主文应然表述

尽管案外人在提起执行异议之诉时其诉请表述各不相同，但是法院裁判文书判项需要表述清晰准确，对外应形成一致的表述方式。裁判文书强制上网制度的推行，让普通民众均可以查阅到法院的文书，而同一类型案件的裁判主文，如果在同一地区或者同一个法院的表述形式各式各样，就会显得极为不严谨。案外人执行异议之诉的判决主文表述方式应具有一致性，这是司法文书制作严谨性的要求，同时让诉讼当事人和每一个阅读到该裁判文书的普通民众能够感受到司法的公正性、严谨性、权威性。故而在此对于案外人执行异议之诉中判决主文的表述问题予以探讨。

（一）诉讼中执行标的的解除查封处理

前述案例中，在一审审理期间，申请执行人已经申请解除对案涉房屋的查封且法院已经作出解除查封的裁定，此时案涉房屋已经不属于执行标的，已经无继续审理是否有排除强制执行的必要。一审法院应该向李某释明撤回起诉，而关于确权和协助过户的请求应该另行诉讼。如果经释明，两位原告仍不愿意撤回起诉，目前实践中存在两种处理方式：裁定终结诉讼或裁定驳回起诉。例如江苏省高院在其《执行异议之诉案件审理指南》中就规定，在执行异议之诉案件审理期间，如果发生申请执行人的债权通过其他方式得到清偿等情况，导致针对执行标的的强制执行程序终结的，人民法院应向案外人释明撤回起诉；案外人不同意撤回起诉的，裁定终结诉讼。笔者认为，此时适用驳回起诉来处理更为恰当。根据《民事诉讼法》第151条具体列明规定了终结诉讼的四种情形，并无其他兜底条款，故而在没有法律明确规定情况下直接采用终结诉讼并不妥当。而最高人民法院《关于人民法院办理执行异议和复议案件若干问题的规定》第6条第2款规定，案外人执行异议之诉提起的期间应该是在执行程序终结之前。现本案不满足执行异议之诉的成立条件，当事人不愿意主动撤回起诉，法院以不符合执行异议之诉成立条件而驳回案外人起诉，更加具有合理性。

（二）符合排除执行情形的裁判主文表述

根据《民事诉讼法解释》第 312 条第 1 款的规定，案外人如果不享有足以排除强制执行的民事权益的，可直接判决驳回诉讼请求，裁判主文表述并无大的问题。而当案外人享有排除执行权益时，判决不得执行该执行标的裁判主文的表述存在不同方式，包括"停止执行……""不得执行……""排除执行……"笔者认为根据该条文的具体规定，统一采用"不得执行……"的表述较为标准，能够与法条原文相对应。此外，案外人具有排除民事执行性权益情形下，其在诉请中要求排除对执行标的的执行，且解除对执行标的的强制措施（查封、扣押、冻结等），此时是否应该在判决主文中一并写明解除查封或扣押或冻结措施？针对此种情况，法律未作出明确规定，实践中操作各有不同。笔者比较赞同命令诉讼说的观点，执行异议之诉属于私法关系的诉讼，案外人执行异议之诉的胜诉判决为执行机关设定了相应的义务，即宣告执行机关必须为一定的行为。故而，在执行异议之诉中，法院不适宜直接作出解除查封、扣押、冻结等执行措施。法院首先针对案外人主张的民事权益是否成立作出判断后，再就该民事权益能否对抗申请执行人的执行进行判断，实质上是一种司法判断权。但解除强制措施属于执行机关的权力，在执行异议之诉判决之后，案外人可以凭借该生效判决要求执行机构解除对案涉执行标的的强制措施，但是具体如何操作还有待最高人民法院等相关机构对此作出规定。

（三）针对不动产提出确权及协助过户时的裁判主文处理

前述案例中，执行标的为不动产时，案外人基于购买了案涉房屋但产权未登记在案外人名下，案外人往往会在执行异议之诉案件中一并提出要求确认案涉房屋归其所有，并要求被执行人协助办理过户等诉讼请求。根据我国《物权法》规定，案外人签订了房屋买卖合同但房屋产权未过户登记的，其并未获得房屋的物权，只享有要求出售人过户的债权请求权。最高人民法院《关于人民法院办理执行异议和复议案件若干问题的规定》第 28 条和第 29 条规定了对无过错买受人和房屋消费者物权期待权的保护，赋予了案外人在签订合法有效的购房合同，支付了房屋全部价款、合法占有房屋并对未办理过户登记没有过错情形下，可以排除法院强制执行的民事权益。① 此类案外人基于对不动产物权期待权而排除强制执行的执行异议之诉，系基于特殊价值取向而赋予购房人的债权优先于申请执行人普通金钱债权的执行。

在此种执行异议之诉中，即使案外人能够基于《关于人民法院办理执行异议和复议案件若干问题的规定》第 28 条和第 29 条的规定排除对案涉房屋的强制执行，也不能直接在裁判主文中确认案外人对案涉房屋享有所有权，否则系对我国《物权法》的突破。案外人针对不动产提出的执行异议之诉案件数量众多，且此类执行异议之诉中案外人提出的诉讼请求范围更为广泛，法官在审理此类执行异议之诉时，应把握《物权法》关于不动产物权设立要件与法律赋予无过错买受人和房屋消费者的特殊债权保护之间的区别，对案外人关于确认对房屋的物权请求权的内容不予支持。案外人此时仅享有要求不动产出售人办理过户登记的权利，而基于前诉对于执行异议之诉审理范围的讨论，出售人协助办理过户登记的诉讼请求，实质上属于给付之诉的内容，超出了案外人执行异议之诉的审查范围，故在执行异议之诉的判决主文中不宜直接判令被执行人对执行标的负有协助办理过户登记的义务。

五 结语

前文中论述的案外人基于对不动产执行标的的物权期待权而排除强制执行的案件大量存在，案外人诉讼请求内容多样，而法院裁判主文更是各不相同。本文以期通过前述探讨，为此类执行异议之诉案件的规范审理提供可借鉴思路。案外人执行异议之诉系执行程序中为主张实体权益案外人提供权利救济的一种特殊诉讼程序，此类诉讼的诉讼请求中应该明确包括请求不得强制执行相应执行标的物。同时案外人可以针对执行标的一并提起确认权利的诉讼请求，在案外人关于排除强制执行的诉请能够获得支持的情形下，可对案外人提出的确认权利的诉讼请求一并作出裁判。案外人在执行异议之诉中提起包括继续履行合同的给付内容的诉讼请求不属于执行异议之诉的审理范围。基于判决主文规范严谨性的考虑，应将能够排除强制执行的执行异议之诉判项主文统一表述为"不得执行……"与《民

---

① 第 29 条是对房屋消费者物权期待权的保护，故而在案外人支付购房款以及占有上的限制条件较第 28 条宽松，即已支付价款超过合同约定总价款的 50%，并不要求对不动产进行占有。但要求所购商品房系用于居住且买受人名下无其他用于居住的房屋。

事诉讼法》等相关法律规定相一致。而基于民事诉讼程序的审判权与执行
机构执行权的区分，裁判主文中也不宜直接判令解除对执行标的查封、扣
押、冻结的执行措施。

An Empirical Reflection on the Case of Disputes

—Thinking Based on the Scope of Trial and the Expression of the Main Body of the Judgment

Niu Yuzhou   Ren Li

(Chengdu Intermediate People's Court; Chengdu, 610031)

Abstract: In proceedings where a third party raises an objection to the enforcement of a judgement, the judgment resulting from such proceedings should not state that the property be enforced; and the compulsory measures that have been taken against the property be removed unless there are sufficient grounds. The third party 's application for confirming right stated in the aforesaid proceedings may be heard and confirmed in the judgement if there are sufficient grounds to cancel the compulsory enforcement. However, the third party's application for performance should not be heard. In circumstances where the compulsory measures have been removed, the objection proceedings commenced by the third party should be dismissed and the merit of the case should be decided in a separate proceedings.

Keywords: Objection Proceedings against the Enforcement of Judgement; Scope of the Court Hearing; Reliefs; Wordings in the Judgement

共犯证据累进审查实证研究

——以廖某信用卡诈骗案为例

奚根宝　　王玫玲*

（无锡市人民检察院；无锡，214002）

摘　要：共犯证据累进审查必须符合分层性、针对性、有效性和客观性原则。共犯证据累进审查应分割包围、逐段审查、累积推进，以形成完整证据链。从虚开收入证明、巨额透支和拒不归还三个层面，审查廖某信用卡诈骗案中的廖某和吴某具有"非法占有为目的"的主观合意和持卡人的身份要求，因此，吴某和廖某构成信用卡诈骗罪的共同犯罪，且不宜区分主从犯。

关键词：共犯证据；累进审查；实证研究

一　引言

证据审查是依法对证据进行综合梳理、分析查证的过程，其目的在于研判单个证据本身的证据能力和证明力，以及证据之间的相容性，最终正确认定事实、精准适用法律。证据审查是刑事诉讼活动中的一项十分重要的工作，对于案件定性起到关键性作用。证据是办理案件的灵魂，对于保证办案质量、实现司法公正具有关键作用，因此在办理刑事案件中，必须强化证据审查的主导意识。如何进行证据审查，并非简单易行。能否精准把握核心、证据审查细致与否，直接关系案件当事人罪与非罪，决定案件的出罪入罪，最主要的是将会影响到人民群众对公平正义的感知评判和对法治的信仰。

司法实务中，对于共同犯罪的证据审查方法有很多种，关键在于如何提高证据审查的成效，使共同犯罪证据审查时的证明力能达到最大化、最

---

* 奚根宝，江苏省无锡市人民检察院员额检察官，江苏省检察专门人才，苏州大学检察发展研究中心兼职研究员，电子邮箱：xxyg929@ sina. com。
王玫玲，江苏省无锡市人民检察院检察官助理。

优化，甚至能产生更好的溢出效应。共犯证据的累进审查，是证据累进审查的一种，亦称共犯证据审查的累进分析法，是司法实务中证据审查方法的一种。具体而言，共犯证据累进审查分析，就是指在案件的证据审查过程中，对相关涉共同犯罪的现有存量证据进行集中聚焦审查、累积式推进分析，根据所涉案件的罪名性质进行相对分段论证，确保证明对象能被集中优势证据所证明，保证累积推进形成系统的证据链。共同犯罪证据累进审查分析，以能定性为共同犯罪的事实案由为基本主线，通过对存量证据进行分割包围、逐段审查、累积推进，以达到定案之目的。在证据累进审查分析过程中，必须要纵观全案、着眼细微之处，不断固强补弱、系统审查、综合评判，最终使案件的审查办理能够形成封闭严密、无懈可击的共同犯罪属性的完整证据链。

现代刑事证据审查体系以"证据准入—证据评估相分离"为核心特征。我国刑事证据立法通过材料、证据、定案根据三个基本范畴确立证据准入的两道审查门槛。第一道门槛是从"材料"到"证据"，包含对材料证明作用和材料形式分类的两项审查要求。第二道门槛是从"证据"到"定案的根据"，包含着真实性、可采性和证明力的三项审查要求。[1] 共犯证据累进审查分析是针对第二道门槛而言的，即"共犯证据"到"共犯定案根据"的再归纳、再分析、再判断，是重新定性的一个梳理评判过程。

本文结合共犯证据累进审查的一些基本原理，以廖某信用卡诈骗刑事申诉案为例，来阐明在共同犯罪证据审查过程中，运用累进审查分析的方法、步骤和重要意义，以期对共同犯罪证据审查的司法实践有所裨益。

二 典型案例

本文以廖某信用卡诈骗刑事申诉案为例，对涉及共同犯罪的证据通过重新梳理、分段审查、逐项甄别、系统研究，再进行分析评判，可以明确共犯证据累进审查分析的路径和方法。

案情简介：吴某通过微信群结识了居住于外市的廖某。2015 年 7 月，双方在该市见面，廖某因无资产和收入来源，遂提议以吴某的身份证办理信用卡后交给廖某使用，吴某表示同意。2015 年 7 月至 2016 年 12 月，廖

283

---

① 吴洪淇：《刑事证据审查的基本制度结构》，《中国检察官》2018 年第 9 期。

某使用吴某在中国银行、工商银行等多家银行办理的 17 张信用卡透支本金共计人民币 67 万余元，并将透支款用于赌博。吴某在办卡过程中提供了 7 张虚开的收入证明。后经银行多次催收，吴某、廖某均未归还上述款项。2017 年 9 月，吴某所在地法院判处廖某有期徒刑 7 年，廖某提出刑事申诉，认为自己是不适格的犯罪主体，也没有犯罪故意，犯罪主体应该是吴某，因而提出复查案件。

本案在复查办理中存有两种不同处理意见。第一种意见，廖某构成信用卡诈骗罪，吴某不构成犯罪。理由如下：廖某是该信用卡诈骗的犯意倡导人，也是恶意透支信用卡的实际使用人。吴某办理的 17 张银行信用卡均为廖某使用，从银行信用卡中透支且未归还的资金也是由廖某用于赌博，故本案中该信用卡的实际持有人和使用人均系廖某。吴某没有共同犯罪故意，其将信用卡交给廖某使用，虽然违反信用卡管理规定，但其基于廖某会按时还款的表示而轻信廖某。在 2016 年 12 月前，每张信用卡均按时还款，未出现明显的恶意透支现象。吴某主观上没有非法占有的目的，17 张信用卡均由廖某实际掌握使用，并且吴某否认其明知廖某将信用卡资金套现后用于赌博等非法活动。吴某的行为属于对银行的违约行为，可以由民法调整。

第二种意见认为，吴某是合法持卡人，应构成信用卡诈骗罪，廖某不构成犯罪。理由如下：吴某明知不能将信用卡交给他人使用却违反信用卡管理规定，基于对廖某的信任和对未来两人生活的良好预期，私自将信用卡交给无资产、无信用的廖某在异地透支使用。在银行将廖某每次刷卡消费情况通过短信发送给吴某时，其只是转发给廖某，对于资金的去向、用途、归还情况一概不管不问、任其透支使用。在申领信用卡过程中，吴某还用 7 张伪造的收入证明欺骗银行，且连续办理多张信用卡，吴某主观上具有非法占有为目的的间接故意，客观上经银行多次催讨超过期限仍未归还，符合恶意透支类型信用卡诈骗罪的构成要件。廖某因并非合法持卡人，与吴某之间也只是转借关系，廖某与吴某属民事借贷关系，应由民法调整。

三 共犯证据累进审查的基本原则

共犯证据累进审查分析主要围绕共犯证据与犯罪之间的因果关系，对已有涉及共同犯罪的相关存量证据进行综合分析、演绎推理、有效运用。

通过对案件已有存量证据进行累进分析审查，使共犯证据与法条能结合更加完整严密，确保共同犯罪案件的定性更加准确无误。对于不同的案件性质和所涉罪名，也要区分不同犯罪类型的法定构成要件，不能仅以犯罪案件所表现出来的浅显情形，生搬硬套法律条款来确定罪与非罪。共犯证据累进审查，使共同犯罪案件的系列客观事实行为证据被打碎后重新组合叠加，据此可透过案情表象看到其背后隐藏的实质内涵。结合具体共同犯罪案情的客观行为进行共犯证据累进审查分析，全面深入透视、综合评判定性，确保在共同犯罪案件审查办理中对所涉罪名的法律要义能精准把握，做到不枉不纵，使法律条款、司法解释得到准确适用，真正发挥好法律的威慑和保护作用。共同犯罪案件的证据审查办理中，使用证据累进审查分析，应着重把握以下四个原则。

（一）共犯证据累进审查的分层性

证据累进审查分析应具有分层递进性，通俗地说就是要学会"分割包围，逐个歼灭，层层递进"。就每个不同的案件性质和犯罪构成要件特征，结合已有存量证据，围绕需要证明的对象，在涉案罪名的基本坐标上，对证据进行分割包围、分别论证、优化概括，以便使优势证据集中到需要证明的每个环节。按照每个环节逐个进行审查分析、充分论证，然后再将证明完毕的各个环节证明事项和证据，通过犯罪构成要件的基本特征要求，一并进行串联、焊接、固定，以此证据累进审查分析达到了完整统一、不可分割的证明效果，确保对共同犯罪的定性能够不偏不倚，精准高效。

（二）共犯证据累进审查的针对性

在案件审查办理中，特别是申诉类共同犯罪案件，有的可能是对原审裁判全部不服，有的可能仅对原审裁判部分不服，有的是全部被告人不服，有的是部分成员不服。但无论何种情况，其提出的证据一般都有明确指向其认为裁判不公的地方。所以，在审查各类共同犯罪证据中，审查和认定证据的范围和内容，应具有明确的针对性和关联性，能够确保进入证据审查的证据都是有效证据。也就是说，检察官在审查和认定证据时，应紧盯案件证据的关键元素和核心要义，把握其焦点所在，才能够集中优势证据，着重围绕原处理决定或裁判有错误可能的地方，针对当事人提出的明确具体事由进行全面系统审查、分析论证，得到精准结论。

（三）共犯证据累进审查的有效性

在共同犯罪申诉案件的证据审查中发现，因申诉人的法律素养和主观认知水平不尽完全相同，当事人申诉的事由，有的少则二到三项，有的多则达数十项。从把握关键证据的标准来看，申诉人因为要突出强调个人观点或受表达能力所限，使诉求中的事由证据重复或彼此相互囊括。如果据此逐条进行累进审查后回应，会得不偿失，使案件办理显得被动，不仅使累进审查条理不清，也是对司法资源的一种浪费。累进审查中没有必要对申诉人提出的每项重复事由都进行收集固定、论证回应，而应当对其提出的诉求事由进行归纳整理、有效合并，保证累进审查的高效精准，论证有力。

（四）共犯证据累进审查的客观性

证据审查认定应着重从已有的客观存量证据入手，紧扣犯罪性质和犯罪构成的要素，层层推进，抽丝剥茧，从而形成稳固的证据链。司法实践中，主观故意的证据是较难把握的，共犯证据审查的累进分析，是以累积证据分析为基础，由客观事实行为推导出犯罪嫌疑人的真实主观故意。刑事案件办理中，能够获得有力的主观证据情形并不多，即便有了一些有效的言词证据，也并不稳定。主观故意的证据审查需要做到审查的主、客观证据事实清楚、扎实充分、论证有力。有些刑法罪名中其犯罪构成要件的主观证据尤为重要。主观证据虽然较难固定，但并非不可证明。可以通过证据累进审查分析、分段实施、逐项证明，让多项客观事实行为证据环环相扣、连锁固定，形成稳定、封闭、完整、严密的主观证据链。由客观事实行为的系列无声证据完全推导出犯罪嫌疑人主观故意的真实状态，其证明效果比有些不稳定的言词证据更具有证明力。

四　分段推进、增强审查共犯客观证据

共同犯罪证据审查主要查清共同犯罪证据材料来源是否合法，是否依法定程序收集；共同犯罪证据材料同案件事实有无联系，特别是因果关系；分析每一证据材料本身是否前后一致，合乎情理，全部证据之间是否有内在联系，有无矛盾；共同犯罪行为人之间的主客观证据的内在联系等。

吴某是否与廖某构成共同犯罪，关键要看吴某的行为是否符合恶意透支型信用卡诈骗罪的法定情形，即持卡人吴某是否具有"以非法占有为目的"的主观故意。认定是否符合信用卡诈骗罪共犯构成要件的关键元素，是要紧紧把握办卡、透支、拒不归还这三个环节。针对此案，共同犯罪证据累进审查分析要求在信用卡诈骗犯罪构成要件这个主干基准线上，对已有存量证据结合信用卡诈骗罪构成要件特征，按照办卡、透支、拒不归还这三个环节来进行分段切割、逐项审查，使得证据的证明力能够渐次增强、封闭完善，让证明"以非法占有为目的"的全部证据能够环环紧扣，贯穿全案始终。

（一）虚开收入证明——"以非法占有为目的"的共同主观合意初步形成

廖某因无收入、无资产不具备办卡条件，便唆使符合办卡条件的吴某办卡。吴某为了帮助廖某能够达到申领信用卡抑或是提高申领额度之目的，私自加盖单位印章，多次加倍虚开收入证明，先后陆续办理了十几张银行信用卡，并将办好的信用卡邮寄给廖某在广州的老乡，再由其老乡转交给在澳门的廖某。同时，吴某将每张信用卡激活开通后，将密码告诉廖某，以方便其投资或赌博使用。

通过对证据的累进分析审查得出，吴某与廖某的密切分工、配合行为已非常清楚明了，廖、吴双方在办卡之初已经形成默契，即形成吴某办卡、廖某透支使用的合意。申领信用卡的章程中，明确了申领人、持卡人不得将信用卡片信息、密码等相关信息泄露给他人，吴某却把办好的个人信用卡主动邮寄给在澳门的廖某，并将每张信用卡分别激活开通、把新密码交给廖某。证据审查中，对办卡之初吴某的一系列客观事实行为证据进行收集固定，再对这些证据串线合并、归纳增强的累进分析审查，就会得出这样一个清晰的结论，即吴某是明知信用卡不得转借，仍然将办好的信用卡转给他人使用。

证据累进审查分析发现，廖某在吴某办卡之前曾带有 3.9 万元去澳门赌博并全部输光，其打电话告知吴某称钱已输掉，无法还钱。这种情况下，吴某完全能够让廖某不再继续透支使用其信用卡。例如，可以凭借自己的身份证明更改银行卡密码，制止廖某继续使用信用卡，或去银行办理信用卡挂失等相关停用手续。但实际上吴某并没有采取这样简便易行的措施，相反，吴某却将办好的工商银行信用卡激活后，主动邮寄给在澳门的廖某，并把激活后的密码主动告诉廖某，随后还办理了 16 张信用卡邮寄给廖某，意在让其继续透支使用。

以上证据进一步证明了吴某和廖某对用银行信用卡大量透支钱款的结果是共同希望发生的一种主观状态。作为具有正常认知能力的主体，吴某明知廖某没有任何经济来源和还款能力，在第一次得知廖某在澳门投资或赌博把钱输光后，并没有立即切断这种正在延续的风险行为，反而偷盖单位印章，伪造、虚开收入证明，欺骗银行办理信用卡，希望廖某继续进行恶意透支。要成立可罚的共犯，以间接的结果引起行为"本身"创造了结果发生的"不被允许的"危险，且该危险实现于构成要件该当结果之中为必要。① 吴某"以非法占有为目的"的主观故意在申领信用卡之时就已经显露无遗。吴某非常清楚廖某在澳门通过所谓"公式"进行赌博，只是希望廖某能赚钱。尽管案发后，吴某否认知晓廖某将透支钱款用于赌博，但这并不影响其对信用卡透支持"以非法占有为目的"的主观心态，法律对信用卡诈骗犯罪的规定并不要求非法占有的具体方式，只要具有非法占有目的即可构成犯罪。

（二）巨额透支——"以非法占有为目的"的共同客观表现

证据证明，廖某收到吴某的信用卡及密码后，即进行透支使用，截至案发，17 张信用卡共透支本金 67 万余元。根据相关银行信用卡章程的规定，凡使用密码进行的交易，均视为持卡人本人所为。即廖某使用信用卡透支的行为及产生的后果，均可视为合法持卡人吴某所为。银行登记的合法持卡人作为完全民事行为能力人，在申领信用卡时，视为已经全面了解信用卡的特征及使用规范。对于信用卡的每笔消费、透支情况，银行都会通过手机短信或电子邮件方式发送给吴某，每月还另行邮寄账单。

存在通过介入他人的行为而引起法益侵害的危险，该危险达到了即便与其行为所具有的有用性进行衡量，仍然不被允许的程度。② 通过证据审查，综合对巨额透支的证据进行累进分析，廖某使用信用卡的信息情况，透支的数额、时间、次数等，吴某不可否认其通过短信、邮件、账单等完全实时知悉廖某透支使用的信用卡动态情况，自然得出吴某对廖某巨额透支使用的整个过程，是一种完全明知后的希望或放任，表明吴某对信用卡

---

① 〔日〕丰田兼彦：《论共犯的一般成立要件》，王昭武译，《法治现代化研究》2018 年第 6 期。

② 林幹人：《背任罪の共同正犯》，《判例時報》第 1854 号（2004），第 7 页。

透支持"以非法占有为目的"的内心默许和全然纵容，与廖某达成一种对信用卡透支的心灵默契。这种超限额、超期限透支信用卡不还的行为，是对巨额透支行为完全持希望或严重放任的一种心态，至此，吴某"以非法占有为目的"的主观故意已经浮出水面，由主观转为客观更加趋于明显。吴某的这种对巨额透支"非法占有为目的"的主观故意与廖某是完全一致的。

从 2015 年 7 月办卡至 2016 年 12 月案发，廖某通过以卡养卡对透支的信用卡还款。以卡养卡与信用卡用于一般消费的法定功能并不相符，即便有过还款行为，也只是通过其他卡透支套现而来。这种所谓"以卡养卡"恰好证明其并不具备真实的还款能力，或本身就没打算真正履行还款义务。以上证据累进审查分析证明，吴某是完全知悉廖某的全部透支行为，廖某的行为也完全是在吴某的配合下实施的。

（三）拒不归还——"以非法占有为目的"的既成事实

证据审查发现，自 2016 年 12 月起，17 家银行都通过电话、系统短信、信函、派员等不同方式先后多次联系吴某，提醒、催收、督促其尽快还款，其中，工商银行 51 次、建设银行 39 次、招商银行 24 次等，其他银行催款通知也都在 10 次以上，吴某都以自己无力还款，应当由廖某还款为由拒不还款。其中，广发银行、中信银行等各家银行分别从 2016 年 8 月起，陆续向公安机关发送《报案书》，函称吴某是以非法占有为目的，进行信用卡恶意透支，其与第三方经济纠纷跟银行无关，要求依法追究其刑事责任。

在证据累进审查分析过程中，对银行通过电话、系统短信、信函、派员等不同方式，提醒、催收、督促吴某尽快还款的证据等进行叠加推进、强化固定后，得出了吴某和廖某拒不还款的事实是客观存在的。吴某主观上想把其应承担的法律责任推卸给廖某，廖某认为信用卡是以吴某身份办的，自己本身也没有还款能力，所以双方都不打算归还已经透支的款项。拒不还款是信用卡诈骗的最后一个环节，证据累进审查分析至此，表明吴某对信用卡诈骗"以非法占有为目的"的所有客观行为已经全部实施完毕。吴某虽然辩称，办好的银行信用卡都是给廖某使用的，与自己关系不大，没在意事情的严重性，如果造成不能还款的一切后果都应由使用人廖某承担。吴某将自己作为合法持卡人应承担的法定义务主观地转嫁给实际使用人廖某，属于法律认识错误。法律认识错误不能阻隔其对法律后果的承担，不知法律并不能免责。

共同犯罪主观故意是指各共同犯罪人通过彼此的意思沟通联络，认识到其共同的犯罪行为会发生某种危害社会的结果，并遂行共同犯罪，希望或放任危害社会结果发生的心理态度。共同犯罪的故意同样有认识因素和意志因素两部分内容。共同犯罪的认识因素包括三个方面，一是共同犯罪人认识到所共同实施的行为属于犯罪行为；二是共同犯罪人认识到不是自己的单独犯罪行为，而是与他人互相配合共同实施的犯罪行为；三是各共同犯罪人认识到自己的行为会引起的结果以及共同犯罪行为会产生的危害结果，概括地预见到共同犯罪行为与共同犯罪结果之间的因果关系。共同犯罪的意志因素包括两个方面，一是共同犯罪实施人都希望或放任危害结果的发生；二是共同犯罪人自己决意要参加共同犯罪。共同犯罪故意，既可以表现为各共同犯罪人都有犯罪的直接故意，也可以表现为各共同犯罪人都是间接故意，还可以表现为部分人为直接故意，另一部分人为间接故意。

共同犯罪主观故意的合意，同样可通过证据累进审查分析来进行证明。吴某、廖某双方一直通过电话实时相互联络是否办卡、办卡银行、办卡数量、透支使用情况等，双方均能认识到自己不是孤立地实施信用卡的透支行为。在透支使用 17 张银行卡，造成银行 67 万余元的透支资金，超过规定期限后，经银行多次催收后拒不归还，至公安机关对其立案，吴、廖双方都仍未归还透支金额，说明吴、廖双方本身都没打算向银行归还透支资金。廖某负责透支使用信用卡，吴某在明知特殊关系人廖某利用自己名下的信用卡恶意透支时，事前积极办卡、事中协助、事后拒不归还。廖、吴二人各自的行为对信用卡恶意透支的结果起到了相互促进、相互配合、相互支持的作用，双方都能认识到这种不法行为及其产生巨额透支后果的严重性。由此，通过共犯证据累进审查分析，得出双方已经各自存在的相互协作的客观事实行为，足以推导出廖、吴二人在客观事实行为中产生共同犯罪的主观合意。由于吴某事前事中积极办理 17 张信用卡并非用于解决自己生活困难，而是将信用卡转交给廖某恶意透支使用，该办卡行为与恶意透支结果之间具有必然的因果关系，而且吴某知道并帮助廖某恶意透支，且拒不归还透支款，吴、廖二人均具有恶意透支的主观合意。

根据共犯证据累进审查理论，吴某是以自己的名义向银行申办的信用卡，形成与银行有契约关系的持卡人，也是刑法中"恶意透支"主体的当然持卡人。廖某是该信用卡诈骗的犯意倡导人，也是恶意透支信用卡的实际使用人。根据罪刑相适应的基本原则要义，即刑罚与犯罪性质、情节和罪犯的人身危险性相适应。根据如前已有证据审查所述，廖某具有"以非法占有为目的"的主观故意，客观上又实施了恶意透支的犯罪行为，其行为已经严重侵害了信用卡犯罪所要保护的法益。如果过度缩小解释，仅因信用卡未用廖某的名义申办，将持卡人仅定义为办卡人就认定廖某主体不适格，显然与罪刑相适应的基本原则相悖。① 因此，通过对系列证据累进审查分析，该案中廖某、吴某两人完全符合《刑法》第 196 条第 2 款对于"恶意透支"行为的主体身份要求，均为适格的共同犯罪主体。

共犯的可罚性在于造成了法益侵害或者法益侵害之危险。对其处罚还可根据法益侵害的程度再进行精细化分析。② 从以上共犯证据累进审查分析可完整得出，吴某、廖某以非法占有为目的，超过规定期限透支信用卡，经发卡银行多次催收后，超过 3 个月仍不归还，数额巨大，根据《刑法》第 196 条第 1 款第 4 项和"两高"《关于办理妨害信用卡管理刑事案件具体应用法律若干问题的解释》第 6 条之规定，持卡人吴某与实际使用人廖某均符合信用卡诈骗罪主、客观的构成要件，构成信用卡诈骗共同犯罪，两人的主观恶性及对于犯罪结果所起的作用相当，且不宜区分主、从犯。

五　结语

共同犯罪的证据累进审查分析法，使共犯证据的运用不再仅仅局限于依靠证据数量的叠加，而是通过对共同犯罪证据的累积，推进审查，让共同犯罪证据的证明效力发生裂变，并达到质的飞跃，最终使案件的定性更加精准，由此对案件作出的共犯处理决定更加牢固。共同犯罪证据累进审查，不是使共犯证据只局限于单个证明力，而是要把每一份有效证据放到能确定案件性质的整个系统工程中来，确保各个证据能够相互印证，在综合评判累进审查分析后，呈现共同犯罪证据的放大效应，以充分发挥共同犯罪证据的最大证明力。共犯证据累进审查分析重在对共同犯罪证据的分析和归纳，证据之间环环相扣、递次证明。共同犯罪证据累进审查分析，可以贯穿全案，依照每个可定性的环节依次递进、逐项累积强化；也可以

---

① 张明楷：《论信用卡诈骗罪中的持卡人》，《政治与法律》2018 年第 1 期。

② 卢宇、娄瀚文：《论共犯的正犯化——以〈中华人民共和国刑法修正案（九）〉为视角》，《石家庄学院学报》2018 年第 9 期。

在每个可定性环节进行分段分层递进性强化论证。共犯证据累进分析审查
的具体适用情况，可依案件所涉罪名的特征、性质、难易程度及具体客观
事实情况而定。

Empirical Study of Progressive Review of Accomplice Evidence

—Take Liao's Credit Card Fraud as an Example

Xi Genbao   Wang Meiling

(The People's Procuratorate of Wuxi; Wuxi, 214002)

Abstract：Progressive review of accomplice evidence must be consistent with the principles of stratification, relevance, effectiveness and objectivity. Progressive review of accomplice evidence should be divided into enveloping, paragraph-by-section review, and cumulative advancement to form a complete chain of evidence. From the virtual opening certificate, huge overdraft and refusal to return, Liao and Wu in the Liao credit card fraud case have the subjective agreement of "illegitimate possession" and the identity requirements of the cardholder. Therefore, Wu And Liao is a joint crime of credit card fraud, it is not appropriate to distinguish between the principal and the accomplice.

Keywords：Accomplice Evidence; Progressive Review; Empirical Research

约稿函

《应用法学评论》（*Applied Law Review*）是由西南政法大学主管，由西南政法大学期刊社具体指导，并由西南政法大学最高人民法院应用法学研究基地、智能司法研究重庆市 2011 协同创新中心、北京德恒（重庆）律师事务所联合主办的学术集刊，每年出版 2 期。自 2019 年起改版，由社会科学文献出版社出版，加入"社科文献出版社集刊方阵"，参照 CSSCI 来源集刊的指标体系进行建设。

本刊旨在搭建法学理论界与法律实务界之间的学术交流平台，汇集我国应用法学理论与实践领域的创新性优秀研究成果，以完善应用法学学术体系，服务全面依法治国战略，助力国家治理体系和治理能力现代化。本刊聚焦应用法学的基本原理，法律实践中的前沿、重大、疑难问题，以及法律制定、解释和实施中所应遵循的原则、方法、技术和规律，提倡"小切口、深挖掘"选题。

一 征稿对象

法学专家、学者、人民警察、检察官、法官、律师、仲裁员、调解员、社区矫正工作人员、司法鉴定人员、行政执法人员、公司法务人员、合规管理人员、法律信息管理人员、法律编程工程师以及在读博士生等。在读硕士生、本科生须与导师合作，并保证合作与署名的真实性，且导师是文章的第一责任人。

二 栏目设置

主要开设以下栏目：名家特稿、专题策划、实务前沿、理论争鸣、智能司法、合规研究等。各栏目常年征稿。

"专题策划"专栏聚焦最新立法、司法解释、司法热点、社会热点问题，一般采取有奖征文方式，编辑部将适时发布每一期的专题（专栏）有奖征文启事，请及时关注"西南政法大学人工智能法学院（应用法学院）"官网或"西政最高院应用法学研究基地"微信公众号。

三 投稿要求

(一) 选题和形式

1. 来稿选题和撰写应符合以下要求：导向正确，理论联系实际，关注热点问题，探求真问题，问题意识明确，观点鲜明、论据充分、论证有力、对策可行、写作规范。

2. 来稿体裁形式多样，论文、评论、文献综述、调查报告、案例研究、译文、书评、短评皆可。

3. 本刊主要刊发既有理论深度，又有实践经验总结的文章，原则上不刊发纯粹理论解读或案例分析类文章。

(二) 作者和相关信息

1. 作者信息

来稿请按顺序标明作者以下信息：作者姓名、工作或学习单位、职称或 (和) 职务、主要研究方向。

2. 项目信息

获得基金或课题项目资助产出的文章应注明项目名称，若有项目编号，则在圆括号内注明其项目编号。

(三) 论文框架

1. 论文标题

文章标题须简洁、具体、鲜明，必要时可加副标题，原则上不超过25个字。

2. 论文摘要

摘要是以提供文章内容梗概为目的，不加评论和补充解释，简明、确切地记述文章的重要内容的短文。摘要应当具有独立性和自含性，并且拥有与文章同等量的主要信息。摘要不要出现"本文""作者认为"之类的用语，字数为 300～500 字。

3. 关键词

关键词是指从文章的题名、摘要和正文中选取出来的，对表述文章的中心内容有实质意义的词汇。关键词是用作计算机系统标引文章内容特征的词语，便于信息系统汇集，以供读者检索。动词、连词和介词不能用作关键词。每篇论文的关键词为 3～5 个。

4. 主文结构

主文一般分为五个部分：引言 (含文献综述)；提出观点或问题；论

证观点或分析问题；解决问题；结语（含结论）。文内小标题编号采用：第一级："一"、第二级："（一）"、第三级："1."、第四级："（1）"。

5. 脚注规范

凡是引用或参考他人观点或资料的，必须注明出处。释义性注释和引文注释统一采用顺序编码制，序号用①，②，③……标明，采用脚注，每页重新编号。引用专著的，需著录具体页码；引用期刊论文的，需注明哪一年哪一期；引用报纸文章的，需著录版次；引用电子资源的，需著录上传日期、引用日期，以及获取和访问路径。不得过度引用非学术期刊、网站资料。

示例：

① 〔美〕阿西莫夫：《阿西莫夫：机器人短篇全集》，叶李华译，江苏文艺出版社，2014，第 474 页。（注意："2014"后不要加"年版"）

② 袁莉：《新时代营商环境法治化建设研究：现状评估与优化路径》，《学习与探讨》2018 年第 11 期。

③ 苗有水：《两方面准确把握非法集资犯罪中的"不特定对象"》，《检察日报》2018 年 3 月 26 日，第 3 版。

④ Robert Berger, "The Psychiatric Expert as Due Process Decision Maker", *Buffalo Law Review*, Fall, 1984.

⑤ Robert M. Levy, Leonard S. Rubenstein, *The Rights of People With Mental Disabilities*, Southern Illinois University Press, 1996, p. 115.

其他请参照本刊已发表论文的格式。

6. 英文翻译

作者提供中文标题、姓名、工作单位、摘要、关键词的英文翻译。英文须与中文对应，并忠实于中文原意，符合英语语法。

四 投稿授权

凡在本刊发表的文章，除非作者在来稿时声明保留，否则本刊拥有以非专有方式向网络数据平台（如 CNKI、维普、万方等）授予已刊作品电子出版权、信息网络传播权和数字化汇编、复制权，以及向《中国社会科学文摘》《高等学校文科学术文摘》《中国人民大学书报复印资料》等文摘类刊物推荐转载已刊作品的权利。

凡在本刊发表的文章，除来稿时声明保留，视为同意在西南政法大学人工智能法学院（应用法学院、中国仲裁学院）、最高人民法院应用法学研究基地的官网或微信公众号上传播。

除作者特别声明外，本刊编辑部可对作品作文字性修改、删节。对内容的实质修改，应当经作者许可。

五　特别声明

1. 稿件要求原创首发（除学术会议宣读、交流外）。凡向本刊投稿，视为承诺该稿件不存在任何版权争议。若出现版权问题，本刊概不负责。

2. 本刊不收取包括登记费、审稿费、版面费等在内的任何形式的费用，实行优稿优酬，并在出版后向每位作者赠送样刊1本。

六　注意事项

1. 来稿字数一般要求在1万字以上，3万字以下。本刊只接受电子邮件（附Word文档）投稿，来稿请以"作者姓名+文章标题"为邮件名称。若为当期专栏的有奖征文投稿，请在邮件名称之中注明。

2. 请在来稿首页脚注的作者简介后加上电子邮箱、手机号码、身份证号码、银行卡号及开户行，以方便编辑部在编辑论文时及时与作者联系，或方便编辑部在发放稿酬或征文奖金时使用。编辑部将对这些个人信息予以妥善保管，正式发表时将隐去这些信息。

3. 本刊常年征集稿件。错过当期截稿时间的优秀稿件延后刊出。

4. 本刊坚持"以稿件质量为用稿之唯一标准"，实行"匿名三审制"。作者在投稿之日起10日内未收到《初评结果通知》或2个月届满未收到《用稿通知》，可自行处理。

5. 本刊专用投稿邮箱：yyfxplbjb@126.com。编辑部联系人：①吕辉，联系电话：13679086606；②霍俊阁，联系电话：17830867306。

《应用法学评论》编辑部

2019年1月1日

图书在版编目（CIP）数据

应用法学评论. 2019 年. 第 1 辑：总第 3 辑 / 张光君
主编. -- 北京：社会科学文献出版社，2020.8
ISBN 978 - 7 - 5201 - 6897 - 7

Ⅰ.①应… Ⅱ.①张… Ⅲ.①法学 - 文集 Ⅳ.
①D90 - 53

中国版本图书馆 CIP 数据核字（2020）第 128092 号

应用法学评论 （2019 年第 1 辑 总第 3 辑）

主　　编／张光君
副 主 编／朱福勇　吕　辉

出 版 人／谢寿光
责任编辑／高　媛

出　　版／社会科学文献出版社·政法传媒分社 （010）59367156
　　　　　地址：北京市北三环中路甲 29 号院华龙大厦　邮编：100029
　　　　　网址：www. ssap. com. cn
发　　行／市场营销中心 （010）59367081　59367083
印　　装／三河市龙林印务有限公司

规　　格／开　本：787mm × 1092mm　1/16
　　　　　印　张：18.75　字　数：318 千字
版　　次／2020 年 8 月第 1 版　2020 年 8 月第 1 次印刷
书　　号／ISBN 978 - 7 - 5201 - 6897 - 7
定　　价／98.00 元

本书如有印装质量问题，请与读者服务中心 （010 - 59367028）联系